本书的出版获得了教育部"双带头人"经济史教工党支部工作室资助
"一带一路"倡议研究报告 2019

中国与"一带一路"沿线国家和地区金融合作及监管

兰日旭　顾炜宇　徐蕴峰　主编
中央财经大学中外经济比较研究中心

中国财经出版传媒集团
中国财政经济出版社

图书在版编目（CIP）数据

中国与"一带一路"沿线国家和地区金融合作及监管："一带一路"倡议研究报告. 2019/兰日旭，顾炜宇，徐蕴峰主编. —北京：中国财政经济出版社，2019.12

ISBN 978-7-5095-9433-9

Ⅰ.①中… Ⅱ.①兰… ②顾… ③徐… Ⅲ.①"一带一路"—国际合作—研究②金融—国际合作—经济合作—研究—中国③金融监管—国际合作—经济合作—研究—中国 Ⅳ.①F125②F832.6

中国版本图书馆 CIP 数据核字（2019）第 249826 号

责任编辑：刘五书　　　　　　责任校对：张　凡
封面设计：孙俪铭

中国财政经济出版社 出版

URL：http://www.cfeph.cn
E-mail：cfeph@cfeph.cn

（版权所有　翻印必究）

社址：北京市海淀区阜成路甲 28 号　邮政编码：100142
营销中心电话：010-88191537　北京财经书店电话：010-88580302
北京中兴印刷有限公司印刷　各地新华书店经销
710×1000 毫米　16 开　18.25 印张　230 000 字
2020 年 2 月第 1 版　2020 年 2 月北京第 1 次印刷
定价：68.00 元
ISBN 978-7-5095-9433-9
（图书出现印装问题，本社负责调换）
本社质量投诉电话：010-88190744
打击盗版举报热线：010-88191661　QQ：2242791300

"一带一路"倡议研究报告 2019
编 委 会

组编 中央财经大学中外经济比较研究中心

主编 兰日旭　顾炜宇　徐蕴峰

编委 （按姓氏拼音排序）

曹利群　丁于苓　冯俊波　高　伟　蒋　浩
韩晓璇　林恩荃　李　论　刘洪军　柳艳舟
潘宏胜　曲　迪　任洪生　吴　轩　周尚志
周　莹　杨枝煌　岳海峰　祝　伟　徐蕴峰

目 录

绪 论 ………………………………………………………… (1)

    一、初步形成支撑沿线国家和地区建设的三重金融网络 … (2)
    二、有效防范金融风险,促进资金融通 ……………… (5)
    三、本书结构 ……………………………………………… (7)

第一章　与沿线国家和地区中央银行的交往 ……………… (9)

    第一节　与沿线国家和地区的中央银行交往现状 …… (10)
    第二节　与沿线国家和地区的中央银行交往案例 …… (31)
    第三节　与沿线国家和地区的中央银行合作展望 …… (48)

第二章　与沿线国家和地区银行业的合作 ………………… (57)

    第一节　与沿线国家和地区银行业合作概况 ………… (58)
    第二节　与沿线国家和地区银行业合作案例 ………… (78)
    第三节　与沿线国家和地区银行业合作展望 ………… (86)

第三章 与沿线国家和地区非银行金融机构的合作 ………（91）

　　第一节　与沿线国家和地区之间非银行金融机构
　　　　　　合作概况 ……………………………………（92）
　　第二节　与沿线国家和地区之间非银行金融机构
　　　　　　合作案例 ……………………………………（114）
　　第三节　与沿线国家和地区之间非银行金融机构
　　　　　　合作展望 ……………………………………（122）

第四章 金融组织与"一带一路"倡议的合作 ……………（127）

　　第一节　与"一带一路"倡议的合作概况 ……………（128）
　　第二节　金融组织与"一带一路"倡议合作案例 ……（152）
　　第三节　与"一带一路"倡议合作展望 ………………（166）

第五章 与"一带一路"沿线国家和地区的金融市场的
　　　　合作 ………………………………………………（171）

　　第一节　走向开放的中国金融市场 ……………………（172）
　　第二节　与"一带一路"沿线国家和地区债券市场
　　　　　　合作案例 ……………………………………（189）
　　第三节　与沿线国家和地区金融市场合作展望 ………（197）

第六章 与沿线国家和地区互联网金融合作 ………………（209）

　　第一节　与沿线国家和地区互联网金融合作概况 ……（210）
　　第二节　与"一带一路"沿线国家互联网金融

　　　　　　合作案例 …………………………………… (226)
　　第三节　与"一带一路"沿线国家和地区互联网金融
　　　　　　合作展望 …………………………………… (241)

第七章　中国与沿线国家和地区金融监管的合作 ………… (247)

　　第一节　与沿线国家和地区金融监管合作概况 ……… (248)
　　第二节　与沿线国家和地区金融监管合作案例 ……… (255)
　　第三节　与沿线国家和地区金融监管合作展望 ……… (261)

参考文献 ……………………………………………………… (275)

后　　记 ……………………………………………………… (283)

绪 论

经济与金融是肢体与血脉的关系，金融顺畅了，经济发展必然会越来越好。这不但在一国内部是如此，在"一带一路"倡议的建设中亦如此。为了更加有效地推进"一带一路"建设，我们有必要厘清中国与"一带一路"倡议沿线国家和地区之间的金融合作关系，为进一步促进倡议的深入实施奠基。

一、初步形成支撑沿线国家和地区建设的三重金融网络

2013年提出"一带一路"倡议至今,历经倡议提出、围绕倡议的政策考衡到倡议的深入实施三个阶段。到2019年第二届"一带一路"高峰会议前夕,中国已经与150多个国家和国际组织签署了"一带一路"倡议合作协议,"一带一路"沿线国家从早期的65个国家拓展到了71个国家和地区,初步构建起一个共商共建共享的合作交流平台,极大拓宽了沿线国家国际合作的空间,驱动了社会经济的持续发展。

当然,在"一带一路"倡议沿线71个国家和地区中,绝大部分都是收入水平低的发展中国家,在社会经济发展中存在巨大的资金缺口。根据世界银行的报告预测,发展中国家每年基础设施建设的投入大约需要1万亿美元,但想要保持当前的经济增长速度和满足未来经济发展的需求,估计到2020年之前至少每年还存在1万亿美元的资金缺口[①]。在《"一带一路"与全球绿色基础设施投资的未来》报告中指出,全球基础设施投资增长缓慢而需求巨大,特别是在英、美等西方国家对外基础设施投资低迷的条件下,"一带一路"沿线国家和地区基础设施投资不平衡问题变得愈加严重。受城镇化、人口增长以及发达国家和发展中国家的需求推动,2030年全球基础设施建设资金需求将达到65万亿——

---

① 张衡. 全球基础设施建设绿色化势在必行 [N]. 中国财经报, 2017-6-29.

75万亿美元①。如此巨大的资金缺口,"一带一路"倡议的提出恰逢其时,"五通"中的资金融通首开其道。

作为"一带一路"倡议的首倡国和参与国,中国有效调动社会资金,为沿线国家和地区搭建资金融通平台,践行"一带一路"倡议。中国人民银行、国有商业银行、国家开发银行(以下简称国开行)、中国进出口银行(以下简称进出口银行)、股份制商业银行、中国投资公司(以下简称中投)等国内金融组织配合政府动议,积极推动与沿线国家内部的金融组织、多边开发机构、发达国家金融组织和国际金融组织合作,共同驱动对沿线国家和地区的资金融通。至今,初步形成了一个资金融通的三重金融网络。

为了深入推进"一带一路"倡议建设,以中国人民银行、国有商业银行、国开行、进出口银行、中投等国内金融组织为中心,全力谋划国内资金的筹集,作为带动"一带一路"倡议建设的启动资金,努力展开与沿线国家和地区的金融组织通力合作,共同为沿线国家和地区的建设融通资金。到2019年年初,中国金融组织已经为"一带一路"沿线国家建设提供了4400亿美元资金②。当然,沿线国家和地区巨额的资金缺口,是无法依靠中国一家来筹建的。"'一带一路'不是中国的'独角戏',而是倡导沿线各国互利共赢的'大合唱'。"显然,来自中国国内金融组织的资金,仅能成为"一带一路"倡议项目资金融通的首重金融支撑网络。

---

① 人大重阳"生态金融"系列研究报告."一带一路"与全球绿色基础设施投资的未来[R]. 2017(7).

② 深化投融资合作,推动共建"一带一路"高质量发展——易纲行长在"资金融通"分论坛上的开幕致辞,中国人民银行官网,2019年4月25日,http://www.pbc.gov.cn/goujisi/144449/144464/3815148/index.html。

由中国发起成立的丝路基金、亚洲基础设施投资银行（以下简称亚投行）已经得到沿线各国和世界范围的广泛认同，成员国不断增加，至今已经成为推动"一带一路"倡议建设的重要金融组织。而中国国内金融机构与多边开发机构、沿线国家内部的金融组织的合作，则进一步补充了"一带一路"沿线国家和地区建设的资金缺口。"截至 2018 年年底，11 家中资银行在 28 个沿线国家建立了 76 家一级机构，来自 22 个沿线国家的近 50 家银行在华展业。"[①] 由中国工商银行 2017 年发起成立的"一带一路"银行间常态化合作机制（简称 BRBR 机制），其成员已经"由首届会议的 34 个国家和地区的 49 家金融机构发展到 45 个国家和地区的 85 家金融机构；工商银行与其他 BRBR 机制成员合作落地 55 个'一带一路'项目，各方承贷总金额达 427 亿美元"[②]。"人民银行与多边开发机构积极开展联合融资，协同效应逐步显现。人民银行先后出资 30 亿美元与国际金融公司（IFC）成立了联合融资基金，出资 20 亿美元与非洲开发银行成立了'非洲共同增长基金'（AGTF），出资 20 亿美元与泛美开发银行建立了'中国对拉美和加勒比地区联合融资基金'，向欧洲复兴开发银行的'股权参与基金'出资 2.5 亿欧元。"[③] 这样，由中国与沿线国家和地区内部金融组织跟多边开发机构等资金融通合作，就构成了"一带一路"倡议建设的第二重金融支撑网络。

---

① 深化投融资合作，推动共建"一带一路"高质量发展——易纲行长在"资金融通"分论坛上的开幕致辞，中国人民银行官网，2019 年 4 月 25 日，http://www.pbc.gov.cn/goujisi/144449/144464/3815148/index.html.

② "一带一路"银行家圆桌会在京成功举办，中国一带一路网，2019 年 4 月 25 日，https://www.yidaiyilu.gov.cn/xwzx/gnxw/87541.htm.

③ 人民银行积极推动第三方合作：投资超过 30 亿美元，项目数量近 200 个。中国一带一路网，https://www.yidaiyilu.gov.cn/xwzx/bwdt/88164.htm.

国际性金融组织虽然不是"一带一路"沿线国家和地区主要的投融资平台,但是世界银行及其附属金融组织(即国际复兴开发银行、国际开发协会、国际金融公司、多边投资担保机构、国际投资争端解决中心)、国际货币基金组织等国际性多边金融组织一直为沿线国家和地区提供资金、技术和项目等援助。目前,"一带一路"倡议已经得到国际性金融组织的普遍认同,中国也积极与它们就沿线国家和地区的资金融通展开全方位的合作,以此获取它们的资金、技术、人才等方面的支持,使"一带一路"倡议建设惠及更多的沿线国家和地区,由此,也使中国与国际性金融组织合作所引致的资金融通构成"一带一路"倡议建设的第三重金融支撑网络。

在与沿线国家和地区政府的共商共建共享机制下,借助上述三重金融网络的资金融通,"一带一路"倡议建设在短短 6 年的时间就已经成为世界最受认同的"产品"。其理念深深地渗入到沿线国家和地区的广大民众的内心之中,且与沿线国家内部发展政策对接,协调效应日益明显。

二、有效防范金融风险,促进资金融通

"一带一路"倡议横跨地区极其广泛,涉及国家和地区日益增多,而这些国家绝大多数都是经济发展程度差,处于工业化起步阶段、收入水平低、资本缺乏的地区。这本来对金融资源的配置能够带来较大的收益,但受到所在地区不稳定因素的影响,制度透明度不高,难以吸引到外来资金的投

入。显然，为了有效促进沿线国家和地区的社会经济发展，提高资金融通的效率，真正让有限的资金配置到最有效率的行业、部门中去，亟须针对沿线国家和地区可能出现的不确定性因素，加强必要的金融风险防范。以下几个方面特别需要加以考衡，否则极易影响金融合作的展开，带来资金融通上的风险。

在政治层面上，沿线国家和地区的政治环境较为复杂，存在极大的政治风险。"陆上丝绸之路"沿线国家和地区的政局不稳定情况特别突出、冲突不断，民族宗教关系复杂，非传统安全威胁较大，又是大国博弈时常染指的地区；"海上丝绸之路"国家和地区则可能遭遇域内和域外大国的博弈制衡、国家互信不足以及东道国国家内部政治、社会环境不稳定等因素影响而引发突发性政治风险，由此带来与沿线国家金融合作的风险。这方面的事例，比比皆是。为了防范这些因素引发的突发政治风险的发生，中国不但需要加强与沿线国家的政府沟通，构建临时和长期的应急机制，而且还需要加强与发达国家，特别是多边开发机构、国际性金融组织的合作，依托它们在长期中积累的经验、技术和能力，以有效化解政治风险引发的金融合作危机。

在经济层面上，"一带一路"沿线国家和地区社会经济发展不平衡、发展水平低等因素虽然给予中国参与"一带一路"倡议建设带来了巨大的机遇，但隐含其中的投资、信用、汇率、会计、税制等诸多风险，我们必须加以足够的关注，而不能仅仅凭借国内经验和措施的国外延伸来化解，应该针对不同国家和地区采取"入乡随俗"式的措施来预防和解决。这点，从目前中国与沿线国家和地区的金融合作来看，成功的整体比例不太高，绝大多数都是隐含了风险，且存在某种程度的损失。今后，应该高度重视此类风险，在实践中形成良好合作的机制，以造福于沿线国家和地区，拓展它们的发展空间，为构建人类命运共同体作出应有贡献。

在文化层面上，"一带一路"沿线国家和地区的信仰、艺术、道德、风俗、法律、制度等存在极大的差异，这些如果处理不好，极有可能引发意识形态、民族文化等方面的冲击，进而演绎成影响与沿线国家和地区的金融合作，带来合作上的损失和风险。这方面的案例不仅体现在中国与周边国家和地区的金融合作之中，而且更多体现在远离周边国家的沿线国家和地区之中。

政治、经济、文化等方面差异引发的金融合作上的风险，尽管存在很大的突发性，且极易受到某些发达国家的挑拨，上升为双边或多边合作上的问题，从而影响"一带一路"倡议的长远建设前景。对此，我们专门以中国与沿线国家和地区的金融合作为题，展开深入系统的梳理、总结和研究，为今后进一步推进"一带一路"倡议的快速发展提供经验借鉴。

三、本书结构

本书围绕中国与沿线国家和地区之间在中央银行、银行类金融机构、非银行类金融机构、金融市场、互联网金融、金融监管之间的合作展开深入的分析和研究，系统梳理当前两者之间金融合作的现状及存在的问题，择取合作中的经典案例加以系统分析，为今后金融合作点明需要特别注重的地方。

按照上述思路，全书分为绪论、正文和后记。绪论主要就本书的撰写目的和内容展开总体论述。正文分为七章。第一章系统阐述了中国与沿线国家和地区中央银行之间的货币互换、机构互设、信息交流和金融监管交流合作的现状以及合作中的经典案例分析，今后彼此之间的合作应该特别注重的方面。第二章梳理了中国与沿线国家和地区银行业之间的机构互设、资金融通方面的合作概况，通过对典型案例的分析，展现了今后双方之间合作的应对措施。第三章阐明了中国与沿线国家和地区非银行金融机构，特别是保险、债券和基金之间的合作现状，对与哈萨克斯坦、马来西亚之间的非银行金融业务的合作分析，从国家、非银行类金融机构层面点明了今后双方之间合作的愿景。第四章对区域性、国际性金融组织与"一带一路"沿线国家和地区之间的合作进行了梳理和归纳，并对合作中的典型案例加以详细分析，从中点出了今后进一步展开合作的空间。第五章对中国与沿线国家和地区之间金融市场合作进行了深入系统梳理，择取债券市场中熊猫债的例子加以分析，进而指出了今后双方在金融市场上进一步深化合作的举措。第六章对中国与沿线国家和地区之间互联网金融合作现状不同模式进行了梳理，并选择陆上丝绸之路和海上丝绸之路国家中的典型案例加以深入分析，从中指出了今后双方在互联网金融领域展开进一步合作的对策。第七章对中国与沿线国家和地区之间金融监管概况进行了详实梳理，择取巴基斯坦和菲律宾的案例，深入分析中国与沿线国家金融监管合作经验，进而指出今后双方金融监管合作中应该采取的对策。最后，对本书的缘起等做了一个简要的总结，以此作为全书的后记。

第一章

与沿线国家和地区中央银行的交往

中央银行是各个国家银行业的中心，在整个银行业中起着统领作用。随着"一带一路"倡议的提出，我国与沿线国家和地区之间的中央银行交往日益深入，至今已在诸多领域达成共识、签订协议并采取了实质性的合作行动。国际金融论坛与英国《中央银行》杂志2018年联合发布的《"一带一路"5周年调查报告》显示，在受访的26家"一带一路"国家中央银行中，超过九成认为"一带一路"将在未来

5年内推动本国经济增长,而且多数国家对中国主导的多边机构持积极态度①。

第一节
与沿线国家和地区的中央银行交往现状

与沿线国家和地区的中央银行交往,对双方经济的发展都起到了至关重要的作用。当前,我国与沿线国家和地区的中央银行交往,在内容上主要体现在本币合作、机构交流、机构互设、金融监管等方面。

一、与沿线国家和地区的本币合作

2013年,习近平总书记提出了构建"一带一路"的伟大构想,希望与沿线国家互利共赢、深化合作。随后,围绕"一带一路"倡议,我国提出了"五通"建设,其中,以本币合作为重点的"资金融通",是"一带一路"投融资合作可持续推进的前提,更是各国打破互联互通瓶颈和深化发展战略对接的关键。

(一)与沿线国家和地区的本币互换

1. 央行本币互换的内涵

中央银行间的本币互换协议是指一国(或地区)的中

---

① 赵茹蕻.26国央行调查显示:超九成认为"一带一路"将助推本国经济增长[J].中国经济周刊,2018(25):9.

第一章 与沿线国家和地区中央银行的交往

央银行（或货币当局）与另一国（或地区）的中央银行（或货币当局）签订一个协议，约定在一定的条件下，任何一方可以以一定数量的本币交换等值的对方货币，用于双边贸易、投资的结算或为金融市场提供短期流动性支持，到期后双方换回本币，资金使用方同时支付相应利息[①]。通过协议，任何一方均可发起交易，由一定数量本币换取等值对方货币。由对方央行发起动用我国人民币为例，本币互换发起动用流程如图1-1所示。

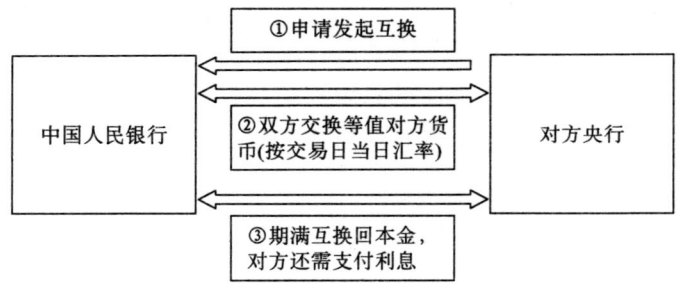

图1-1 中央银行本币互换结构图

2. 本币互换的作用

中央银行本币互换是国家间经济金融领域合作深化的表现，以人民币为例，中央银行本币互换的作用主要体现在以下三个方面：

一是增强资本流动性。增强资本流动性能够减少因短期国际收支失衡而引发的货币危机或者金融危机风险，对维护本国的金融市场稳定有重大意义。现实中，当一个国家面临资本流动性短缺问题时，通常会求助于国际货币基金组织（IMF）等国际性金融机构。然而，多次金融危机表明，在

---

① 中国人民银行网站，http://www.pbc.gov.cn/huobizhengceersi/214481/214511/214541/2813814/index.html。

应对金融危机方面，国际性金融组织常常由于繁冗的申请审查程序、滞后的行动举措而难以起到有效的作用。比如，当成员国向 IMF 申请贷款时，需要经过重重审查与复杂的政治谈判过程才有可能获得资金，致使资金到位极其缓慢。与 IMF 项下贷款的安排相比，政府间货币互换协议提供了更加灵活自主地解决问题的方式，因其可以使相关国家的货币当局绕过复杂的国际政治舞台，灵活自主地协商信贷条件，在协议一方需要之时，即可根据既定的协议安排来申请对方的短期流动性支持，其具有的灵活性、互助性的特点是 IMF 无法相提并论的①。

二是促进双边贸易和投资的便利化。通过与沿线国家签订双边本币互换协议，能够间接促进双边贸易往来。一般而言，急需资金的一方申请发起货币互换，将得到的货币注入该国金融体系，通过贷款的形式，使符合条件的商业机构间接获得外币贷款，购买从对方进口的商品，同时，加速了对方的出口，刺激了区域内的双边贸易。除此之外，货币互换机制在一定程度上维护了金融秩序的稳定与安全，使投资者更加有信心进行投资，从而进一步达到扩大双边投资的效果。近年来，我国与"一带一路"国家的经济关联度不断提高，在全球范围内的经济地位得到了很大提升，沿线各国为求得自身经济发展，需要与中国进行贸易往来，反之亦然。故而，中国需要加强与"一带一路"沿线国家在货币互换等诸多领域的合作，以促进双边贸易和投资的便利化。

三是规避汇率风险。随着我国对外交往的深入，一些进

---

① 鲁苗苗. 中国与"一带一路"沿线国家货币互换法律机制探究 [D]. 武汉大学硕士学位毕业论文, 2017.

第一章　与沿线国家和地区中央银行的交往

出口企业借有大量的外汇债务。这些债务的显著特点是利率浮动、期限较长。由于目前国际贸易结算的主要币种仍是美元，许多企业存在收付汇币种不一致的问题。因此，汇率的波动将直接影响到企业的财务成本和未来收入。为了规避这种风险，企业可以通过本币互换的方式将一种货币的债务转换成另一种货币的债务。我国企业与"一带一路"沿线许多国家的企业均希望采用币值相对稳定的人民币进行计价和结算，以此来规避使用美元进行结算的汇率风险。

3. 与沿线国家和地区签订双边本币互换协议

2018年，中国人民银行先后与澳大利亚、阿尔巴尼亚、马来西亚、英国、印度尼西亚等国家或地区的央行或货币当局续签了双边本币互换协议，并新增与尼日利亚央行签署了规模为150亿元人民币/7200亿奈拉的双边本币互换协议。截至2018年年底，中国人民银行已与37个国家和地区的央行或货币当局签署了双边本币互换协议（见表1-1），现存有效协议16份。在这37个国家和地区中，中国人民银行已与沿线21个国家和地区的央行或货币当局签署过货币互换协议，占总数的60%。

表1-1　中国人民银行与外国中央银行（货币当局）双边本币互换一览表

（2009年至2018年年底）

序号	国别	协议签署时间	互换规模	期限
1	韩国	2009年4月20日 2011年10月26日（续签） 2014年10月11日（续签）	1800亿元人民币/38万亿韩元 3600亿元人民币/64万亿韩元（续签） 3600亿元人民币/64万亿韩元（续签）	3年

续表

序号	国别	协议签署时间	互换规模	期限
2	中国香港	2009年1月20日 2011年11月22日（续签） 2014年11月22日（续签）	2000亿元人民币/2270亿港元 4000亿元人民币/4900亿港元（续签） 4000亿元人民币/5050亿港元（续签）	3年
3	马来西亚*	2009年2月8日 2012年2月8日（续签） 2015年4月17日（续签） 2018年8月20日（续签）	800亿元人民币/400亿马来西亚林吉特 1800亿元人民币/900亿马来西亚林吉特（续签） 1800亿元人民币/900亿马来西亚林吉特（续签） 1800亿元人民币/900亿马来西亚林吉特（续签）	3年
4	白俄罗斯*	2009年3月11日 2015年5月10日（续签）	200亿元人民币/8万亿白俄罗斯卢布 70亿元人民币/16万亿白俄罗斯卢布（续签）	3年
5	印度尼西亚*	2009年3月23日 2013年10月1日（续签） 2018年11月19日（续签）	1000亿元人民币/175万亿印度尼西亚卢比 1000亿元人民币/175万亿印度尼西亚卢比（续签） 2000亿元人民币/440万亿印度尼西亚卢比（续签）	3年
6	阿根廷	2009年4月2日 2014年7月18日（续签） 2017年7月18日（续签）	700亿元人民币/380亿阿根廷比索 700亿元人民币/900亿阿根廷比索（续签） 700亿元人民币/1550亿阿根廷比索（续签）	3年

第一章 与沿线国家和地区中央银行的交往

续表

序号	国别	协议签署时间	互换规模	期限
7	冰岛	2010年6月9日 2013年9月11日（续签） 2016年12月21日（续签）	35亿元人民币/660亿冰岛克朗 35亿元人民币/660亿冰岛克朗（续签） 35亿元人民币/660亿冰岛克朗（续签）	3年
8	新加坡*	2010年7月23日 2013年3月7日（续签） 2016年3月7日（续签）	1500亿元人民币/300亿新加坡元 3000亿元人民币/600亿新加坡元（续签） 3000亿元人民币/640亿新加坡元（续签）	3年
9	新西兰	2011年4月18日 2014年4月25日（续签） 2017年5月19日（续签）	250亿元人民币/50亿新西兰元 250亿元人民币/50亿新西兰元（续签） 250亿元人民币/50亿新西兰元（续签）	3年
10	乌兹别克斯坦*	2011年4月19日	7亿元人民币/1670亿乌兹别克苏姆	3年
11	蒙古国*	2011年5月6日 2012年3月20日（扩大） 2014年8月21日（续签） 2017年7月6日（续签）	50亿元人民币/1万亿蒙古图格里克 100亿元人民币/2万亿蒙古图格里克（扩大） 150亿元人民币/4.5万亿蒙古图格里克（续签） 150亿元人民币/5.4万亿蒙古图格里克（续签）	3年
12	哈萨克斯坦*	2011年6月13日 2014年12月14日（续签）	70亿元人民币/1500亿哈萨克斯坦坚戈 70亿元人民币/2000亿哈萨克斯坦坚戈（续签）	3年

续表

序号	国别	协议签署时间	互换规模	期限
13	泰国*	2011年12月22日 2014年12月22日（续签）	700亿元人民币/3200亿泰铢 700亿元人民币/3700亿泰铢（续签）	3年
14	巴基斯坦*	2011年12月23日 2014年12月23日（续签）	100亿元人民币/1400亿巴基斯坦卢比 100亿元人民币/1650亿巴基斯坦卢比（续签）	3年
15	阿拉伯联合酋长国*	2012年1月17日 2015年12月14日（续签）	350亿元人民币/200亿阿拉伯联合酋长国迪拉姆 350亿元人民币/200亿阿拉伯联合酋长国迪拉姆（续签）	3年
16	土耳其*	2012年2月21日 2015年9月26日（续签）	100亿元人民币/30亿土耳其里拉 120亿元人民币/50亿土耳其里拉（续签）	3年
17	澳大利亚	2012年3月22日 2015年3月30日（续签） 2018年3月30日（续签）	2000亿元人民币/300亿澳大利亚元 2000亿元人民币/400亿澳大利亚元（续签） 2000亿元人民币/400亿澳大利亚元（续签）	3年
18	乌克兰*	2012年6月26日 2015年5月15日（续签）	150亿元人民币/190亿乌克兰格里夫纳 150亿元人民币/540亿乌克兰格里夫纳（续签）	3年
19	巴西	2013年3月26日	1900亿元人民币/600亿巴西雷亚尔	3年
20	英国	2013年6月22日 2015年10月20日（续签） 2018年11月12日（续签）	2000亿元人民币/200亿英镑 3500亿元人民币/350亿英镑（续签） 3500亿元人民币/400亿英镑（续签）	3年

第一章　与沿线国家和地区中央银行的交往

续表

序号	国别	协议签署时间	互换规模	期限
21	匈牙利*	2013年9月9日 2016年9月12日（续签）	100亿元人民币/3750亿匈牙利福林 100亿元人民币/4160亿匈牙利福林（续签）	3年
22	阿尔巴尼亚*	2013年9月12日 2018年4月3日（续签）	20亿元人民币/358亿阿尔巴尼亚列克 20亿元人民币/358亿阿尔巴尼亚列克	3年
23	欧洲央行	2013年10月8日 2016年9月27日（续签）	3500亿元人民币/450亿欧元 3500亿元人民币/450亿欧元（续签）	3年
24	瑞士	2014年7月21日 2017年7月21日（续签）	1500亿元人民币/210亿瑞士法郎 1500亿元人民币/210亿瑞士法郎（续签）	3年
25	斯里兰卡*	2014年9月16日	100亿元人民币/2250亿斯里兰卡卢比	3年
26	俄罗斯*	2014年10月13日	1500亿元人民币/8150亿俄罗斯卢布	3年
27	卡塔尔*	2014年11月3日	350亿元人民币/208亿里亚尔	3年
28	加拿大	2014年11月8日	2000亿元人民币/300亿加拿大元	3年
29	苏里南	2015年3月18日	10亿元人民币/5.2亿苏里南元	3年
30	亚美尼亚*	2015年3月25日	10亿元人民币/770亿德拉姆	3年
31	南非	2015年4月10日	300亿元人民币/540亿南非兰特	3年
32	智利	2015年5月25日	220亿元人民币/22000亿智利比索	3年
33	塔吉克斯坦*	2015年9月3日	30亿元人民币/30亿索莫尼	3年
34	摩洛哥	2016年5月11日	100亿元人民币/150亿摩洛哥迪拉姆	3年
35	塞尔维亚*	2016年6月17日	15亿元人民币/270亿塞尔维亚第纳尔	3年
36	埃及*	2016年12月6日	180亿元人民币/470亿埃及镑	3年
37	尼日利亚	2018年4月27日	150亿元人民币/7200亿奈拉	3年

数据来源：根据中国人民银行网站（http://www.pbc.gov.cn/huobizhengceersi/214481/214511/214541/3353326/index.html）数据整理而得；*表示为"一带一路"沿线国家和地区。

(二) 推动人民币国际化

1. 人民币合格境外机构投资者试点

自"一带一路"倡议提出以来，已有19个国家和地区获得人民币合格境外机构投资者（RQFII）资格（见表1-2），其中"一带一路"沿线国家有6个，分别是新加坡、卡塔尔、匈牙利、马来西亚、阿拉伯联合酋长国、泰国，额度均为500亿元。RQFII试点地区的扩大，是我们国家与境外国家和地区在金融领域深化合作的重要体现，有利于拓宽境外投资者人民币资产配置渠道，深化境内资本市场对外开放程度，也有利于促进双边贸易和投资便利化。

表1-2 人民币合格境外机构投资者（RQFII）额度一览表

序号	国家或地区	总额度（亿元）	宣布时间
1	中国香港	200	2011年8月
		500	2012年4月
		2000	2012年11月
		2300	2017年7月
2	英国	800	2013年10月
3	新加坡*	1000	2013年10月
4	法国	800	2014年3月
5	韩国	1200	2014年7月
6	德国	800	2014年7月
7	卡塔尔*	300	2014年11月
8	加拿大	500	2014年11月
9	澳大利亚	500	2014年11月
10	瑞士	500	2015年1月
11	卢森堡	500	2015年4月
12	智利	500	2015年5月
13	匈牙利*	500	2015年6月
14	马来西亚*	500	2015年11月
15	阿联酋*	500	2015年11月

第一章 与沿线国家和地区中央银行的交往

续表

序号	国家或地区	总额度（亿元）	宣布时间
16	泰国*	500	2015年11月
17	美国	2500	2016年6月
18	爱尔兰	500	2016年12月
19	日本	2000	2018年5月
合计		19400	

数据来源：中国人民银行网站（http://www.pbc.gov.cn//huobizhengceersi/214481/3406502/3406509/3408189/index.html）；*表示为"一带一路"沿线国家和地区。

2. 人民币清算安排的合作备忘录

2013年以来，在"一带一路"倡议下，中国人民银行先后与卡塔尔、马来西亚、泰国、匈牙利、阿拉伯联合酋长国、俄罗斯等沿线国家央行签署了建立人民币清算安排的合作备忘录，便利了"一带一路"沿线国家和地区的市场主体使用人民币进行跨境结算，进一步促进了双边贸易和投资往来。

3. 开展人民币对外币直接交易

经中国人民银行授权，截至2018年年底，人民币对俄罗斯卢布、马来西亚林吉特、新加坡元、阿拉伯联合酋长国迪拉姆、沙特阿拉伯里亚尔、匈牙利福林、波兰兹罗提、土耳其里拉等沿线国家货币已在中国外汇交易中心实现直接交易。除此之外，经中国人民银行授权，中国外汇交易中心开展人民币对哈萨克斯坦坚戈、蒙古国图格里克、柬埔寨瑞尔在银行间市场区域交易（见表1-3）。

表1-3   人民币与外币直接交易一览表

时间	境外国家或地区	人民币对外币直接交易
2010年8月19日	马来西亚*	人民币对马来西亚林吉特
2010年11月22日	俄罗斯*	人民币对俄罗斯卢布
2012年6月1日	日本	人民币对日元

续表

时间	境外国家或地区	人民币对外币直接交易
2013 年 4 月 10 日	澳大利亚	人民币对澳元
2014 年 3 月 19 日	新西兰	人民币对新西兰元
2014 年 6 月 19 日	英国	人民币对英镑
2014 年 9 月 30 日	欧盟	人民币对欧元
2014 年 10 月 28 日	新加坡*	人民币对新加坡元
2015 年 11 月 9 日	瑞士	人民币对瑞士法郎
2016 年 6 月 20 日	南非	人民币南非兰特
2016 年 6 月 27 日	韩国	人民币对韩圆
2016 年 9 月 26 日	阿拉伯联合酋长国*	人民币对阿拉伯联合酋长国迪拉姆
2016 年 9 月 26 日	沙特阿拉伯*	人民币对沙特里亚尔
2016 年 11 月 14 日	加拿大	人民币对加拿大元
2016 年 12 月 12 日	瑞典	人民币对瑞典克朗
2016 年 12 月 12 日	挪威	人民币对挪威克朗
2016 年 12 月 12 日	匈牙利*	人民币对匈牙利福林
2016 年 12 月 12 日	丹麦	人民币对丹麦克朗
2016 年 12 月 12 日	波兰*	人民币对波兰兹罗提
2016 年 12 月 12 日	土耳其*	人民币对土耳其里拉
2016 年 12 月 12 日	墨西哥	人民币对墨西哥比索

资料来源：根据《2018 年人民币国际化报告》（http：//www.pbc.gov.cn/huobizhengceersi/214481/214511/214695/3635170/2018101508195297543）整理而得；*表示为"一带一路"沿线国家和地区。

开展人民币对外币直接交易，有利于形成人民币对外币直接汇率，降低经济主体汇兑成本，促进人民币与外币在双边贸易和投资中的使用，有利于加强双边金融合作，支持中国与境外国家和地区不断发展的经济金融关系。

目前，共有 14 家境外央行类机构在中国外汇交易中心完成备案，其中包括中国香港金融管理局、匈牙利国家银行、新加坡政府投资公司、印度储备银行、新加坡金管局、

第一章　与沿线国家和地区中央银行的交往

印度尼西亚银行、泰国银行等"一带一路"沿线境外央行类机构7家。

二、与沿线国家和地区的分支机构互设

（一）中国人民银行在沿线国家和地区设立的机构

2018年，中国人民银行先后与中国银行台北分行、中国工商银行新加坡分行续签《关于人民币业务的清算协议》，并授权美国摩根大通银行担任美国人民币业务清算行。截至2018年6月底，清算安排覆盖23个国家和地区，遍布东南亚、欧洲、美洲、大洋洲和非洲。境外人民币清算行共开立账户1126家，清算量超过285.6万亿元。目前，我国在新加坡、卡塔尔、马来西亚、泰国、匈牙利、俄罗斯、阿拉伯联合酋长国7个"一带一路"沿线国家开设了人民币业务清算行。

表1-4　　　　　境外人民币业务清算行分布情况

序号	国家和地区	时间	清算行
1	中国香港	2003年12月	中国银行（香港）有限公司
2	中国澳门	2004年9月	中国银行澳门分行
3	中国台湾	2012年12月	中国银行台北分行
4	新加坡*	2013年2月	中国工商银行新加坡分行
5	英国	2014年6月	中国建设银行（伦敦）有限公司
6	德国	2014年6月	中国银行法兰克福分行
7	韩国	2014年7月	交通银行首尔分行
8	法国	2014年9月	中国银行巴黎分行
9	卢森堡	2014年9月	中国工商银行卢森堡分行
10	卡塔尔*	2014年11月	中国工商银行多哈分行
11	加拿大	2014年11月	中国工商银行（加拿大）有限公司
12	澳大利亚	2014年11月	中国银行悉尼分行

续表

序号	国家和地区	时间	清算行
13	马来西亚*	2015年1月	中国银行（马来西亚）有限公司
14	泰国*	2015年1月	中国工商银行（泰国）有限公司
15	智利	2015年5月	中国建设银行智利分行
16	匈牙利*	2015年6月	匈牙利中国银行
17	南非	2015年7月	中国银行约翰内斯堡分行
18	阿根廷	2015年9月	中国工商银行（阿根廷）股份有限公司
19	赞比亚	2015年9月	赞比亚中国银行
20	瑞士	2015年11月	中国建设银行苏黎世分行
21	美国	2016年9月	中国银行纽约分行
22	俄罗斯*	2016年9月	中国工商银行（莫斯科）有限公司
23	阿拉伯联合酋长国*	2016年12月	中国农业银行迪拜分行
24	美国	2018年2月	美国摩根大通银行

数据来源：中国人民银行网站（http://www.pbc.gov.cn/）；*表示为"一带一路"沿线国家和地区。

（二）沿线国家央行在我国设立代表处

截至2018年年底，共有9家国外央行在我国设立代表处，其中，泰国银行、马来西亚国家银行、新加坡金融管理局、俄罗斯联邦中央银行、印度尼西亚银行5家是"一带一路"沿线国家央行（参见表1-5）。外国央行在华设立代表处，有助于加强与我国央行的合作，促进双边金融与经贸关系进一步发展。

表1-5　　　　外国央行在我国设置代表处一览表

编号	国家	时间	具体内容
第一家	韩国	2003年3月	2002年6月，朴昇总裁访华时首次提出设立北京代表处的愿望并获得中国人民银行的支持。两国央行于2003年3月签署了设立韩国银行北京代表处的协议。

第一章 与沿线国家和地区中央银行的交往  23

续表

编号	国家	时间	具体内容
第二家	日本	2003年11月	2003年12月23日下午,日本银行北京代表处开业剪彩仪式在京举行。日本银行总裁福井俊彦、中国人民银行行长周小川、日本驻中国大使阿南惟茂、日本银行副总裁武腾敏郎、中国人民银行副行长李若谷等出席了剪彩仪式。
第三家	朝鲜	2005年6月	朝鲜中央银行北京代表处于2005年6月9日成立。
第四家	挪威	2007年6月	2007年6月,中国人民银行与挪威银行签署了《中国人民银行和挪威中央银行关于挪威中央银行在华设立上海代表处的协定》。
第五家	泰国*	2010年9月	中国人民银行行长周小川和泰国银行行长特里莎共同签署了泰国银行在华设立代表处协议。
第六家	马来西亚*	2011年4月	中国人民银行行长周小川与马来西亚国家银行行长吉蒂共同签署了《中国人民银行和马来西亚国家银行关于在华设立代表处的协议》。
第七家	新加坡*	2012年6月	中国人民银行行长周小川与新加坡金融管理局局长孟文能共同签署了《中国人民银行和新加坡金融管理局关于在华设立代表处的协议》。
第八家	俄罗斯*	2016年6月	中国人民银行行长周小川与俄罗斯联邦中央银行行长纳比乌琳娜共同签署了《中国人民银行和俄罗斯联邦中央银行关于在华设立代表处的协议》。
第九家	印度尼西亚*	2018年1月	中国人民银行行长周小川与印度尼西亚银行行长阿古斯·玛多瓦多约共同签署了《中国人民银行和印度尼西亚银行关于印度尼西亚银行在华设立代表处的协定》。

资料来源:根据中国人民网站(http://www.pbc.gov.cn/)信息整理而得;*表示为"一带一路"沿线国家和地区。

三、与沿线国家和地区机构间的交流

截至2019年1月底,中国人民银行中国反洗钱监测分

析中心共与53个境外国家和地区的金融情报机构签署了金融情报交流合作谅解备忘录,其中,"一带一路"沿线国家有28个,约占总数的一半。反洗钱和反恐怖金融情报交流备忘录的签署,对我国与沿线国家加强反洗钱交流与合作、预防政治与经济犯罪具有重大意义(见表1-6)。

表1-6 与我国签署金融情报交流合作谅解备忘录的沿线国家一览表

签署国家	签署谅解备忘录的外国金融机构名称	备忘录名称	签署时间
东帝汶	东帝汶金融情报中心	《中国反洗钱监测分析中心与东帝汶金融情报中心关于反洗钱和反恐怖融资金融情报交流合作谅解备忘录》	2019年1月
缅甸	缅甸金融情报中心	《中国反洗钱监测分析中心与缅甸金融情报中心关于反洗钱和反恐融资金融情报交流合作谅解备忘录》	2018年2月
斯里兰卡	斯里兰卡金融情报机构	《中国反洗钱监测分析中心与斯里兰卡金融情报机构关于反洗钱、反恐怖融资及相关犯罪金融情报交流合作谅解备忘录》	2017年7月
斯洛文尼亚	斯洛文尼亚反洗钱办公室	《中国反洗钱监测分析中心与斯洛文尼亚反洗钱办公室关于反洗钱和反恐怖融资金融情报交流合作谅解备忘录》	2017年6月
阿富汗	阿富汗金融交易报告分析中心	《中国反洗钱监测分析中心和阿富汗金融交易报告分析中心关于反洗钱和反恐怖融资金融情报交流合作谅解备忘录》	2017年2月

续表

签署国家	签署谅解备忘录的外国金融机构名称	备忘录名称	签署时间
以色列	以色列反洗钱与反恐怖融资局	《中国反洗钱监测分析中心和以色列反洗钱与反恐怖融资局关于反洗钱和反恐怖融资金融情报交流合作谅解备忘录》	2016年11月
老挝	老挝反洗钱情报办公室	《中国反洗钱监测分析中心和老挝反洗钱情报办公室于关于反洗钱和反恐怖融资信息交流合作谅解备忘录》	2016年9月5日
柬埔寨	柬埔寨金融情报机构	2016年8月30日，中国反洗钱监测分析中心与柬埔寨金融情报机构在北京签署了《关于反洗钱和反恐怖融资信息交流合作谅解备忘录》	2016年8月30日
乌兹别克斯坦	乌兹别克斯坦总检察院反纳税和外汇犯罪、反犯罪收入合法化斗争司	《中国人民银行中国反洗钱监测分析中心和乌兹别克斯坦总检察院反纳税和外汇犯罪、反犯罪收入合法化斗争司关于反洗钱和反恐怖融资信息交流合作谅解备忘录》	2016年6月8日
黎巴嫩	黎巴嫩金融情报机构	《中国反洗钱监测分析中心与黎巴嫩金融情报机构（SIC）关于反洗钱和反恐怖融资金融情报交流合作谅解备忘录》	2016年6月
波兰	波兰金融监管局	《中国反洗钱监测分析中心与波兰金融监管局关于反洗钱和反恐怖融资金融情报交流合作谅解备忘录》	2015年

续表

签署国家	签署谅解备忘录的外国金融机构名称	备忘录名称	签署时间
孟加拉国	孟加拉国金融情报中心	《中国反洗钱监测分析中心与孟加拉国金融情报中心（BFIU）关于反洗钱和反恐怖融资金融情报交流合作谅解备忘录》	2015年9月
尼泊尔	尼泊尔金融信息中心	《中国反洗钱监测分析中心与尼泊尔金融信息中心关于反洗钱和反恐怖融资金融情报交流合作谅解备忘录》	2014年12月23日
塔吉克斯坦	塔吉克斯坦金融情报机构	《中国反洗钱监测分析中心与塔吉克斯坦金融情报机构关于反洗钱和反恐怖融资金融情报交流合作谅解备忘录》	2014年
哈萨克斯坦	哈萨克斯坦共和国财政部金融监控委员会	《中国反洗钱监测分析中心与哈萨克斯坦共和国财政部金融监控委员会关于反洗钱和反恐怖融资金融情报交流合作谅解备忘录》	2013年11月14日
捷克	捷克财政部金融分析中心	《中国反洗钱监测分析中心与捷克财政部金融分析中心关于反洗钱和反恐怖融资金融情报交流合作谅解备忘录》	2013年8月5日
新加坡	新加坡可疑交易举报处	《中国反洗钱监测分析中心与新加坡可疑交易举报处关于反洗钱和反恐怖融资金融情报交流合作谅解备忘录》	2012年6月
土库曼斯坦	土库曼斯坦金融情报机构	《中国反洗钱监测分析中心与土库曼斯坦金融情报机构关于反洗钱和反恐融资金融情报交流合作谅解备忘录》	2011年

第一章 与沿线国家和地区中央银行的交往

续表

签署国家	签署谅解备忘录的外国金融机构名称	备忘录名称	签署时间
亚美尼亚	亚美尼亚金融监控中心	《中国反洗钱监测分析中心与亚美尼亚金融监控中心关于反洗钱和反恐融资金融情报交流合作谅解备忘录》	2011年
泰国	泰国反洗钱署	《中国反洗钱监测分析中心与吉尔吉斯斯坦金融情报机构关于反洗钱和反恐怖融资金融情报交流合作谅解备忘录》	2008年6月
蒙古国	蒙古国中央银行	《中国反洗钱监测分析中心与蒙古中央银行关于反洗钱和反恐融资金融情报交流合作谅解备忘录》	2007年
吉尔吉斯斯坦	吉尔吉斯斯坦金融情报机构	《中国反洗钱监测分析中心与吉尔吉斯斯坦金融情报机构关于反洗钱和反恐融资金融情报交流合作谅解备忘录》	2007年
白俄罗斯	白俄罗斯国家监控委员会	《中国人民银行与白俄罗斯国家监控委员会关于反洗钱和反恐融资金融情报交流合作谅解备忘录》	2006年9月21日
印度尼西亚	印度尼西亚金融交易报告与分析中心	《中国反洗钱监测分析中心与印度尼西亚金融交易报告与分析中心关于反洗钱和反恐融资金融情报交流合作谅解备忘录》	2006年5月29日
马来西亚	马来西亚中央银行	《中国人民银行与马来西亚中央银行关于反洗钱和反恐融资金融情报交流合作谅解备忘录》	2006年6月30日

续表

签署国家	签署谅解备忘录的外国金融机构名称	备忘录名称	签署时间
乌克兰	乌克兰国家金融情报监测委员会	《中国反洗钱监测分析中心与乌克兰国家金融情报监测委员会关于反洗钱（犯罪收益合法化）和反恐融资金融情报交流合作谅解备忘录》	2006年6月26日
俄罗斯	俄罗斯联邦金融监控局	《中国人民银行与俄罗斯联邦金融监控局关于反洗钱（犯罪收益合法化）和反恐融资合作与信息交流协议》	2006年3月21日
格鲁吉亚	格鲁吉亚金融监控局	《中国反洗钱监测分析中心与格鲁吉亚金融监控局关于反洗钱和反恐融资金融情报交流合作谅解备忘录》	2006年3月7日

资料来源：根据中国人民银行网站（http://www.pbc.gov.cn/）信息整理而得。此外，中国还跟其他25个国家和地区的央行建立了相应的合作：韩国（2005）、墨西哥（2006）、中国香港（2008）、中国澳门金融情报中心（2008）、比利时（2008）、法国（2009）、秘鲁（2009）、日本（2011）、哥伦比亚（2014）、摩纳哥公国（2015）、马达加斯加（2015）、葡萄牙（2015）、荷兰（2015）、南非（2015）、美国（2015）、阿根廷（2015）、中国澳门金融管理局（2015）、澳大利亚（2016）、赞比亚（2016）、厄瓜多尔（2017）、纳米比亚（2017）、意大利（2017）、芬兰（2017）、安哥拉（2018）、特立尼达和多巴哥（2018）。

四、与沿线国家和地区的金融监管合作

中国银保监会高度重视并积极推进与境外金融监管机构建立正式的监管合作机制，不断提高跨境监管水平。截至2017年年末，中国银保监会已与36个"一带一路"沿线国家和地区的金融监管当局签署了双边金融监管合作谅解备忘录或合作换文（见表1-7）。这是各国金融监管当局之间签署

第一章 与沿线国家和地区中央银行的交往  29

的关于建立正式信息共享和监管合作机制的共识文件。下一步，中国银保监会将继续推动与尚未建立监管合作机制的"一带一路"沿线国家和地区签署MOU或合作换文，确保跨境监管政策的良好衔接、提升跨境监管有效性，为中国与"一带一路"沿线国家和地区开展健康、可持续的金融合作奠定基石。

表1-7 中国银监会签署的双边监管合作谅解备忘录和监管合作协议一览表

类别	序号	机构名称	国家/地区	文件类型	生效年份
东盟9国	1	新加坡金融管理局	新加坡	MOU	2004
	2	菲律宾中央银行	菲律宾	MOU	2005
	3	泰国中央银行	泰国	MOU	2006
					2017
	4	越南国家银行	越南	MOU	2008
					2017
	5	马来西亚中央银行	马来西亚	MOU	2009
	6	印度尼西亚中央银行	印度尼西亚	MOU	2010
		印度尼西亚金融服务局		MOU	2015
	7	柬埔寨国家银行	柬埔寨	MOU	2013
	8	蒙古中央银行	蒙古国	MOU	2014
	9	老挝人民民主共和国银行	老挝	MOU	2016
西亚10国	1	土耳其银行监理署	土耳其	MOU	2006
	2	卡塔尔金融中心监管局	卡塔尔	MOU	2007
		卡塔尔中央银行		MOU	2014
	3	塞浦路斯中央银行	塞浦路斯	MOU	2011
	4	阿拉伯联合酋长国中央银行	阿联酋	MOU	2011
	5	伊朗央行银行	伊朗	EOL	2013
	6	巴林中央银行	巴林	MOU	2013
	7	以色列银行	以色列	MOU	2013
	8	科威特中央银行	科威特	EOL	2015
	9	约旦央行	约旦	MOU	2017
	10	黎巴嫩央行及黎巴嫩银行业监管委员会	黎巴嫩	MOU	2017

续表

类别	序号	机构名称	国家/地区	文件类型	生效年份
南亚3国	1	巴基斯坦国家银行	巴基斯坦	MOU	2004
	2	尼泊尔国家银行	尼泊尔	MOU	2016
	3	马尔代夫货币管理局	马尔代夫	MOU	2017
中亚3国	1	塔吉克斯坦国家银行	塔吉克斯坦	MOU	2010
	2	吉尔吉斯共和国国家银行	吉尔吉斯斯坦	MOU	2004
	3	哈萨克斯坦金融监管署	哈萨克斯坦	MOU	2005
		哈萨克斯坦国家银行			2013
东亚1国	1	韩国金融监督委员会	韩国	MOU	2004
大洋洲1国	1	新西兰储备银行	新西兰	MOU	2015
非洲2国	1	南非储备银行	南非	MOU	2010
	2	摩洛哥中央银行	摩洛哥	MOU	2016
独联体3国	1	俄罗斯联邦中央银行	俄罗斯	MOU	2005
	2	乌克兰中央银行	乌克兰	MOU	2007
	3	白俄罗斯国家银行	白俄罗斯	MOU	2007
中东欧4国	1	波兰共和国银行监督委员会	波兰	MOU	2005
		波兰金融监管局			2017
	2	匈牙利金融监督署	匈牙利	MOU	2005
		匈牙利中央银行			2016
	3	捷克中央银行	捷克	MOU	2010
	4	立陶宛中央银行	立陶宛	MOU	2015

资料来源：中国银行保险监督管理委员会网站（http://www.cbrc.gov.cn/chinese/files/2018/AC841C9ABAE34AD5986349E96AFD199E.xls）。

注：1. 2008年1月，波兰金融监管局与波兰银行监管委员会合并，负责全面监管波兰金融机构。

2. 2013年10月，匈牙利金融监管局银行监管职能并入匈牙利央行。

3. 2011年4月，哈萨克斯坦金融监管署银行监管职能并入哈萨克斯坦国家银行。

4. 2013年1月，印度尼西亚新设立金融服务管理局，接管原来由印度尼西亚央行履行的银行监管职能。

第一章 与沿线国家和地区中央银行的交往

第二节
与沿线国家和地区的中央银行交往案例

自"一带一路"倡议提出以来,中国与沿线国家和地区的中央银行交往愈加频繁,在此过程中积累了一系列中央银行之间相互交往合作的事例,下面择取与匈牙利、东南亚和西亚 18 个国家交往的例子,进行系统分析,以期能够为央行未来的进一步交往与合作提供一些借鉴和启发。

一、与匈牙利的央行交往

2013 年 9 月 7 日,中国国家主席习近平在访问哈萨克斯坦时首次提出建设"丝绸之路经济带"的伟大构想。中东欧国家凭借其地缘优势成为"丝绸之路经济带"上的区域支点,是连接亚欧大陆的重要枢纽。目前,中国与中东欧国家在央行上的往来,相较东南亚等其他沿线国家来说,并不算频繁。在"一带一路"建设交往中,匈牙利是中东欧国家中最为活跃者。以匈牙利为例,能够让我们进一步了解我国与中东欧国家的交往现状,而且有助于我们理清为何在中东欧众多国家中,与匈牙利的央行交往最为频繁。

(一) 与匈牙利的央行交往概况

在中东欧地区 16 个国家中,只有 3 家央行或货币当局与中国人民银行签署了双边本币互换协议(见表 1-8),其中货币互换规模最大的是匈牙利,互换规模为100亿元人民币/4160亿匈牙利福林。

表1-8 与中东欧国家双边本币互换一览表

国别	协议签署时间	互换规模	期限
匈牙利	2013年9月9日 2016年9月12日（续签）	100亿元人民币/3750亿匈牙利福林 100亿元人民币/4160亿匈牙利福林（续签）	3年
塞尔维亚	2016年6月17日	15亿元人民币/270亿塞尔维亚第纳尔	3年
阿尔巴尼亚	2013年9月12日 2018年4月3日（续签）	20亿元人民币/358亿阿尔巴尼亚列克 20亿元人民币/358亿阿尔巴尼亚列克	3年

数据来源：根据中国人民银行网站（http://www.pbc.gov.cn//huobizhengceersi/214481/214511/214541/3353326/index.html）数据整理而得。

2015年6月，RQFII试点地区扩大匈牙利，而到目前为止，仅有6家"一带一路"沿线国家获得该资格，匈牙利成为中东欧地区唯一获得该资格的国家，中国人民银行给予其500亿元人民币合格境外机构投资者额度。

2016年12月12日，经中国人民银行授权，中国外汇交易中心开始在银行间外汇市场开展人民币对匈牙利福林直接交易，这是到目前为止中东欧地区唯一一种能够与人民币在银行间外汇市场进行直接交易的货币。目前，共有14家境外央行类机构在中国外汇交易中心完成备案，其中包括"一带一路"沿线境外央行类机构7家，中东欧地区仅匈牙利国家银行一家。

截至2018年年底，我国共在新加坡、卡塔尔、马来西亚、泰国、匈牙利、俄罗斯、阿拉伯联合酋长国7个"一带一路"沿线国家开设了人民币业务清算行。中国人民银行授权匈牙利中国银行为人民币业务清算行。

第一章 与沿线国家和地区中央银行的交往

除了在央行上的往来，匈牙利还是中国在中东欧投资额最大的国家，中国银行、华为、中兴三家企业在匈牙利首次设立海外地区分部。我国是匈牙利第四大和欧洲以外第一大贸易伙伴，匈牙利是我国在中东欧地区第三大贸易伙伴（前两大为波兰和捷克）和第二大进口来源地①。

中东欧地区是联通我国与西部世界的关键枢纽，我们应当以匈牙利为支点和借鉴，加强与中东欧地区的往来，促进各国的经济繁荣，进而也使我国对沿线国家乃至全球有更深远的影响。

专栏 1 – 1

匈牙利央行行长杰尔吉·马托奇：支持中国央行成为"超级监管者"

马托奇对《第一财经日报》记者表示："所有央行都应该保持独立性，因为首要使命就是监测通胀，但除此之外，央行也需要和其他部门保持密切联系，在必要时刻要合作应对危机。"

一直以来，对于统一监管的质疑主要在于，这可能会影响央行的独立性。有意见指出，央行既要执行货币政策，又要监管机构，两个目标可能存在一定冲突，例如加息对于银行的资产负债表并不是一个好消息（例如美国），央行也许会因此在对付通胀时手下留情。对此，马托奇并不认为央行的独立性是阻碍统一监管的理由。

"金融危机后，匈牙利也进一步加强了统一监管框架。"马托奇指出，1998 年国际金融危机给匈牙利带来的最大预警就是，金融集团（混业经营）已经发展成为金融系统的主流，各种金融产品的交叉也使得金融风险的评估越来越难，这些都成为改革金融监管体系，从而更好保护投资者和消费者权益的内在动力。2000 年 4 月 1 日，匈牙利国会

---

① 中国银行业监督管理委员会网站（http://www.cbrc.gov.cn/chinese/home/docView/24DC9AEEEEC649E29DF3752E13043671.html）。

根据1999年CXXIV法案成立了匈牙利金融监管局（HFSA），该金融监管局由原来相对独立的各个金融监管机构综合而成，标志着匈牙利的金融体系转向统一监管。

（资料来源：周艾琳，LinYi. 匈牙利央行行长杰尔吉·马托奇：支持中国央行成为"超级监管者"[J]. 中国房地产金融，2016（Z1）：14-21.）

（二）与匈牙利央行交往频繁的原因

之所以与匈牙利的央行交往频繁，离不开以下四个方面的原因：

一是中国与匈牙利历史渊源颇深。中国与匈牙利在"丝绸之路"的建设上具有深厚的历史渊源。现今的匈牙利南部地区，历史上曾是古罗马帝国的潘诺尼亚行省。公元73年，班超出使西域，古代"丝绸之路"第一次从西亚地区延伸到了欧洲，进入罗马帝国。至此，东西方两大文明古国便被串联起来，开辟了人类文明史上平等互惠的贸易先河。

二是双边政治关系稳定。匈牙利处于欧洲中部，不管是国土面积，还是人口数量，都属于中等规模的国家。即便如此，它在发展对华关系上，却有着独特的地位。中国在与匈牙利的交往中创造了多个"第一"，这些"第一"充分显示了中匈关系的高水平（见表1-9）。习近平、李克强等党和国家领导人均访问过匈牙利，这在中东欧地区是唯一的，甚至在全球也不多见[①]。

---

① 陈新. 匈牙利看"一带一路"和中国—中东欧国家合作[M]. 北京：中国社会科学出版社，2017：1.

第一章　与沿线国家和地区中央银行的交往

表1-9　　　　　　　　中匈交往中的多个"第一"

编号	具体内容
1	第一个与中国签署关于共同推进"一带一路"建设政府间合作文件的欧洲国家
2	第一个发行人民币债券的中东欧国家
3	第一个与中国建立和启动"一带一路"工作组机制的国家
4	第一个设立中国国家旅游局办事处的中东欧国家
5	第一个在中东欧地区推进人民币国际化的国家
6	第一个在国内设立母语和汉语双语教学，同时也是第一个在国内设立母语和汉语双语教学的欧洲国家

资料来源：根据陈新：《匈牙利看"一带一路"和中国—中东欧国家合作》（中国社会科学出版社2017年版）等整理而得。

三是中国与匈牙利政策相契合。2010年，匈牙利政府作出一项决策：在传统欧洲市场的基础上，加强与东方贸易伙伴的交往。该政策被称为"向东方开放"。在这一政策的指引下，匈牙利积极与亚洲国家建立和谐全面的政治、经济、文化伙伴关系。同时，匈牙利视中国为最重要的合作伙伴。匈牙利"向东方开放"的外交政策同中国建设"丝绸之路经济带"倡议相契合，这不仅仅体现在地理层面，还体现在意向和目标层面①。就地理层面来说，匈牙利"向东方开放"的对外政策面向的是整个亚太地区，不仅包括俄罗斯、土耳其，东亚及东南亚诸国也在其指向范围内。再来看看习近平主席提出的"丝绸之路经济带"倡议，它联通中亚、西亚及欧洲，自然而然，匈牙利等中东欧国家也被覆盖在内。这就实现了两国政策在地域上的交会对接。与此同时，就意向及目标层面来讲，由于近年来西欧经济动力不足、经济前景不乐观，匈牙利改变了之前同欧盟地区过度紧密的外交和经贸往来，而将目光投向亚欧大陆，意图在整个

---

① 齐丽．匈牙利："向东方开放"与"一带一路"[J]．中国投资，2015（9）．

世界经济重心转移的潮流中加强与东向近邻国家的经贸往来合作。中国提出的"丝绸之路经济带"倡议,最终目标就是要实现沿线各个国家的政策沟通、设施联通、贸易畅通、资金融通和民心相通。

四是比较优势明显。在吸引外国直接投资方面,相较于中东欧地区的其他国家,匈牙利比较优势明显。首先,在地理位置上,匈牙利处于欧洲心脏地带,这一优势使其成了通往欧盟大市场最重要的交通枢纽;其次,在整个中东欧地区,匈牙利的劳动力资源性价比是最高的,单位 GDP 劳动力成本是最低的,平均工资也要比西欧国家低 1/3 左右,而且大部分劳动力都接受过良好的培训和教育;再次,为了吸引外资,匈牙利政府颁布了一系列的优惠政策,涉及税收优惠、就业补贴等各个方面,这使得外资企业得到的投资补贴最多达到投资总额的一半以上;最后,匈牙利在汽车、电子、通信、生物制药、酿酒等许多领域都具有独特的产业优势,许多技术和工艺极具特色,对外资具有很大的吸引力[1]。诸多优势促使匈牙利成为欧洲的物流集散中心和生产基地。很多世界 500 强企业纷纷在匈牙利投资设厂或建立研发及物流中心,外资企业增加值占匈牙利 GDP 的 1/3 左右,出口额占匈牙利总出口额的 70% 以上[2]。

(三) 中匈交往的启发

我国与中东欧国家和地区的合作至关重要,而匈牙利必然以榜样的形式撬动合作大门。当然,我们不止是要考虑在

---

[1] 中国商务部:《对外投资合作国别(地区)指南——匈牙利》,2016 年版,http://fec.mofcom.gov.cn/article/gbdqzn/upload/xiongyali。

[2] 中国商务部:《对外投资合作国别(地区)指南——匈牙利》,2016 年版,http://fec.mofcom.gov.cn/article/gbdqzn/upload/xiongyali。

第一章 与沿线国家和地区中央银行的交往

央行方面的合作,而是要从各方着手,增强我国与中东欧国家的政治互信、经济互信等。让他们感受到"一带一路"倡议确实是让所有国家共同繁荣、共同前进的战略。

中国人民银行作为中国银行业的指挥者,应当及时充分地了解各国的需求,注重各国的差异,把握我国与各国可以合作的领域,制定合理的政策,以此来促进与中东欧各国的交流与合作。

二、与东南亚地区的央行交往

(一)与东南亚地区的央行合作概况

东南亚地区是"海上丝绸之路"建设的核心区。目前,中国已经成为东南亚各国最重要的贸易伙伴之一,中国与东南亚地区的央行交往主要体现在本币互换、互设分支机构等方面。

央行间的货币互换被认为是开展国际金融合作的一种重要方式。通过央行间签订货币互换协议,本国商业机构可以借到对方国家的货币,用于支付进口商品,本国出口企业也可以得到本币计价的货款,这样就有效规避了汇率风险和降低了汇兑费用。2014年,中国人民银行和泰国央行续签了700亿元人民币的双边本币互换协议。2016年,中国人民银行与新加坡金管局续签了3000亿元人民币的双边本币互换协议。2018年,中国人民银行与印度尼西亚央行续签了2000亿元人民币的双边本币互换协议,与印度尼西亚央行续签了1800亿元人民币的双边本币互换协议。

自"一带一路"倡议提出以来,已有19家境外国家和地区获得人民币合格境外机构投资者(RQFII)资格,其中，东南亚地区有3家。2013年10月，RQFII试点地区扩大到新加坡，投资额度为1000亿元人民币。2015年11月，RQFII试点地区扩大到泰国和马来西亚，投资额度均为500亿元人民币。

2014年10月28日，经中国人民银行授权，中国外汇交易中心开始在银行间外汇市场开展人民币对新加坡元直接交易。在此之前，我们已实现了人民币对马来西亚林吉特在银行间外汇市场进行直接交易，以及人民币对柬埔寨瑞尔在银行间市场区域交易。通过人民币对外币的直接交易，双边金融合作得到进一步加强。目前，共有14家境外央行类机构在中国外汇交易中心完成备案，其中包括东南亚地区——新加坡政府投资公司、新加坡金管局、印度尼西亚银行、泰国银行4家境外央行类机构。

为支持离岸人民币业务开展，2013年以来，在"一带一路"倡议下，中国人民银行先后与卡塔尔、马来西亚、泰国、匈牙利、阿拉伯联合酋长国、俄罗斯等沿线国家央行签署了建立人民币清算安排的合作备忘录，进一步促进了双边贸易和投资往来。除此之外，截至2018年年底，我国共在新加坡、卡塔尔、马来西亚、泰国、匈牙利、俄罗斯、阿拉伯联合酋长国7个"一带一路"沿线国家开设了人民币业务清算行。在东南亚地区，中国人民银行分别授权中国工商银行新加坡分行、中国银行（马来西亚）有限公司、中国工商银行（泰国）有限公司为人民币业务清算行。同样地，国外央行也在我国设立了分支机构。目前，共有9家国外央行在我国设立了代表处，其中，东南亚地区包含泰国银行、马来西亚国家银行、新加坡金融管理局、印度尼西亚银行4家。

截至2019年1月底，中国人民银行中国反洗钱监测分

第一章 与沿线国家和地区中央银行的交往

析中心共与28个"一带一路"沿线国家和地区的金融情报机构签署了金融情报交流合作谅解备忘录,其中,东南亚地区包含东帝汶金融情报中心、缅甸金融情报中心、老挝反洗钱情报办公室、柬埔寨金融情报机构、新加坡可疑交易举报处、泰国反洗钱署、印度尼西亚金融交易报告与分析中心、马来西亚中央银行8个。

从中国人民银行与东南亚地区的央行交往来看,交往比较频繁的是新加坡、印度尼西亚、马来西亚、泰国4国。

(二) 与东南亚地区央行交往特别需要考衡之处

一是货币互换存在风险。东南亚地区很多国家采取管制汇率,这使真实汇率与官方汇率可能出现较大偏差。当对方央行申请进行本币互换时,它的汇率极有可能处于较高水平,一旦互换完成,对方货币可能会由于许多种原因而出现贬值。虽然协议规定到期时,对方需要归还与原先同等数量的人民币,但是在互换时,对方显然得到了高于市场价值的人民币。与之相反,对于我国来说,换回的对方货币其实际价值较小,这是一种风险。除此之外,还存在另一种风险,当对方换取到人民币后,很可能在人民币离岸市场迅速卖出,换取美元或者其他货币,这会给人民币造成贬值的压力,在现实中,已有这样的情况存在。故而,中国人民银行在与外国央行签订货币互换协议时,应适当对协议启用及互换资金运用方向增加一些限定性条款。

二是区域金融合作仍处于初级阶段。当前,中国与东南亚地区多数国家的金融合作仍处于初级阶段,需要加强实质性的区域金融合作。从中国与东南亚国家的金融合作情况看,区域金融合作签订的合作协议较多,而建立的合作实体较少;区域金融合作大部分是双边合作,多边金融合作很少。中国与东南亚国家的金融合作主要集中在新加坡、马来西亚、印度尼西亚和泰国4国,与其他国家的合作有很大提升空间。

三是货币合作有待推进。在货币合作方面,中国与东南亚国家仍然存在巨大提升空间。目前,货币互换大多是从应对金融危机冲击的角度来考虑,实质性启用相对较少,没有广泛运用在企业日常的贸易投资活动当中[①];一些小币种货币未能实现挂牌交易,价格发现也不充分,通常都是根据主要货币的汇率进行套算等。造成这些问题的原因有以下两方面:一方面,促进货币合作的经济基础不牢。虽然中国与东南亚地区的经贸联系一直保持较快的增长态势,但是并没达到真正的深层次的金融合作,央行间的往来也有待进一步加强。在产品出口方面,我国出口的产品仍缺乏竞争力,这在一定程度上使我国失去了选择结算货币的主导权;除此之外,中国对东南亚地区一些国家的贸易顺差较大,这也影响了对方与我国进行合作的意愿。另一方面,促进货币合作的政治意愿不足。各个国家虽然都想发展经济,但进行货币合作时,意愿却很难一致。比如,人民币在越南只能在中越边境20公里范围和口岸经济区使用,并且只能用于贸易结算,其境内企业办理人民币贷款、投资等人民币业务均受到限制;除此之外,越南政府担心,如若人民币广泛用于一般贸易结算,极有可能给该国商品的竞争带来负面影响。又如,缅甸政府将人民币的流通严格限定在边界线以内20公里的范围内,要求其企业对我国贸易"以出定进",以美元结算,并对在当地银行机构开立人民币结算账户实行部一级审

---

① Center for China in the World Economy, Tsinghua University, BRICS Economic Think‐tank. "一带一路"跨国金融合作研究第五章中国与"一带一路"沿线国家的货币合作 [A]. "一带一路"跨国金融合作研究 [C]. 清华大学经济管理学院中国与世界经济研究中心,2016:49.

第一章　与沿线国家和地区中央银行的交往

批制度①。其他一些国家也在不同程度采取了类似的限制手段,使得货币合作的进行受到了很大阻力。

四是环境差异需要包容、理解。第一,政治环境差异较大,东南亚地区既有有资本主义国家,又有社会主义国家,根本政治制度不同,部分国家政治稳定性存在很大变数,这直接导致双方合作阻力增大。第二,东南亚各国经济发展水平差异比较大,新加坡、印度尼西亚等国经济发展比较快,中国与这些国家合作经济成本较小;东帝汶、缅甸等国经济发展缓慢,中国与这些国家合作成本较大,这极大地阻碍了人民币成为区域货币的进程。第三,东南亚各国文化差异较大,双方只有求同存异,才能促进双边合作与共同繁荣。

五是金融监管有待加强。在金融合作与监管方面,"一行两会"应积极加强与东南亚各国监管机构的合作,从而构建有效的金融监管体系,让人民币在东南亚地区发挥更大作用。积极促进双边货币互换,扩大区域金融合作范围;积极建设人民币清算行,扩大人民币清算行对周边地区的辐射范围;加强人民币离岸市场建设,扩大人民币国际结算规模;积极完善人民币跨境支付系统,提高人民币跨境使用活跃度;加大亚投行的后期完善程度,充分发挥其基础设施建设作用;加大自贸区谈判力度,促使人民币在贸易投资中大规模使用;加大中资银行及互联网金融企业的发展,提升其金融服务的质量;积极构建金融监管动态协同监测系统,实现人民币交易的全程动态监测;积极进行沿线国家金融合作框架与机制设计,尽快落实有关项目;积极完善金融监管法

---

① 曾慕李. 人民币在"一带一路"国家跨境使用存在的问题及建议[J]. 区域金融研究, 2018 (10): 59 - 62.

律体系，为"丝路货币"提供保障①。

六是一些国家仍对我国缺乏政治上的信任。从东南亚各国的经济发展来看，他们对于资金的需求是非常大的。虽然印度尼西亚、新加坡、马来西亚等对中国"一带一路"的倡议做出了正面表态，但各国普遍仍持审慎观望的态度，在与我国交往时，仍然存在政治上的不信任。近年来，东南亚地区局势表明，中国与东南亚之间存在着一定的地缘政治矛盾，一些国家在海洋划界上与中国有很大争议。以菲律宾为代表的部分国家，与中国合作的政治意愿偏弱，甚至对中国在东南亚地区的投入持怀疑态度②。我们还需注意，开展金融合作必然意味着一个国家需要在某种程度上牺牲经济政策与货币政策的独立性，这也成为一些国家与他国合作时的一大难题。

七是需要重视系统风险。东南亚处于战略枢纽地带、宗教重叠地带和民族冲突地带，也是许多国家博弈的热点地区，所以在该地区推行"一带一路"倡议，必然会存在很多风险。比如，一些国家政局动荡和政府更迭、国内调整矿业政策和渔业政策，一些国家对涉及国计民生和国家安全的合作项目持保留态度，一些国家劳务政策比较严格等③。从东南亚各国的营商环境来看，新加坡营商环境最好，但是经营成本太高；印度尼西亚有很大发展潜力，但是投资环境仍有不足；缅甸、泰国政局走向仍不明朗，这会在一定程度上影响中长期投资项目。因此，在与东南亚央行进行交往时，

---

① 马广奇，姚燕."一带一路"框架下人民币成为"丝路货币"的推进策略研究 [J]. 征信，2018，36（4）：75-80.

② 罗传钰. 21世纪海上丝绸之路建设下中国——东盟金融合作法律机制的完善 [J]. 太平洋学报，2016，24（4）：1-11.

③ 王勤."一带一路"框架下福建与东盟的经贸合作 [J]. 东南学术，2016（3）：1-9+246.

第一章 与沿线国家和地区中央银行的交往

必须把握好各国的具体国情,做到未雨绸缪,才能有效规避风险。

三、与西亚 18 个国家和地区的央行交往

西亚包括伊朗、伊拉克、土耳其、叙利亚、约旦、黎巴嫩、以色列、巴勒斯坦、沙特阿拉伯、也门、阿曼、阿拉伯联合酋长国、卡塔尔、科威特、巴林、希腊、塞浦路斯和埃及的西奈半岛 18 个国家和地区。该地区阿拉伯联合酋长国、卡塔尔、巴林等国金融市场发达,其中阿拉伯联合酋长国和卡塔尔已建立金融自由区,并拥有独立的监管体系。

(一)与西亚 18 个国家和地区的央行交往概况

截至 2018 年年底,西亚 18 国中,共有阿拉伯联合酋长国、土耳其、卡塔尔、埃及 4 个国家与我国签署过双边本币互换协议。其中,与阿拉伯联合酋长国、卡塔尔互换规模较大,互换规模为 350 亿元人民币,期限为 3 年。除此之外,中国人民银行已经与卡塔尔中央银行、阿拉伯联合酋长国中央银行签署了建立人民币清算安排的合作备忘录。

自"一带一路"倡议提出以来,人民币合格境外机构投资者(RQFII)资格已经延伸到了西亚地区。2014 年 11 月,RQFII 试点地区扩大到卡塔尔,投资额度为 300 亿元人民币。2015 年 11 月,RQFII 试点地区扩大到阿联酋,投资额度为 500 亿元人民币。

2016 年 9 月 26 日,经中国人民银行授权,中国外汇交易中心开始在银行间外汇市场开展人民币对阿拉伯联合酋长国迪拉姆、沙特里亚尔直接交易;2016 年 12 月 12 日,经中国人民银行授权,中国外汇交易中心开始在银行间外汇市场开展

人民币对土耳其里拉直接交易。这是到目前为止西亚地区仅有的3种能够与人民币在银行间外汇市场进行直接交易的货币。

截至2018年年底，我国已在卡塔尔、阿拉伯联合酋长国2个西亚沿线国家开设人民币业务清算行。2014年11月，中国人民银行授权中国工商银行多哈分行为人民币业务清算行。2016年12月，中国人民银行授权中国农业银行迪拜分行为人民币业务清算行。

截至2019年1月底，中国人民银行中国反洗钱监测分析中心与以色列反洗钱与反恐怖融资局、黎巴嫩金融情报机构两个西亚沿线国家的金融情报机构签署了金融情报交流合作谅解备忘录。

截至2015年年末，中国银监会共与西亚18个国家和地区中的8个国家的监管当局（包括9家监管机构）签署了双边监管合作谅解备忘录（见表1-10）。在这9家监管机构中，有阿拉伯联合酋长国、塞浦路斯、以色列、巴林、卡塔尔、科威特6家是中央银行。除此之外，2013年2月，中国银监会与伊朗中央银行正式建立了合作机制。

表1-10　　　　双边监管合作谅解备忘录一览表

签订时间	国家或地区	机构名称
2006年7月11日	土耳其	土耳其银行监理署
2007年5月11日	卡塔尔	卡塔尔金融中心监管局
2007年9月24日	阿拉伯联合酋长国	迪拜金融服务局
2011年7月13日	阿拉伯联合酋长国	阿联酋中央银行
2011年7月15日	塞浦路斯	塞浦路斯中央银行
2013年5月27日	以色列	以色列央行银行监管局
2013年9月16日	巴林	巴林中央银行
2014年11月3日	卡塔尔	卡塔尔中央银行
2015年3月28日	科威特	科威特中央银行

资料来源：根据银监会网站（http://www.cbrc.gov.cn/chinese/home/docView/24DC9AEEEEC649E29DF3752E13043671.html）信息整理而得。

第一章 与沿线国家和地区中央银行的交往

从上述中,我们明显可以看出在西亚 18 个国家和地区中,与我国在央行上的交往最为频繁的是阿拉伯联合酋长国,其次是卡塔尔。

(二) 与西亚 18 个国家和地区央行交往需要特别注重的问题

一是双边本币互换合作是双重利益需要的。西亚是亚、非、欧三大洲的汇合点和交通枢纽,同时也是"一路一带"建设的交汇点。西亚地区石油资源丰富,不幸的是,该地区长年战乱不断,局势非常不稳定,这使我国与之进行交往既有诸多机遇,又面临巨大挑战。由于西亚地区地理位置特殊、自然资源丰富,故而,加强我国与该地区国家的双边本币互换合作具有战略利益和发展利益的双重需要。就战略利益而言,在西亚 18 个国家和地区中,尤其叙利亚、伊拉克等国对西方国家有一定的牵制作用,一旦该地区整体局势发生变化,中国战略利益也将受到影响。除此之外,西亚地区许多国家信仰伊斯兰,如果极端势力向东蔓延,我国国家安全难免会遭到威胁;就发展利益来讲,西亚国家盛产石油天然气,而我国又是石油天然气的进口大国,每年一半以上的进口来自于该地区。鉴于西亚地区关键的地理位置,在"一带一路"的规划构想中,中国可从中获得通道利益。目前,西亚 18 个国家和地区中,与我国签订双边本币互换协议的国家并不多,仅有阿拉伯联合酋长国、土耳其、卡塔尔、埃及四国。虽然伊朗等国与我国经济交往密切,但目前尚未与我国进行双边本币互换合作。探察其原因,应该与其遭到西方国家的经济制裁相关。从长远来看,双边本币互换能够为中国使用人民币购买西亚地区国家的石油和天然气开辟道路,降低我国进口石油天然气的成本,省去中间汇兑的费用,加快我国的能源改革,并为石油和人民币挂钩提供契机①。当然,由于西亚地区各种情况错综复杂,推进货币互换的过程应当循序渐进,同时应做好相应的风险防范工作。

二是政治制度与宗教文化问题。虽然中国与西亚国家一直都保持着良好的政治外交关系,与西亚地区国家的高层领导互访频繁,增进了两地人民的了解、信任和文化的交流,但是西亚地区的国家长期在政治和经济上都相当依赖西方发达国家,一些西方大国出于自身利益,置国际法准则和联合国权威于不顾,对西亚国家内政横加干涉,推行"新干预主义",使得西亚事实上并未能做到真正的民主自由和民族独立,这将成为中国与西亚国家深化合作中的潜在威胁②。除此之外,西亚作为人类古代文明的发祥地之一,有着非常浓厚的宗教文化,而且它还是犹太教、基督教和伊斯兰教等众多宗教的发源地。在西亚地区,除了以色列外,大多数国家的居民都信仰伊斯兰教。西方国家的干预、浓厚的宗教氛围、生活习惯的差异等一系列问题,极有可能使得我国企业在加强与西亚国家合作的过程中,由于未能适应当地的复杂环境而产生冲突、误解和恐慌,从而一定程度上成了制约两地央行交往的不利因素。

三是地区局势动荡影响双方合作深化。西亚地区的宗教、种族和利益集团之间的矛盾是历史遗留问题,矛盾错综复杂,地区局势动荡。既有阿拉伯人、波斯人、犹太人、突厥人、库尔德人等之间的民族矛盾,也有伊斯兰教与其他宗教之间以及伊斯兰教逊尼派与什叶派之间的矛盾,还存在领土边界纠纷、经济利益纠葛以及政治制度和意识形态的显著

---

① 鲁苗苗. 中国与"一带一路"沿线国家货币互换法律机制探究 [D]. 武汉大学, 2017.
② 韩永辉, 邹建华. "一带一路"背景下的中国与西亚国家贸易合作现状和前景展望 [J]. 国际贸易, 2014 (8): 21-28.

第一章 与沿线国家和地区中央银行的交往

差异,更不时有恐怖主义袭击的发生①。短期内,这些问题很难得到有效解决,而且经常会以冲突或者战争的形式爆发。西亚地区这种混乱的局势一直是让世界各国投资者最为头疼的问题,也是中国在与西亚国家进行各项合作与交往时必须慎重考虑的问题。比如,伊朗核问题所引致的局势紧张,伊朗曾多次宣称,一旦受到以色列和美国的攻击,它将会中断石油的出口作为报复,并且将封锁运输通道——霍尔木兹海峡。故而,西亚地区动荡的局势不仅会影响当前我国企业在该地区的投资抉择,也将对未来两地的进一步交往造成不利影响。

四是西亚地区市场不规范。改革开放40年来,我国无论是在经济上,还是在综合实力方面,都已经取得了让世界震惊的发展,市场经济体系日趋完善,市场规范化程度也逐步提高。虽然许多西亚国家也都进行了市场规范化改革,但是仅有部分国家取得一定成效。目前,虽然西亚地区人民生活普遍比较宽裕,购买力也较强,但是该地区的市场规范化程度并不高,经济管理体制也有很多地方需要改进,相关政策与经济法律法规也需进一步完善,除此之外,该地区的一些国家还在沿用口头契约、宗教裁判等不能够与现代商务发展相适应的商事惯例与制度,部分国家的金融体系不健全,缺乏成熟的股票、债券和基金等证券市场,保险业的发展较为缓慢,金融机构的治理存在先天不足、管理方法落后、经营效率低下、银行利率畸高、不良资产负担沉重等问题,其金融发展缺乏良好的法律和信用环境,对金融消费者(包

---

① 韩永辉,邹建华. "一带一路"背景下的中国与西亚国家贸易合作现状和前景展望 [J]. 国际贸易,2014 (8):21-28.

括金融投资者）缺乏有效的保护机制，抑制了外来投资①。上述种种因素均间接影响了我国与该地区的央行交往。

第三节
与沿线国家和地区的中央银行合作展望

经过5年的共商共建共享，"一带一路"倡议正成为我国参与全球开放合作、改善全球经济治理体系、促进全球共同发展繁荣、推动构建人类命运共同体的中国方案②。在"一带一路"倡议下，中国与沿线国家和地区在中央银行领域的合作已取得较大成就，今后，我们仍需乘着"一带一路"的大船进一步加强与沿线国家和地区的央行往来。

一、进一步推进双边本币互换

作为中央银行间共同应对金融危机、维护金融稳定、促进双边贸易和投资的手段，货币互换已经在实际中为我国和国外主要央行所践行，并且在应对金融危机、向国际金融市场提供国际货币流动性、维护金融稳定等方面发挥了显著的作用③。当前，中国人民银行已与沿线22个国家和地区的央行或货币当局签署过货币互换协议，货币互换优势也日渐

---

① 刘源. "一带一路"沿线国家的金融监管架构——国际比较与经验借鉴 [J]. 沈阳工业大学学报（社会科学版），2017，10（3）：210-220.
② "一带一路"这五年：互联互通交出亮丽成绩单，一带一路网，2018-10-6.
③ 吴宇. 人民币国际化之货币互换路径分析 [J]. 上海金融，2013（4）：32-36+117.

第一章 与沿线国家和地区中央银行的交往

凸显;加之,美元、欧元等在金融危机下的不稳定也为人民币在世界市场上进一步发挥作用提供了契机。未来,我国央行应与沿线各国签订更多的货币互换协议,以推进双边在金融及其他诸领域的合作。不过由于大多数本币互换协议都是为了应对金融动荡而设立的备用信贷,并不是实际执行的资金融通协定,通过人民币货币互换真正使人民币流出去,在国际上成为流通的货币,实际作用是非常有限的[①]。但是,我们不应该忽视央行间签订本币互换协议的意义,因为它将会大大增强沿线国家企业和个人使用人民币的积极性,并且在观念上将人民币作为可接受的交易货币。当然,随着人民币逐渐在国际贸易中被广泛使用,中国在人民币自由兑换和金融账户的开放上有必要进一步推进,尤其是对与中国签署了货币互换协定的国家的企业和个人[②]。可以让他们享受更加自由的兑换和资金进出入自由,从而为人民币的国际化铺垫一条稳妥的路径。

二、加强机构互设

目前,我国在新加坡、卡塔尔、马来西亚、泰国、匈牙利、俄罗斯、阿拉伯联合酋长国7个"一带一路"国家开设了人民币业务清算行。沿线国家只有泰国、马来西亚、新加坡、俄罗斯、印度尼西亚5个国家的央行或货币当局在我国设立了代表处。未来,为加强与沿线国家央行间的合作,促进与周边国家金融与经贸关系的进一步发展,双方有必要继续增加机构的互设。"由于当前人民币尚未实现资本项目

---

① 徐明棋.货币互换协定助推人民币国际化[J].社会观察,2012(5):50-51.
② 徐明棋.货币互换协定助推人民币国际化[J].社会观察,2012(5):50-51.

下自由兑换，有必要在境外指定人民币清算行完成人民币跨境及离岸的清算及结算。"黄志凌提出，境外人民币清算行在人民币国际化进程中扮演着重要角色①。"人民币清算系统的广泛布局，不仅可以向离岸市场提供必要的人民币流动性，还可以帮助央行监测资金动向和风险管理，有助于保障中国金融安全。"李建军则指出，人民币清算系统必须独立建设，以保障国家金融安全②。可见，在沿线国家设立人民币业务清算行能够给我国带来诸多好处。故而，现阶段，央行仍需进一步与沿线诸国签署人民币清算安排的合作备忘录，在此框架下，增加在"一带一路"沿线国家设立人民币业务清算行的数量。

目前，在我国设立央行代表处的"一带一路"国家仅有5家，这个数量可以说是相当小了，未来，我们有必要大大加强与沿线各国央行高层间的交流，增进双边关系，加快沿线国家央行在我国设立代表处的步伐。央行代表处能够起到中转站的作用，通过与沿线国家央行代表处的交流，能够及时了解该国政策方针动态，减少时间上的延迟滞后，便利两国央行间的合作。阿南惟茂曾说，"日本银行北京代表处的设立，将成为两国央行间发展合作的新契机，它不仅能促进两国经济进一步发展，也将为整个亚洲经济稳定增长作出贡献。"③ 这种能够给双边、多边带来好处的央行代表处设立应当在沿线诸国加快推进步伐。

---

① 清算系统加速助推人民币国际化[J]. 现代物业（中旬刊），2014，13（9）：31.
② 清算系统加速助推人民币国际化[J]. 现代物业（中旬刊），2014，13（9）：31.
③ "日本银行北京代表处在京成立"[N]. 中国人民银行网站，2003-12-13.

三、树立样板国家

"一带一路"沿线有71个国家和地区,这些国家在各方面均存在较大差异。我们已经知道,在各个地区,通常会有某些国家与我国交往较为频繁,而且在交往中也给双方带来了巨大收益。对于"一带一路"倡议,像美国、日本及一些西欧国家仍持怀疑态度,故而,在与沿线诸国的央行交往中,与其全面推进"一带一路"倡议,不如在各区域选取重点国家作为合作的样板①,以此来推动中国人民银行与该地区国家乃至整个"一带一路"国家的央行往来。以中东欧地区为例,可以选择匈牙利作为合作样板。"匈牙利总理欧尔班认为,自2008年金融危机后,全球经济和政治已经经历了一个范式的转变,即从单一权力中心向多权力中心的转变。中国就是其中的一个中心。欧尔班指出,中国不是一闪而过的彗星,而是一颗恒星,这颗恒星至少将在未来几十年内在全球经济中扮演决定性作用。欧尔班认为习近平主席于2013年正式提出的'一带一路'倡议是第一个走在时代前列的举措,他对此充满敬意。匈牙利央行行长毛托尔奇认为,匈牙利未来十年实现国民生产总值翻一番的愿望需要中国的'一带一路'倡议的助力。"②匈牙利高层对中国的正确认识以及对"一带一路"倡议的积极响应极大地推动了我国与匈牙利在诸多领域的合作与交流。因此,中国在与中东欧地区的合作中,可以优先选择匈牙利作为重点,加大

---

① 杜秀红. 中国与"一带一路"沿线国家的贸易关系及政策建议 [J]. 现代管理科学,2016(5):85-87.

② 陈新主编,李丹琳、马骏驰译. 匈牙利看"一带一路"和中国—中东欧合作 [M]. 北京:中国社会科学出版社,2017.

与匈牙利在央行领域的进一步合作,并争取取得丰硕果实。未来,我们可将中匈两国的合作模式作为样板推广到中东欧地区的其他国家。类似地,中国在西亚地区可以选择阿拉伯联合酋长国和卡塔尔作为样板国家;在东南亚地区可以选择新加坡、印度尼西亚、马来西亚、泰国等国作为样板国家;在中亚地区和独联体中可以分别选择哈萨克斯坦和俄罗斯作为样板国家。

四、增强政治信任,包容各方差异

正如前述,在与东南亚地区及西亚地区各国的央行交往中,许多国家由于对我国缺乏政治上的信任以及各国宗教信仰、人文历史、风土人情等因素的种种差异,使得在进行双边交往时困难重重。根据皮尤研究中心(Pew Research Center)2017年的民意调查,在7个亚太国家中高达47%的受访民众认为中国是其国家的主要威胁,韩国、越南、日本和澳大利亚受访民众"将中国视为威胁"的人数比例均超过85%[①]。未来,我们需进一步加强与沿线各国高层间的交流,推动政治上的互信,同时,也应正确认识各国的具体国情,求同存异,以包容的态度促进与"一带一路"沿线国家的往来和合作。首先,要针对域外国家对"一带一路"的猜忌、疑虑进行有针对性的化解和辩驳,中国要与丝路沿线国家进一步深入挖掘丝路文化,提炼丝路精神,讲好丝路故事,特别是讲好中国提出"一带一路"倡议的制度根源和文化基因,以生动鲜活的故事展示中国践行"亲、诚、

---

① 刘博文,方长平.周边国家民族主义新态势与中国外交的挑战[J].国际观察,2018(6):43-61.

第一章 与沿线国家和地区中央银行的交往

惠、容"外交理念,坚持与邻为善、以邻为伴,睦邻、安邻、富邻的周边外交和构建不冲突、不对抗,相互尊重,合作共赢的新型大国关系的外交实践,树立中国和平崛起和做负责任大国的良好形象①,切实让各国感受到我国的诚意,从而增强对我国的政治信任。其次,由于"一带一路"沿线国家多种文明、数十种语言并存,巨大的文化差异使他们之间往往容易产生误解和摩擦。中国要与沿线诸国互利互惠、共同发展和实现共赢,将充满挑战,也有变数②。我国作为"一带一路"倡议的发起国,未来,应继续以平等、友善、互助、合作的姿态与沿线各国民众交往、交流,并对沿线国家持"文化包容"的气度。以上种种将为我国与"一带一路"沿线国家的合作营造一个良好的环境,在这一环境下,加速我国与沿线国家在央行领域的合作也将指日可待。

五、做好风险防范与金融监管工作

"一带一路"许多国家地处战略枢纽地带、宗教重叠地带和民族冲突地带,在这些国家,战乱频发、纷争四起、各类冲突与违法犯罪活动盛行,这一切严重影响了我国与这些国家交往的深入。为此,我们必须做好相应的风险防范与金融监管工作,以确保与沿线国家的央行交往能够有序进行。首先,要针对"一带一路"沿线国家建立风险评估预警体系、海外保险体系与风险补偿机制,加强对沿线国家的风险动态分析,建立全方位的海外利益安全保障体系,同时还要

---

① 李元生."一带一路"倡议下的中国外交[J]. 法制与社会,2019(4):120-121.
② 甘肃省中国特色社会主义研究中心倪国良. 构建人类命运共同体的精神家园[N]. 甘肃日报,2019-02-20(008).

探索建立双边和多边情报、军事、反恐和执法合作机制[①]；其次，要加强对洗钱行为的金融监管。目前，中国人民银行中国反洗钱监测分析中心共与53个境外国家和地区的金融情报机构签署了金融情报交流合作谅解备忘录，其中，"一带一路"沿线国家有26个，占总数的近一半。未来，我们需继续加强对洗钱行为的金融监管。第一，要加强国家间协调。各国情况不同，故而，在制定相关政策与签订相关协议应进行充分协商，避免之后的"监管冲突"。第二，要完善金融监管机制。当前，许多"一带一路"沿线国家金融监管机制并不健全，当遇到危机时经常是漏洞百出，故而各国应根据其具体情况来完善金融监管机制的建设工作。沿线各国具体国情千差万别，地区局势动荡所引发的各种矛盾、风险处理起来极为棘手。但是，我们仍然要满怀信心，把风险防范与金融监管工作做好，为双边或多边在金融领域的合作保驾护航。

六、支持"一带一路"沿线国家加强金融基础设施建设

"一带一路"沿线国家总体来说经济发展水平并不高，一些国家的金融基础设施建设难以支持现代化金融需求，这大大阻碍了我国金融机构在当地开展业务。因此，国内相关部门和银联等机构可积极响应相关国家诉求，帮助有意愿的国家加强银行卡技术、支付清算网络等金融基础设施建设，并尽可能熟悉当地技术标准，甚至输出中国的金融技术标准，帮助相关国家提升金融安全水平；同时，也有利于与中

---

① 周太东. 央企持续深化"一带一路"建设的政策建议 [J]. 开放岛报, 2019 (1)：45-49.

第一章　与沿线国家和地区中央银行的交往

资金融机构相关业务网络对接，降低交易成本①。与此同时，中资金融机构也应该抓住机会，积极参与相关国家金融制度、金融市场管理规定的探讨与交流，这样，不仅可以与沿线国家的相关政府部门进行深入的合作，而且能够尽早知道相关金融规章制度，为金融业务的开展提供充足的信息。

---

①　Center for China in the World Economy, Tsinghua University, BRICS Economic Think – tank. "一带一路"跨国金融合作研究第三章"一带一路"国家金融机构合作 [A]．"一带一路"跨国金融合作研究 [C]：清华大学经济管理学院中国与世界经济研究中心，2016：27．

第二章

与沿线国家和地区银行业的合作

截至2018年年末,中国与沿线60多个国家签订了"一带一路"合作协议,累计同122个国家、29个国际组织签订了170份政府间共建合作文件[①];与沿线国家货物贸易进出口总额达到1.3万亿美元,同比增长16.3%,高于同期中国外贸增速3.7个百分点,占外贸总值的27.4%[②]。

---

① 中华人民共和国国家发展和改革委员会官网,http://www.ndrc.gov.cn。
② 国家信息中心官网,http://www.sic.gov.cn。

随着中国与沿线国家和地区共建"一带一路"倡议的落实，产业合作、贸易往来、设施建设等领域建设均面临着巨额的投融资需求，资金融通是"一带一路"建设顺利发展的先决条件，而金融机构是资金融通的先行者，也为"一带一路"建设的可持续性提供了保障。通过对当前"一带一路"沿线国家和地区之间银行业合作概况的梳理，总结出银行业之间的合作特征；通过对经典案例的差异化分析，指出了与沿线国家和地区银行业合作路径、创新方向及存在的问题；最后在前述分析的条件下，提出了与沿线国家和地区银行业未来合作的策略。

第一节
与沿线国家和地区银行业合作概况

随着与"一带一路"沿线国家和地区双边和多边金融服务体系的构建，服务于绿色"一带一路"实体经济建设的银行业金融机构迎来了重大的发展契机和挑战。"一带一路"专项建设项目大多需要中长期资金支持，这不仅要求银行业在国际化发展过程中注重加强自身软实力建设并防范金融信贷业务所面临的不确定性风险，也要求银行业提供更广泛、多元、差异化的金融产品以及更高质量的金融服务。本节通过对中国与"一带一路"沿线国家和地区银行业之间合作现状的梳理，来考察现阶段银行机构对融资市场的贡献程度。

第二章 与沿线国家和地区银行业的合作

一、与沿线国家和地区的银行业联系

2013年以来,随着与沿线国家和地区双边和多边跨境金融服务体系的不断完善,中资银行与境外银行建立了更为紧密和广泛的金融合作。由于沿线国家和地区银行业金融机构之间的业务服务水平、风险监督模式、经营管理理念、金融产品供给等方面都存在差异,银行机构之间既有相互合作,也存在着激烈的竞争关系。

(一)与沿线国家和地区银行业合作现状

中资银行与沿线国家和地区银行之间的合作主体为政策性银行(国家开发银行、中国进出口银行)和四大国有股份制商业银行(中国银行、中国工商银行、中国建设银行、中国农业银行)。其中,国有商业股份制银行以中国银行、中国工商银行发展最为稳健;由于政策性银行具有丰厚的海外投融资经验和雄厚的资金支持,现阶段主要以政策性银行为境外投融资市场合作主力,并对股份制商业银行的金融经营活动加以引导,政策性银行的良好运行也有利于为中资银行业构建良好的海外金融运营环境。

根据"一带一路"网的数据库统计,截至2017年年末,已经有10余家中资银行在26个"一带一路"沿线国家和地区设立一级分支机构102家,表2-1显示出部分中资银行在沿线国家和地区设立机构情况。

表 2-1　　截至 2017 年年末中资银行在"一带一路"沿线国家和地区设立银行机构情况

分类	国家/地区	分行/子行	代表处
国家开发银行	3	—	3 家
中国进出口银行	1	—	1 家
中国银行	23	14 家分行，6 家子行	4 家
工商银行	20	14 家分行，6 家子行	1 家
建设银行	6	3 家分行，3 家子行	—
农业银行	4	4 家分行，1 家子行	1 家
交通银行	2	2 家分行	—
招商银行	1	1 家分行	—
中信银行	2	1 家分行，1 家控股子行	—
浦发银行	1	1 家分行	—

数据来源：根据各行历年年报整理得（http://www.cdb.com.cn；http://www.eximbank.gov.cn。http://www.boc.cn。http://www.icbc.com.cn/icbc；http://www.cmbchina.com。http://www.bankcomm.com/BankCommSite/default.shtml；http://www.citicbank.com。http://www.ccb.com/cn/home/indexv3.html；http://www.abchina.com/cn/；https://www.spdb.com.cn）。

截至 2017 年年末，中资银行在"一带一路"沿线设立分支机构情况如下：按区域划分，主要集中在蒙古国、俄罗斯、哈萨克斯坦、东南亚 11 国、南亚 2 国、中东欧 4 国、西亚北非 6 国（见表 2-2）。其他沿线国家和地区仍未设立分支机构。

表 2-2　　截至 2017 年末中资银行在"一带一路"沿线国家和地区设立分支机构分布情况

国家/地区	国别	分行/子行	代表处
蒙古国、俄罗斯、中亚 5 国	蒙古国	—	中国银行乌兰巴托代表处
	俄罗斯	中国工商银行莫斯科子行、中国农业银行莫斯科子行、中国银行俄罗斯子行、中国建设银行俄罗斯子行	国家开发银行莫斯科代表处、中国进出口银行圣彼得堡代表处
	哈萨克斯坦	中国工商银行阿拉木图子行、中国银行阿拉木图子行	—

第二章 与沿线国家和地区银行业的合作

续表

国家/地区	国别	分行/子行	代表处
东南亚 11 国	越南	中国工商银行河内分行、中国银行胡志明市分行、中国建设银行胡志明市分行、交通银行胡志明市分行	中国农业银行河内代表处
	老挝	中国工商银行万象分行、中国银行万象分行	富滇合资银行
	柬埔寨	中国工商银行金边分行、中国银行金边分行	—
	泰国	中国工商银行泰国（子行）、中国银行泰国子行	—
	马来西亚	中国工商银行马来西亚子行、中国银行马来西亚子行	—
	新加坡	中国工商银行新加坡分行、中国农业银行新加坡分行、中国银行新加坡分行、中国建设银行新加坡分行、交通银行新加坡分行、招商银行新加坡分行	—
	印度尼西亚	中国工商银行雅加达子行、中国银行雅加达分行	—
	文莱	—	—
	菲律宾	中国银行马尼拉分行	—
	缅甸	中国工商银行仰光分行	中国银行仰光代表处
南亚 8 国	印度	中国工商银行孟买分行	—
	巴基斯坦	中国工商银行卡拉奇分行	—
中东欧 16 国	波兰	中国工商银行波兰分行、(华沙，中国工商银行卢森堡二级)、中国银行波兰分行、(华沙，中国银行卢森堡二级)	—
	捷克	中国银行布拉格分行（中国银行匈牙利二级）	—

续表

国家/地区	国别	分行/子行	代表处
中东欧16国	匈牙利	中国银行匈牙利子行、中国银行匈牙利分行	—
	塞尔维亚	中国银行塞尔维亚分行	—
西亚北非16国	土耳其	中国工商银行土耳其子行	中国银行伊斯坦布尔代表处
	阿拉伯联合酋长国	中国工商银行阿布扎比分行、中国工商银行迪拜国际金融中心分行、中国农业银行迪拜国际金融中心分行、中国银行迪拜子行、中国银行迪拜分行、中国银行阿布扎比分行、中国建设银行迪拜子行、中国建设银行迪拜国际金融中心分行	中国银行迪拜代表处
	沙特阿拉伯王国	中国工商银行利雅得分行（双方获批）	—
	卡塔尔	中国工商银行多哈分行	—
	巴林	—	中国银行巴林代表处
	科威特	中国工商银行科威特分行	—
	埃及	—	国家开发银行开罗代表处

资料来源：根据中国银行业监督管理委员会国际部历年发布文件（http://www.cbrc.gov.cn/index.html）及 Orbis Bank Focus 数据库整理以及张海波等.商业银行在"一带一路"沿线国家机构布局策略——基于18家中资商业银行面板数据的分析 [J].亚太经济，2018（6）.

其中，发达经济体外资银行业与中资银行合作的主体为本国股份制商业银行，并已形成了成熟的项目融资体系；新兴经济体多处于经济结构转型期间，外资银行业与中资银行合作的主体为本国中央银行，且多需要中资银行业发挥"融资+融智"的带领作用。根据"一带一路"网数据库显示，截至2017年年末，"一带一路"沿线中的21个国家中

第二章 与沿线国家和地区银行业的合作

的55家外资银行机构已经在中国设立分行、子行、代表处①。

截至2017年年末,"一带一路"沿线外资银行在中国设立分支机构情况如下:按区域划分,主要集中在蒙古国、白俄罗斯、俄罗斯、哈萨克斯坦、东南亚5国、南亚2国、西亚北非9国(见表2-3)。其他沿线国家和地区仍未设立分支机构。

表2-3 截至2017年年末"一带一路"沿线国家和地区在华设立银行机构情况

国家/地区	国别	分行/子行	代表处
蒙古国、俄罗斯和中亚5国	蒙古国	—	蒙古国郭勒穆特银行有限公司北京代表处
	俄罗斯联邦	俄罗斯外贸银行公开股份公司上海分行	1. 俄罗斯信贷商业银行北京代表处。2. 俄罗斯外贸银行公开股份公司北京代表处。3. 俄罗斯工业通讯银行开放式股份有限公司北京代表处。4. 俄罗斯开发与对外经济银行(外经银行)国有公司北京代表处。5. 俄罗斯天然气工业银行股份公司北京代表处。6. 俄罗斯兴盛银行开放式股份公司北京代表处。7. 俄罗斯欧洲金融莫斯科人民银行公开股份公司北京代表处。8. 俄罗斯储蓄银行公开股份公司北京代表处。9. 俄罗斯农业银行北京代表处
	哈萨克斯坦	—	1. 哈萨克斯坦人民储蓄银行公开股份公司北京代表处。2. 哈萨克斯坦博泰银行股份公司上海代表处

---

① 数据来源:"一带一路"数据库,https://www.ydylcn.com/skwx_ydyl/sublibrary?SiteID=1&ID=8721。

续表

国家/地区	国别	分行/子行	代表处
东南亚11国	泰国	1. 泰国开泰银行（大众）有限公司深圳分行、成都分行。2. 泰国泰京银行大众有限公司昆明分行。3. 盘古银行（中国）有限公司上海总行，下设5家分行、1家支行。4. 正信银行有限公司上海总行	1. 泰国汇商银行大众有限公司北京代表处 2. 泰国开泰银行（大众）有限公司北京代表处、昆明代表处、上海代表处
	马来西亚	1. 马来西亚马来西亚银行有限公司上海分行、昆明分行、北京分行、深圳分行。2. 马来西亚联昌银行股份有限公司上海分行	马来西亚丰隆银行有限公司南京代表处
	新加坡	1. 星展银行（中国）有限公司上海总行（下设12家分行、23家分行）。2. 华侨银行（中国）有限公司上海总行（下设9家分行、7家支行）。3. 大华银行（中国）有限公司上海总行（下设11家分行、6家支行）	—

续表

国家/地区	国别	分行/子行	代表处
东南亚11国	印度尼西亚	印度尼西亚曼底利银行上海分行	—
	菲律宾	1. 首都银行（中国）有限公司南京总行（下设4家分行、2家支行）。2. 新联商业银行厦门总行（下设1家分行）	1. 菲律宾首都银行及信托有限公司北京代表处 2. 菲律宾金融银行股份有限公司北京代表处
南亚8国	印度	1. 印度国家银行天津分行、上海分行。2. 印度银行深圳分行。3. 印度爱西爱西银行上海分行。4. 印度巴鲁达银行有限公司广州分行。5. 印度卡纳拉银行上海分行。6. 印度同心银行有限公司上海分行	1. 印度联合银行北京代表处、上海代表处 2. 印度旁遮普银行上海代表处 3. 印度银行北京代表处 4. 印度海外银行有限公司广州代表处
	巴基斯坦	—	1. 巴基斯坦哈比银行有限责任公司北京代表处。2. 巴基斯坦国民银行股份有限公司北京代表处。3. 巴基斯坦联合银行股份有限公司北京代表处。4. 巴基斯坦艾尔哈比银行有限公司北京代表处。5. 巴基斯坦阿斯卡利银行股份有限公司北京代表处
独联体其他6国	白俄罗斯	—	白俄罗斯银行储蓄银行公开股份公司北京代表处

续表

国家/地区	国别	分行/子行	代表处
西亚北非 16 国	土耳其	—	1. 土耳其担保银行股份公司上海代表处 2. 土耳其实业银行股份公司上海代表处
	伊朗		伊朗德佳拉特银行北京代表处
	阿拉伯联合酋长国	—	1. 阿拉伯联合酋长国联合国民银行公开股份公司上海代表处。2. 阿拉伯联合酋长国国民银行股份有限公司北京代表处。3. 阿拉伯联合酋长国阿布扎比银行上市股份公司上海代表处
	沙特阿拉伯	—	沙特阿拉伯国家商业银行股份有限公司北京代表处
	卡塔尔	—	1. 卡塔尔国民银行公共有限公司上海代表处 2. 卡塔尔多哈银行股份公司上代表处
	科威特	—	科威特国民银行股份有限公司上海代表处
	约旦	—	约旦阿拉伯银行公众有限公司上海代表处
	以色列	—	以色列国民银行有限公司上海代表处
	埃及	埃及国民银行股份公司上海分行	—

资料来源：根据中国银行业监督管理委员会国际部历年发布文件（http://www.cbrc.gov.cn/index.html）及 Orbis Bank Focus 数据库整理得。

与沿线国家和地区的银行业合作带来了监管问题，因此构建双边和多边金融监管合作框架是确保金融稳定、防范金融风险的必备条件。截至 2017 年年末，中国银保监会已经和 32 个沿线国家和地区的监管当局签订了双边监管合作谅解备忘录和监管合作协议，这为中资银行和"一带一路"沿线外资银行的金融合作的可持续性提供了有力的制度保障。

截至 2017 年年末，与"一带一路"沿线国家和地区签署的双边监管合作情况如下：按区域划分，主要监管合作国为蒙古国、俄罗斯、哈萨克斯坦、吉尔吉斯斯坦、塔吉克斯坦、乌克兰、白俄罗斯、东南亚8国、南亚4国、中东欧4国、西亚北非9国（见表2-4）；而其他沿线国家和地区则仍未签署双边监管协议。2019年4月在第二届"一带一路"国际合作高峰论坛中，中国与沿线国家亚美尼亚、塞尔维亚、格鲁吉亚、哈萨克斯坦、毛里求斯、马来西亚等国金融监管当局签署了监管合作谅解备忘录。

表2-4 截至2017年年末与"一带一路"沿线国家签署的双边监管合作概况

国家/地区	国别	监管机构名称	签署文件类型	生效时间
蒙古国、俄罗斯和中亚5国	蒙古国	蒙古国中央银行	MOU	2014年8月21日
	俄罗斯	俄罗斯中央银行	跨境危机管理合作协议	2013年4月15日
	哈萨克斯坦	哈萨克斯坦国家银行、哈萨克斯坦金融监管署	MOU	2013年9月25日、2005年12月14日
	吉尔吉斯斯坦	吉尔吉斯斯坦共和国国家银行	MOU	2004年9月21日
	塔吉克斯坦	塔吉克斯坦国家银行	MOU	2010年11月25日
东南亚11国	越南	越南国家银行	MOU	2008年5月5日、2017年11月12日
	柬埔寨	柬埔寨中央银行	MOU	2013年4月8日
	老挝	老挝人民民主共和国银行	MOU	2016年9月8日
	泰国	泰国中央银行	MOU	2006年9月18日、2017年7月25日
	马来西亚	马来西亚中央银行、纳闽金融服务管理局	MOU QDII 监管合作换文	2009年11月11日、2010年6月13日
	新加坡	新加坡金融管理局	MOU QDII 监管合作换文	2004年5月14日、2008年1月22日
	印度尼西亚	印度尼西亚金融服务管理局	MOU	2015年6月4日
	菲律宾	菲律宾中央银行	MOU	2005年10月18日

续表

国家/地区	国别	监管机构名称	签署文件类型	生效时间
南亚8国	印度	印度储备银行	MOU	2010年12月16日
	巴基斯坦	巴基斯坦国家银行	MOU	2004年10月15日
	马尔代夫	马尔代夫货币管理局	MOU	2017年12月7日
	尼泊尔	尼泊尔国家银行	MOU	2016年3月21日
中东欧16国	波兰	波兰共和国银行监督委员会、波兰金融监管局	MOU	2005年2月27日、2017年6月9日
	捷克	捷克国家银行	MOU	2010年1月5日
	匈牙利	匈牙利金融监督署、匈牙利中央银行	MOU	2005年11月21日、2016年3月31日
	立陶宛	立陶宛银行	MOU	2015年6月12日
独联体其他国家中的6国	乌克兰	乌克兰国家银行	MOU	2007年1月30日
	白俄罗斯	白俄罗斯国家银行	MOU	2007年4月23日
西亚北非16国	土耳其	土耳其银行监理署	MOU	2006年7月11日
	伊朗	伊朗中央银行	MOU	2013年2月19日
	阿拉伯联合酋长国	迪拜金融服务局、阿联酋中央银行	MOU	2007年9月24日、2011年7月13日
	卡塔尔	卡塔尔中央银行、卡塔尔金融服务中心监管局	MOU	2014年11月3日、2007年5月11日
	巴林	巴林中央银行	MOU	2013年9月16日
	科威特	科威特中央银行	MOU	2015年3月28日
	约旦	约旦央行		
	黎巴嫩	黎巴嫩央行、黎巴嫩银行业监管委员会	MOU	2017年9月8日
	以色列	以色列银行	MOU	2013年5月27日

资料来源：根据中国银行业监督管理委员会国际部历年发布文件（http://www.cbrc.gov.cn/index.html）及 Orbis Bank Focus 数据库整理得。

（二）中资银行在沿线国家和地区的投融资活动

2013年以来，我国作为主要建设资金供给国之一，中

第二章 与沿线国家和地区银行业的合作

资银行业对"一带一路"沿线专项项目建设发放贷款超过2.6亿美元,投资项目多达3000余个,主要投资于基础设施建设、国际贸易、国际产能合作、制造业和能源矿产行业等。

截至2018年年末,中国对56个"一带一路"沿线国家和地区均有新增投资,合计投资143.6亿美元,同比上升1.2%[①]。中资银行主要投向新加坡、马来西亚、老挝、印度尼西亚、巴基斯坦、越南、俄罗斯、阿拉伯联合酋长国、柬埔寨等国家。从表2-5可见,与沿线国家合作度(满分100分)排名前十的国家分别为哈萨克斯坦、巴基斯坦、韩国、越南、泰国、马来西亚、新加坡、印度尼西亚、柬埔寨、蒙古国;在国家合作度中,资金融通指标平均分为9.8分(满分为20分),排名前四位的国家为俄罗斯、马来西亚、阿拉伯联合酋长国、巴基斯坦。中资银行业与"一带一路"沿线的亚洲、大洋洲、南亚地区金融投融资水平较高,与东欧地区、西亚北非地区的金融业务开展仍具有广阔的空间。

表2-5　2018年中国与"一带一路"沿线国别合作度排名 top30

排名	国家	总分	排名	国家	总分
1	哈萨克斯坦	90.6	10	蒙古国	68.86
2	巴基斯坦	79.77	11	老挝	68.46
3	韩国	77.07	12	土耳其	67.26
4	越南	76.15	13	印度尼西亚	67.07
5	泰国	75.25	14	新西兰	66.92
6	马来西亚	73.82	15	土耳其	66.92
7	新加坡	72.71	16	缅甸	63.49
8	印度尼西亚	72.16	17	吉尔吉斯斯坦	62.95
9	柬埔寨	69.86	18	波兰	61.1

---

① 数据来源:中华人民共和国商务部,http://www.mofcom.gov.cn/article/i/jyjl/e/201803/20180302717955.shtml。

续表

排名	国家	总分	排名	国家	总分
19	阿拉伯联合酋长国	59.32	25	匈牙利	56.02
20	埃及	59.24	26	南非	55.5
21	菲律宾	58.84	27	沙特阿拉伯	54.8
22	以色列	57.39	28	塔吉克斯坦	54.63
23	斯里兰卡	57.33	29	卡塔尔	52.52
24	尼泊尔	56.13	30	白俄罗斯	52.34

资料来源：2018年5月，国家信息中心"一带一路"大数据中心发布《"一带一路"大数据报告2018》整理得，https://www.yidaiyilu.gov.cn/mydsjbg.htm。

表2-6显示，中资银行在"一带一路"沿线国家和地区布局分支机构的评分排名是加权银行对当地投资、双边贸易、金融开放度、银行业发展水平指标进行计算排名的。其中，新加坡遥遥领先，俄罗斯、越南、印度尼西亚、阿拉伯联合酋长国排名前五位。

表2-6　2017年中资银行在"一带一路"沿线国家布局评分

排名	国家	得分	排名	国家	得分
1	新加坡	10.5%	6	马来西亚	3.6%
2	俄罗斯	5.3%	7	缅甸	3.4%
3	越南	4.8%	8	柬埔寨	3.3%
4	印度尼西亚	4%	9	印度	3.2%
5	阿拉伯联合酋长国	3.9%	10	蒙古国	3%

资料来源：张海波．商业银行在"一带一路"沿线国家机构布局策略——基于18家中资商业银行面板数据的分析[J]．亚太经济，2018（6）．

表2-7显示，中资银行业在"一带一路"沿线投资主要集中在交通、能源、信息类基础设施建设、国际贸易进出口行业项目、国际产能合作项目等五大领域，未来投资可关注于现代服务业和高新技术产业等。

表 2-7　　截至 2018 年年末中资银行在"一带一路"沿线国家投资领域及部分项目一览表

投资领域	部分项目一览表
交通类基础设施建设（公路、铁路、航运建设、港口建设等）；能源类基础设施建设（新能源项目、石油、天然气管道铺设、油气田产能建设、石油加工冶炼业等）；信息类互通基础设施建设（国际海底电缆、光缆项目、跨境间陆地电缆项目、海外 POP 点、数据中心等）	斯里兰卡公路项目、柬埔寨高速公路、俄罗斯地铁项目、中国石油哈萨克斯坦卡沙甘项目、埃及最大输电线路、孟加拉最大单体重油电厂、沙特港口建设、沙特技术中心建设项目、乌克兰西瓦什风电项目、伊拉克电站、泰国铁路复线项目、克罗蒂塔跨海大桥项目、巴基斯坦水电站项目、坦桑尼亚快速公交项目等
国际贸易中进出口行业分布于木制品行业、机电行业、钢铁行业、塑料行业、纺织行业、家居行业、钢铁行业、有机化学品行业、珠宝行业、汽车行业、家居行业等	中国建材集团有限公司"印度尼西亚、越南、孟加拉、哈萨克斯坦、蒙古、土耳其等"项目、中国中汽集团公司"蒙内"项目、中国机械工业集团公司海外执行项目、广州汽车集团股份有限公司海外项目、格力电器股份有限公司海外项目等
国际产能合作行业分布钢铁、建材、有色金属、油气、化工、轻纺、汽车、装备制造业、电力、通信等	河钢集团有限公司海外"四钢两矿一平台"项目、首钢集团有限公司"阿尔及利亚、哈萨克斯坦、阿联酋"项目、中国核工业集团有限公司"巴基斯坦恰希玛核电"项目、中国广核集团有限公司"马来西亚、埃及、孟加拉国"项目、徐工集团海外 48 个国家项目、中国航空工业集团海外 28 个国家项目、华为技术有限公司海外项目、中国移动通信集团海外项目等
现代服务业行业分布跨境电商、跨境物流、信息技术服务、旅游业、影视业、动漫等	北京京东世纪贸易有限公司海外跨跨境物流项目、海航集团海外跨境电商项目、招商局集团有限公司海外项目、中国旅游集团海外项目等
高科技产业中的科技成果转化应用	中航新材公司"非洲"项目、有研粉末新材料公司研发金属陶瓷复合材料项目等

资料来源：根据相关资料整理得（http://www.cdb.com.cn; http://www.eximbank.gov.cn; http://www.boc.cn; http://www.icbc.com.cn/icbc/; http://www.cmbchina.com; http://www.bankcomm.com/BankCommSite/default.shtml; http://www.citicbank.com; http://www.ccb.com/cn/home/indexv3.html; http://www.abchina.com/cn/; https://www.spdb.com.cn）。

统计数据显示，截至2018年年末，国家开发银行与沿线国家和地区开展的国际业务余额为1059亿美元，累计为650余个项目提供金融支持超过2000亿美元；截至2018年年末，中国进出口银行累计为1800余个沿线国家和地区的项目提供金融支持超过8000亿美元，位居金融机构之首，并对56个沿线国家和地区均有投资；截至2018年年末，中国银行对沿线国家和地区重大项目投资数量超过650个，累计授信额度达到1300多亿美元，自2015年以来中国银行融资规模达150亿美元，多为长期性、稳健性、低成本性的资金；自2014年以来中国农业银行为450余个沿线国家和地区项目提供金融支持，累计授信额度达到1711亿美元，并对45个沿线国家和地区均有投资；截至2018年年末，中国工商银行对沿线国家和地区重大项目投资数量超过400个，累计授信额度超过1000亿美元，且中国工商银行于2019年首次全球债券融资等值22亿美元；截至2018年年末，中国建设银行为沿线国家和地区120余个项目提供金融支持，累计授信额度超过210亿美元，并对29个沿线国家和地区均有投资[①]。表2-8整理出"一带一路"倡议提出至2018年年末主要政策性银行和四大国有股份制银行在沿线国家和地区的部分投融资项目清单。

---

① 数据来源：第二届"一带一路"国际高峰论坛国家开发银行、中国进出口银行、中国银行、中国建设银行、交通银行、中国农业银行汇报整理得。

第二章 与沿线国家和地区银行业的合作

表 2-8 截至 2018 年年末中资银行在"一带一路"沿线国家投融资情况概览

中资银行	投融资活动概览
国家开发银行	印度尼西亚雅万高铁建设,柬埔寨首条高速,哈萨克斯坦齐姆肯特炼油厂,文莱恒逸年石化厂、印度尼西亚青山工业园、国家开发银行于科威特丝绸城和布比延岛开发机构签署《丝绸城和五岛开发建设咨询合作的谅解备忘录》,与柬埔寨、哈萨克斯坦、土耳其等国有关机构签署公路、矿产、电力等领域项目贷款协议等
中国进出口银行	与塞尔维亚财政部、柬埔寨经济财政部、哈萨克斯坦国家公路公司签署公路项目贷款协议,与孟加拉国财政部签署桥梁、管道项目贷款协议,与卡塔尔ALKhalij商业银行、巴拿马环球银行签署流动资金项目贷款协议。中国进出口银行与瑞士信贷银行合作为尼日利亚MTN电信项目提供银团贷款等
中国银行	与俄罗斯天然气工业公司签署20亿欧元的双边贷款协议、与约旦Attarat油页岩电站项目贷款协议、受理中石化与沙特阿美合作"延布炼厂项目"、牵头土耳其Canakkale大桥项目、牵头安能巴西553兆瓦太阳能电站、参与银团中建埃及新首都CBD一期项目等
建设银行	与埃及交通部、尼日利亚财政部签署铁路项目贷款协,参与股本金搭桥迪拜950MW光热光伏电站项目、与阿根廷财政部、几内亚经济与财政部签署电力项目贷款协议,与玻利维亚发展规划部签署铁矿钢铁厂项目贷款协议等
农业银行	与白俄罗斯银行、智利智定银行、斯里兰卡人民银行签署融资合作协议、与韩国进出口银行、意大利外贸保险公司、法国贸易信用保险公司等合作为莫桑比克液化天然气项目提供银团贷款,投资新希望集团收购香港华富国际公司项目、投资上海梅林正广和股份有限公司收购新西兰SFFBEEF股权项目等
工商银行	投资"中巴经济走廊"项目,与新加坡交易所签署合作备忘录、与德国商业银行签署合作备忘录投放50亿美元共建、牵头缅甸仰光公交公司国际采购项目等

资料来源:根据各大银行历年年报整理得。

二、与沿线国家和地区银行之间合作的特征

与"一带一路"沿线国家和地区银行之间的合作特征,

可以总结为如下三个方面：

（一）构建多边、双边银行业合作平台

"一带一路"项目有着巨额的资金融通需求，而沿线国家和地区间金融发展程度差距较大，金融监管方式多样，既有政治、经济、金融环境成熟发育的市场，也有政治、经济、金融环境风险较高的市场，其中，沿线有36个国家均具有较高级别的投融资风险水平。因此，沿线银行业间亟须构建开放式、多元化的金融合作与监管平台。

一方面，沿线发达国家的外资银行多为具有高水平国际化程度的大型商业银行，具有较强的金融风险管控体系，尤其是在国际性的投资项目上具有丰富的经验，而且银行业间网点布局完善，有利于为投资项目进行一站式金融服务。另一方面，以政策性银行和四大国有股份制银行互为补充的中资银行业为共建"一带一路"提供"融资+融智"支持。其中，中国政策性银行在"一带一路"银行业间双边和多边合作中扮演主力军和引导作用，国家开发银行、中国进出口银行分别设立"一带一路"专项贷款资金2500亿元和1300亿元等值人民币。

在"一带一路"银行业间的投融资合作中，中资银行业与外资银行业通过银行团贷款、联合贷款承销债券等形式开展双边或多边金融业务合作，助力于拓宽"一带一路"项目融资渠道、提供更为便捷的资金结算等，金融机构间的合作平台为沿线国家和地区建设项目提供便捷的、可持续性的融资服务。截至第二届"一带一路"高峰论坛前，中国人民银行与欧洲复兴开发银行牵头成立多边货币合作平台，国家开发银行牵头成立的中国—中东欧银行联合体、中国—阿拉伯国家银行联合体、中国—东盟国家银行联合体、上合组织银行联合体、金砖国家银行间的多边金融合作机制、中国—拉美开发性金融合作机制构建了中资银行业与拉美国家间的多边金融合作机制等。

(二) 构建银行间常态化合作机制

"一带一路"沿线国家和地区银行间常态化合作机制（BRBR）是指在沿线国家和地区政府间部门共同指导下，利用商业银行完善的金融基础设施和经营良好的金融机构管理理念，按照"合作共赢、互利互惠"的原则，吸收愿意加入的银行机构进行跨国联合的国际金融组织①。银行间常态化合作机制的短期目标在于通过一对一、一对多、多对多等银行间合作方式，提升沿线国家和地区银行业支持"一带一路"项目建设的金融服务能力；长期目标在于完善沿线国家和地区金融系统的构建，增强本国金融竞争力，提高在未来全球金融领域的话语权。截至 2019 年 3 月，已有 55 个"一带一路"沿线国家和地区、89 家银行机构参与银行间常态化合作机制建设。

首先，"一带一路"建设具有"共商、共建、共享"的发展理念，沿线国家和地区的建设项目多是涉及多国和多地区，且时间跨度较长，对于投融资机构承担风险的能力要求较高，尤其是大型投资项目更需要良好的顾问团队、风险评估团队等进行服务。因此，对于单一银行机构来说是一项巨大的工程，多是难以独立完成。随着中外银行业积极地构建银行间常态化合作机制，单个银行机构有效地降低了"一带一路"大型项目的投资风险、提高了资本管理实力、有利地发挥着大

---

① 2017 年 5 月 15 日，首届"一带一路"银行家圆桌会议召开期间，与会银行共同签署了《"一带一路"银行家圆桌会北京联合声明》，推动建立"一带一路"银行间常态化合作机制（BRBR）。

中小型商业银行的各自优势以借期限管理投资项目,最终提升了中外银行业服务"一带一路"资金融通的综合能力。

其次,"一带一路"沿线国家和地区项目投资地多为处于经济结构转型阶段的发展中国家:政治环境不稳定,缺乏开展项目建设的稳定基础;经济发展较为缓慢,政府和企业的商业信用体系评级不高;金融开放程度较低,金融系统发展不健全,本土银行机构抗风险能力较差,缺乏开展大型融资业务的能力。随着银行间常态化合作机制的构建,成员银行机构之间在项目资金运用、政治风险监控、项目管控等方面加强了沟通与信息共享,有效地提升了"一带一路"沿线银行系统的抗风险能力。

再次,"一带一路"倡议的提出正值全球经济危机复苏过程中,但是金融危机带来的更深层次的影响仍继续加深,全球市场需求仍处于持续疲软状态。各国对外贸易市场多为外向型市场经济,由于外需不足,导致国内市场持续萎缩,这也导致自由开放的贸易、投资体系不断被贸易保护主义冲击。银行的海外市场业务受到冲击,如受汇率波动影响的银行业间国际结算业务、传统贸易投融资业务亟须创新。随着银行间常态化合作机制的建立,中外成员银行机构可以通过深化金融服务合作,达到"融资+融智"结合足以应对贸易格局变化带来的冲击。

最后,建立银行间常态化合作机制符合"一带一路"提出的合作、共赢、共建原则,有利于沿线国家和地区具有中长期融资需求的项目落实,这种中外银行业间稳定的、长期的机制建设,也为"一带一路"其他领域的合作提供了基础保障。

（三）构建"一带一路"绿色投融资合作

2016 年，在 G20 峰会上中国提出为"一带一路"绿色项目提供融资支持，未来中资银行业将持续构建绿色金融体系。2017 年第一届"一带一路"国际合作高峰论坛，习近平主席提出规范"一带一路"绿色投资准则，积极推动投资项目绿色化[1]。同年，中国人民银行发布《关于构建绿色金融体系的指导意见》，发起了"绿色金融合作网络"（NGFS）的构建。2019 年第二届"一带一路"国际合作高峰论坛，习近平主席提出建立"一带一路"绿色发展国际联盟，已有 80 多家沿线国家和地区的金融机构成为绿色投融资合作伙伴[2]。截至 2019 年 5 月，中国、英国、巴基斯坦、阿联酋、法国等"一带一路"沿线国家和地区的近 30 家金融机构共同签署了《"一带一路"绿色投资原则》；NFGS 的成员数量已由最初的 8 家发展到近 40 家包括沿线国家和地区中央监管机构在内的金融机构。

构建绿色"一带一路"实现沿线国家和地区环境发展的可持续性、经济发展的可持续性，都需要大力发展绿色投融资合作，构建可持续的绿色投融资合作体系。同时，沿线国家和地区的银行业信贷业务应当重点支持沿线的绿色项目，提供融资支持以满足其资金需求。同时，沿线国家和地区发展绿色金融不仅是国际责任担当的表现，也是银行业提升自身发展的重大机遇和防范系统性风险发生的

---

[1] 2017 年 5 月 14 日，习近平在"一带一路"国际合作高峰论坛开幕式上的演讲——携手推进"一带一路"绿色投融资建设，http://www.xinhuanet.com/world/2017-05/14/c_1120969677.htm。

[2] 2019 年 4 月 27 日，习近平在"一带一路"国际合作高峰论坛圆桌峰会上的致辞——建设"一带一路"绿色发展国际联盟，http://www.xinhuanet.com/2019-04/27/c_1124425120.htm。

内在需要。中资银行业在发展绿色金融市场方面积累了丰富的经验,可以为发展国际绿色项目投融资市场提供借鉴经验。

目前,构建绿色"一带一路"基础设施建设、国家贸易合作等领域需要的绿色投融资缺口仍很大,即绿色资金融通需求较大,但是来自银行业和国际基金组织的资金供给相对不足,可以看出发展绿色金融的内生动力仍略显不足,而且绿色投融资理念还未获得沿线大部分国家和地区投资机构的广泛认可。这是由于"一带一路"绿色投资金融工具仍具有较高的使用成本、绿色投融资标准的制定仍不甚完善,机构投资者对绿色资产的投资风险偏好较低。未来,在更广泛的绿色金融投资能力的建设下,吸引更多的全球资源配置到"一带一路"绿色项目上,构建"一带一路"银行业间绿色投融资合作是大势所趋。

第二节
与沿线国家和地区银行业合作案例

与沿线国家和地区之间银行业的合作已经初步展开,积累了众多的案例。通过对"一带一路"沿线国家和地区银行业合作的典型案例进行分析,考察"一带一路"建设过程中银行业间如何选择合作发展路径和创新方向等。

第二章 与沿线国家和地区银行业的合作

一、中资政策性银行与沿线国家和地区银行合作

(一) 国家开发银行与沿线银行合作

国家开发银行(简称国开行)作为服务国家建设的开发性金融机构和中国最大的"一带一路"对外投融资合作银行,国开行在以开发性金融支持重大基础设施建设、推进国际合作等方面积累了丰富的经验①。国开行在第一届"一带一路"国际合作高峰论坛中宣布提供 2500 亿元等值人民币专项贷款,其中的 1000 亿元等值人民币用于基础设施建设,1000 亿元等值人民币用于国际产能合作,500 亿元等值人民币用于金融合作,截至第二届"一带一路"国际合作高峰论坛,国开行用于"一带一路"专项贷款已完成承诺金额折合人民币 1059 亿元,占专项贷款的 42.4%②。

在服务"一带一路"建设的过程中,国开行作为境内金融机构中唯一的国家高端智库培育单位,充分发挥与国际金融市场、国际金融组织的对话合作机制,国开行与世界银行共同寻求在非洲以及其他地区再造中国深圳发展模式,并发起建立了上合银联体、东盟银联体、中阿银联体和非洲银联体的工作,加强了地区银行业之间的合作。国开行支持了柬埔寨暹粒机场、印度尼西亚金光集团纸业板块收购巴西埃尔多拉多浆厂、阿曼财政部综合授信等一批重大基础设施、产能合作和金融合作项目。重点支持了中哈产能合作、埃及

---

① 姜业庆. 开发性金融助力中企扬帆"一带一路"[N]. 中国经济时报,2017-4-18.
② 数据来源:根据 2017 年"一带一路"国际合作高峰论坛中习近平演讲稿整理、http://cpc.people.com.cn/n1/2017/0515/c64094-29274591.html 以及中国人民共和国中央人民政府网站发布数据整理得,http://www.gov.cn/xinwen/2019-04/25/content_5386014.htm.

苏伊士经贸合作区、中白工业园区的建设，推动设立中哈产能合作 150 亿美元、中国匈牙利合作 10 亿欧元、澜沧江—湄公河国际产能合作 50 亿美元专项贷款，正在推动斯里兰卡科伦坡港口城作为一个海外仓等方面的工作①。

（二）中国进出口银行与沿线银行的合作

中国进出口银行作为政策性银行，依托中方良好的信用支持，围绕服务国家战略，具有定位明确、业务清晰、功能突出、资本充足、治理规范、内控严密、运营安全、服务良好、具备可持续发展能力特点②。中国进出口银行在"一带一路"建设、对外经贸发展和跨境投资、国际产能和装备制造合作以及科技、文化、中小企业"走出去"方面发挥了重要作用。

在国家明确的"一带一路"重大标志性项目中，中国进出口银行参与近半，在进出口银行提供的"两优"贷款中，也有半数投向了"一带一路"沿线③。截至 2018 年一季度末，进出口银行支持"一带一路"建设贷款余额超过 8300 亿元，占全行表内贷款余额的 28%，覆盖 56 个沿线国家④。

中国进出口银行通过主权借款、主权担保、金融机构转贷款等模式与"一带一路"沿线政府、企业开展大量合作。截至 2019 年 5 月，中国进出口银行在"一带一路"沿线区

---

① 数据来源：国家开发银行首席经济学家刘勇在第十届外洽会开幕式上的演讲，http://www.codafair.org/index.php? m = content&c = index&a = show&catid = 9&id = 1641.
② 胡晓炼．政策性金融服务"一带一路"的优势 [N]．中国金融，2018 – 5 – 1．
③ 阳晓霞．"一带一路"上的金融力量 [N]．中国金融，2018 – 5 – 15．
④ 数据来源，根据 2018 年 6 月 14 日举行的银行业例行新闻发布会上中国进出口银行风险管理部总经理李忠元发言整理得，https://baijiahao.baidu.com/s? id = 1603249789286484974&wfr = spider&for = pc。

域主要发起设立或出资参与了中国—东盟投资合作基金、中国—中东欧投资合作基金、中国—欧亚经济合作基金、丝路基金和中非产能合作基金等①。这些服务于"一带一路"建设的投资合作基金,多是通过以股权投资的方式吸纳多边机构资本及国际资金。

二、中资商业银行与沿线国家和地区银行合作

(一) 中国银行与沿线国家和地区银行业合作

中国银行国际化程度较高、信用评级较高、国际投资者基础广泛,具有全球化网络、综合化平台以及专业化产品优势。2018年以来,中国银行科伦坡分行、中国银行智利分行、中国银行(墨西哥)有限公司等相继开业,截至2019年3月中国银行海外机构已覆盖"一带一路"沿线24个国家和地区,继续领先其他中资银行。截至2018年年末,中国银行投融资"一带一路"重大项目600余个,实现授信款项为1200亿美元;"一带一路"主题债券总规模已高达百亿美元,涉及中国银行亚、欧、非等12家分支机构,计价货币包括美元、人民币等7种货币②。

充分发挥自身专业化优势,助力项目建设。一方面,中国银行与沿线国家和地区的政策性银行、商业性银行加强合作,支持大型油电站项目、港口及交通运输等一大批"一带一路"重大资金需求项目建设。同时,中国银行与多国

---

① 张宇燕主编. 国际形势黄皮书:2019年全球政治与安全报告 [M]. 北京:社会科学文献出版社,2019.
② 数据来源:中国银行官网"中国银行动态专栏"整理得,http://www.boc.cn/aboutboc/bi1/201804/t20180411_11961564.html。

银行业签署银行间合作谅解备忘录,围绕"一带一路"倡议在各自领域探索潜在的合作渠道。另一方面,为了让金融业更好地服务"一带一路"实体经济建设,中国银行与沿线银行业也多次联合举办中小企业跨境投资与贸易洽谈会,打造"全球中小企业跨境撮合服务"。例如2017年5月,中国银行携手匈牙利国家银行联合举办"中国—匈牙利中小企业跨境投资与贸易洽谈会";2019年4月,中国银行携手克罗地亚国民银行联合举办"中国—中东欧国家中小企业跨境对接会"等。

充分发挥桥梁纽带作用,提升品牌知名度。中国银行在"一带一路"沿线有约500余家代理行,中国银行作为主承销商和牵头簿记管理人与多国中央银行开展银行业间债券市场合作。例如2017年,中国银行协助匈牙利在中国银行间债券市场发行10亿元人民币主权"熊猫债";2018年,中国银行协助阿联酋沙迦酋长国在中国银行间债券市场发行20亿元人民币主权"熊猫债",该笔债券是中东地区在中国发行的首支主权债;2018年,中国银行协助菲律宾共和国在中国银行间债券市场发行14.6亿元人民币债券,境外投资人通过"债券通"参与本次债券发行,境外获配占比88%[①]。

(二)中国农业银行与沿线国家和地区银行业合作

作为一家面向"三农"的大型国有银行,截至2019年3月,中国农业银行已在17个国家和地区设立了22家境外机构和1家合资银行,其中的6家境外机构设置在"一带一路"沿线的阿拉伯联合酋长国、新加坡、越南、俄罗斯、

---

① 数据来源:中国银行官网服务"一带一路"专栏整理得,http://www.boc.cn/aboutboc/Belt_Road/201904/t20190425_15166856.html。

第二章 与沿线国家和地区银行业的合作

初步形成了涵盖主要国际金融中心及周边合作密切国家和地区的境外经营网①。为了更好地服务"一带一路"融资需求，中国农业银行积极开展跨境金融产品创新，推出包括托管、融资、账户、交易、结算、融信、投行七大类跨境金融产品，打造了"人民币跨境通""进出口融汇通""内外贸融易通"等一系列品牌。

不断加强与境外金融同业合作，实现优势互补。截至2019年3月，中国农业银行与"一带一路"沿线的53个国家的553家银行建立了密押关系，为相关国家的银行开立了148个跨境人民币账户，实现了货币现钞跨境调运②。仅2018年，中国农业银行参与国际银团项目就达40余个，并多次担任国际银团贷款牵头簿记行、牵头行及代理行等角色，投放国际银团贷款超过人民币300亿元③。通过"一带一路"银行同业交流平台的建设，中国农业银行与新加坡星展银行、印度国家银行、裕信银行、阿布扎比第一银行、澳大利亚联邦银行等签署了全面合作协议和专项合作协议以及合作谅解备忘录，通过组建银行团贷、发行主权债务、债务融资工具承销、全球现金管理、代理清算等方式，充分发挥同业融资的优势力量，为"一带一路"孟加拉国煤电站、中马关丹产业园联合钢铁、哈萨克斯坦公路改造、印度基地建设、迪拜哈翔清洁燃煤电站等大型项目提供融资需求。

打造服务农业国际合作品牌，推动农业领域"引进来""走出去"的双联动。一方面，为了促进国际农业合作，提

---

① 数据来源：新华网金融专栏、中国农业银行"一带一路"金融专栏整理得，http://info.search.news.cn/#search/0/农行/1/。

② 郭薇. 中国农业银行：推进"一带一路"及国际金融服务体系建设[J]. 贸易金融，2019（4）。

③ 数据来源：中国农业银行官网服务"一带一路"专栏整理得，http://www.jjckb.cn/2018-08/28/c_137424070.htm。

升沿线国家和地区粮食安全能力,中国农业银行与境外银行业通力合作,培育具有国际竞争力的粮业集团,例如2018年,中国农业银行与荷兰银行为中国中粮集团和荷兰尼德拉公司提供超过1亿美元的银行贷用于跨境收购交易;2019年,中国农业银行与越南国家银行为中国新希望集团与越南平定省政府、平福省政府提供11亿元人民币的优质贷款,用于开展优质养殖项目建设[①]。另一方面,加强国际银团贷投资于"一带一路"沿线国家和地区农产品生产、加工、运输基地的建设,例如2018年,中国农业银行与塔吉克农业投资银行联合向塔吉克斯坦金谷农业发放贷款2亿元人民币,支持该地区现代农业种植技术的推广;2019年,中国农业银行与澳新银行联合向中国蒙牛与澳洲最大的两家畜牧业家族企业Moxeys、Perichs发放贷款3亿元人民币,用于三大集团在澳洲加工与运输基地的建设[②]。

(三)中国工商银行与沿线国家和地区银行业合作

中国工商银行是我国金融市场业务的先行者和重要参与者,是银行间债券市场最大的投资者、结算商与做市商,是非金融企业债务融资工具最大的承销商,也是我国国际金融市场具有重要影响力的积极参与者。中国工商银行具有强大的资金实力、集约化的资金营运体系和经验丰富的交易团队,在参与"一带一路"建设过程中遵循市场化、商业化的原则,并通过银行间常态化合作机制等方式与同业加强合作。截至2018年年末,中国工商银行已在"一带一路"沿

---

① 数据来源:中国农业银行官网海外投资专栏整理得,http://www.uk.abchina.com/cn/news/。

② 数据来源:中国农业银行官网海外投资专栏整理得,http://www.uk.abchina.com/cn/news/。

线 20 个国家和地区设立了 129 家分支机构，支持境外"走出去"项目 393 个，累计承贷金额约 1028 亿美元，其中 2018 年上半年新承贷"一带一路"项目 50 个，承贷金额达 110 亿美元①。

打造多边金融市场，加强成员机构间合作。自 2017 年以来，中国工商银行牵头建立了"一带一路"银行家圆桌会议（BRBR）平台，推动沿线银行的常态化合作机制（BRBR 机制）的建设，成员机构间通过银团、联合债券承销、贸易融资、全球现金管理及金融市场等业务合作，不仅提高了单个银行机构的抗风险能力，也为共同支持"一带一路"领域项目的落实提供助力。截至 2019 年 4 月，中国工商银行与渣打银行、土耳其实业银行等十几家银行签署了第三方市场合作文件，累计投资额达到 88 亿美元②。2019 年 5 月，中国工商银行发行首只"一带一路"银行间常态化机制绿色债券（"BRBR"绿色债券），包括欧元、人民币、美元币种，由"一带一路"BRBR 机制 22 家成员机构参与承销。

（四）中国建设银行与沿线国家和地区银行业合作

中国建设银行以"综合性经营、多功能服务、集约化发展、创新型银行、智慧型银行"为发展方向，在基础设施建设融资领域具有传统优势。"一带一路"沿线业务多涉及出口信贷、跨境并购、项目融资、国际债券、国际银团、金融租赁等多元化结构性融资产品，积极开展跨境贸易及投

---

① 数据来源：2019 年 3 月，中国工商银行举办金融市场开放与"一带一路"金融合作论坛中副行长胡浩演讲稿整理得，http：//www.stba.org.cn/article.aspx?id=4203。

② 数据来源：2019 年 4 月，第二届"一带一路"银行家圆桌中国工商银行成果清单整理得，https：//baijiahao.baidu.com/s?id=1632011157129524914&wfr=spider&for=pc。

资并购、全球授信、投资银行、现金管理等产品创新。截至2018年年末，累计为18个"一带一路"沿线国家的50个海外重大项目提供了金融支持，中国建设银行签约金额约合98亿美元，涉及基础设施建设领域的重大项目有25个，投资金额约合470亿美元，中国建设银行签约金额为65亿美元，累计储备重大项目200多个，半数以上项目集中在铁路、公路、航运、能源、电力等基础设施建设领域①。

深化全方位、多角度金融合作，实现"融资+融智"多方共赢。截至2018年年末，中国建设银行与俄罗斯联邦储蓄银行、蒙古银行、哈萨克斯坦银行、印度巴罗达银行等银行开通本外币双边结算账户以及签署全面合作备忘录，有利于不断深化银行业间国际结算、贸易融资等合作业务往来。截至2019年3月，中国建设银行与沙特阿拉伯国家银行、德意志银行、星辰DBS银行等机构在跨境项目融资、银行团贷等领域进行合作。例如，2018年中国建设银行与星辰DBS银行为马来西亚马中关丹产业园钢铁基地项目提供银团贷；2019年，中国建设银行与沙特阿拉伯国家银行为沙特阿拉伯阿美的延布炼厂项目提供融资。

第三节
与沿线国家和地区银行业合作展望

针对与"一带一路"沿线国家和地区间银行业合作中

---

① 数据来源：中国建设银行官网今日建行专栏文章"加大对一带一路建设的金融支持力度"，http://www.ccb.com/cn/ccbtoday/media/20170517_1495001695.html。

第二章 与沿线国家和地区银行业的合作

的不足，今后我们应该从如下三方面加强彼此之间的合作，以促进"一带一路"倡议的持续实施。

一、建设"一带一路"银行合作网络

（一）完善银行业联动网络建设

2013年以来，沿线国家和地区银行业合作逐年攀升。一方面，中资银行业在东南亚地区设置分支机构较为密集，其中以中国银行和中国工商银行与当地银行业发展合作速度较快，合作较为紧密，但缺乏对"一带一路"沿线大范围的银行网点覆盖。另一方面，"一带一路"欧洲外资银行业海外服务市场建设较完善，汇丰集团凭借海外银行网点地域覆盖"一带一路"沿线的优势，为"一带一路"项目提供创新性金融信贷支持；渣打银行国际市场银行网点布局与"一带一路"沿线市场重合度达到70%；花旗银行国际市场近60个网点布局于70个"一带一路"沿线国家和地区。根据"一带一路"大数据报告2018显示，金融环境排名前五位的国家为沙特阿拉伯、卡塔尔、也门、东帝汶、马尔代夫以及营商环境排名前四位的国家为新西兰、阿联酋、以色列、卡塔尔。中资银行未来网点布局可向上述欧洲国家和地区倾斜，大力发展与欧洲国际银行业市场的金融合作，完善"一带一路"银行业联动网络建设。

（二）优化银行业金融服务体系

"一带一路"项目建设有着巨大的资金融通需求，也要求银行业提供具有多样化的配套金融服务。与"一带一路"沿线银行业之间开展项目投融资业务的同时，也要注意在产品设计和合作模式、金融服务等方面加强创新。在产品设计方面,依托于传统的投资信贷产品基础外,要加强投资贷款双联动的产品配套设计;在合作模式方面,除了一对一、一对多的银行同业合作模式,也要继续加强银行业与多边金融机构合作对接模式的探索,通过银团贷款、联合融资、建立担保机制等措施分散风险;在金融服务方面,一方面,要积极搭建银行同业金融服务平台体系,为企业提供最为高效的融资渠道、便捷的支付结算方式,提高金融服务运行效率,减轻资金配置不均衡问题。另一方面,要加强中外资银行同业间项目前期咨询、中期投资、后期对冲策略、项目监管等金融服务的合作,为项目的长期开展提供保障性支持。

二、推进绿色"一带一路"银行业合作

首先,"一带一路"沿线国家和地区多为粗放型经济发展方式,环境污染问题日益加剧,发展绿色"一带一路"金融合作体系是实现环境与经济可持续发展的必要条件。沿线银行业在项目投资中除了考量国家经济、金融、制度等方面,也要将环境审核作为投融资的重要准则。着力调整和优化信贷结构,对于高耗能、高污染的融资项目缩小信贷规模,对于环境友好可持续发展的融资项目,大力给予信贷支持。由于沿线银行业发展水平存在差异,且银行商业化运营模式具有趋利性,容易将经济利益视为唯一目标,在"一带一路"工商、共享、共建原则的指导下,银行业金融机构要增强社会责任意识,提高发展可持续绿色信贷的内生动力,重视环境建设对金融发展的良性促进作用,加大对绿色、低碳、可循环的融资项目支持力度,有意识地防范和监控投融资业务中的环境风险。

其次，由于存在信息不对称的问题，银行业间、银行与当地相关环保部门之间、银行对项目企业公开信息的掌握缺乏实效性和全面性，严重制约了绿色信贷的发展，未来需要政府部门主导建立良性的银行业间环境信息沟通机制和评判标准。"一带一路"绿色信贷领域的资金需求缺口巨大，银行业绿色信贷资金投入整体结构不够合理。目前，银行业绿色信贷主要投向沿线交通运输、工业节能、清洁能源等领域，其中，绿色基础设施建设信用放贷占到一半以上，而在建筑节能与绿色建筑项目、资源循环利用项目、自然保护、生态修复及灾害防控项目等领域所占比重十分微小。

最后，在未来推进绿色"一带一路"银行业合作过程中，需要沿线政府、相关部门配合构建全方位的环境风险管理框架，制定绿色项目监管流程，银行业要提高绿色信贷的业务能力，增强绿色项目信贷的参与度，将国际公认的环境评价标准赤道原则逐步融入绿色项目信贷过程中，加强对绿色信贷专项部门的设立和人才的培养，加强绿色投融资理念的推广。

三、加强"一带一路"银行业风险防范机制建设

"一带一路"沿线国家和地区金融监管水平参差不齐，虽然我国与众多沿线国家和地区都签订了金融监管谅解协议，但是急需全面的国际金融监管合作平台。在"一带一路"沿线国家和地区中，俄罗斯、蒙古国和中亚5国多是实行高度集中的金融监管体制，中央银行独立行使监管职责，与中资银行业合作关系密切；南亚8国中只有印度、巴基斯坦具有较为完善的银行业监管系统，多是引用英美监管法体系，国家中央银行是唯一的监管核心，对于银行资本充足

率、信用风险、管理与内控等要求较严格；伴随东南亚11国金融深化程度和银行网点建设的提高，与中资银行业的合作日益密切，正积极推进金融自由化建设；中东欧16国银行业监管水平较高，不仅具有独立的央行监管机制，同时受欧洲银行联盟的机制管理。

由于沿线国家和地区经济发展路径和金融发展理念差异较大，有以央行为核心的监管制度，也有分业监管制度、双层多头的监管制度。由于各国监管规章制度较多，想要构建统一的金融合作监管平台，仍需要各方的大力支持和协商。未来，加强"一带一路"银行业风险监管平台的建设，应积极引导沿线银行业接受国际金融组织的监管，注重防范金融过度创新和系统性风险的发生，加强对混业经营的金融集团的有效监管，建立国际联动监管机制，增进沿线银行同业间的相互了解和信任，更好地应对国家风险和信用风险对银行系统的冲击。

第三章

与沿线国家和地区非银行金融机构的合作

习近平主席提出"一带一路"倡议以来,在政策沟通、设施联通、贸易畅通、资金融通、民心相通上取得了重大进展,金融在"一带一路"建设过程中起到了中流砥柱的作用。银行和非银行金融机构共同为中国与"一带一路"沿线国家和地区之间的合作提供资金,创建了良好的金融基础设施。非银行金融机构协助银行机构,一起为国家间的商贸、投资等合作提供可能性,为商贸发展、海外投资保驾护航。

第一节
与沿线国家和地区之间非银行金融机构合作概况

非银行金融机构涉及面很广,包括保险公司、证券公司、信托公司、保付代理公司、租赁公司等。与银行金融机构不同,这些非银行金融机构无法直接贷款给企业,只能以发行股票、债券、接受信用委托、提供保险等形式筹集资金,然后将资金投入长期投资项目中。当然,非银行金融机构都起到了融通资金、带动沿线各国商贸交往的作用,但是各自却又有不同的侧重点,在目标对象、融资渠道、融资形式、针对问题上有所不同,从而使它们在功能上相辅相成,共同为"一带一路"建设作出贡献。在"一带一路"建设过程中,目前起到关键作用的非银行金融机构主要集中在保险业、债券业、基金业。

一、与沿线国家和地区保险业合作现状

(一)开展保险业合作的意义

"一带一路"建设的不断推进,将对世界经济长期增长、全球治理格局、人员沟通交流产生积极影响。然而,"一带一路"建设并非想象中的顺利,依然充满了风险。沿线国家和地区多为发展中国家或新兴市场,其经济结构较单一且金融体系欠发达,局部冲突更是不断,存在政治风险、

第三章　与沿线国家和地区非银行金融机构的合作

法律风险、违约风险等。同时除了人祸，天灾也多发，全球受极端天气事件影响排名前十位的国家中，五分之三是"一带一路"沿线国家。在此背景下，中国"走出去"企业需要应对的风险存在个体差异，或由于难以充分转移风险，或由于风险管理手段不够成熟，超过一半以上的风险仍处于"应保未保"状态。由此可见，展开保险领域的合作存在巨大潜力。为此，保险行业应该充分发挥保险行业的功能作用，减少我国"走出去"企业所面临的风险，为跨境合作提供安全保障和服务，推进与"一带一路"沿线国家和地区的合作。

而从发达国家保险业国际化的过程来看，本国企业国际化能有效促进保险业的国际化。显然，伴随"一带一路"建设，保障本国企业在海外的利益是保险业"走出去"的必然选择。"一带一路"建设、对外开放事业的不断推进，为我国保险业带来了重大机遇，迎来行业跨越式发展的机会。抓住机遇，必能促使保险行业提高国际化能力和水平，增强国际影响力，推动我国转变为保险强国。

（二）与沿线国家和地区保险业合作概况

保险业的业务范围主要分为直保、再保险、出口信用保险三大类。下面对每一类的合作情况进行归纳。

1. 直保合作概况

在人们的普遍认知中，保险业的业务范围主要是对私的人寿险、农业险、车险等及对公的各种保险。这种保险通常被称为直保，是保险公司的重要业务部门，也是保险公司收取保费的主要来源。保费收入会影响保险公司资产状况。直保是与"一带一路"沿线国家和地区的保险合作中的重要一环。原中国保监会 2017 年出台《中国保监会关于保险业服务"一带一路"建设的指导意见》,鼓励保险机构根据国内"一带一路"核心区和节点城市建设中的特殊风险保障需求,积极发展各类责任保险、货物运输保险、企业财产保险、工程保险、失地农民养老保险、务工人员意外伤害保险等个性化的保险产品服务,保障人民和国家的利益。

我国与"一带一路"沿线国家和地区合作的工程项目数目众多,围绕跨境工程项目需求衍生出机动车出境保险、航运保险、雇主责任保险等跨境保险业务产品,是保险公司直保项目的目前发展方向。跨境人身保险产品也因我国对"一带一路"沿线国家的劳务输出、商务旅游人数的增多变得更受欢迎。各大保险公司如平安保险集团就积极通过新建和并购等方式在"一带一路"沿线国家和地区开设海外网点。如中国太平保险与太平新加坡、太平印度尼西亚等子公司展开国际合作联动。为在俄罗斯、哈萨克斯坦、吉尔吉斯斯坦、新加坡、印度尼西亚、缅甸、柬埔寨、越南等多个国家的中国企业提供了建安工程险、财产险、能源险、雇主责任险、货运险、船舶险、政治与恐怖风险等险种。保险海外子公司能够有效保障中国企业的利益。然而公司现有保险产品种类面对"一带一路"建设的巨大需求还是略显不足,需要保险公司开发更多产品以抢占这极具潜力的市场。此外,我国保险企业在海外设立分支机构也还处于起步阶段,境外机构数量较少且较为集中在香港、澳门等地。

2. 再保险合作概况

直保只发生在保险公司和被保险人之间,再保险则发生在保险公司之间。保险公司可以在原保险订单的基础上,通过分保合同,将自己承担的保险订单风险部分地进行再次保险,实现风险转移,更好地保护公司、行业的发展。

再保险连通了国内国际保险市场,拥有全球化服务网络

第三章 与沿线国家和地区非银行金融机构的合作

和管理全球保险业风险的经验。相比本地保险市场，具有更强的国际化、专业化风险分散和管控能力，与"一带一路"全球化风险管理需求高度吻合。因而，习近平总书记在2016年8月推进"一带一路"建设工作座谈会上指出：要建立服务"一带一路"建设长期、稳定、可持续、风险可控的金融保障体系①。一个完整的市场化风险分散保障系统，离不开政府支持、企业需求、直保公司对风险的承接，更离不开再保公司对直保风险的分担。再保险肩负着"一带一路"风险管理者、开拓者的使命。

面对风险管理的重担，2017年以来我国再保险领头企业——中再集团（即中国再保险（集团）股份有限公司）已与境外23个保险和再保险公司签署了海外出单和在地服务合作备忘录，境外服务网络覆盖65个"一带一路"沿线国家中的44个国家或地区，解决了多年来我国保险行业全球化服务网络不足的难题②。同时，中再集团通过开发覆盖沿线国家的相关风险数据、巨灾模型等有效举措，大幅提升对"一带一路"沿线国家风险的识别和承保定价能力。此外，针对"一带一路"风险复杂多样的特殊状况，中再集团创新开发了"中国保险＋中国安保"一揽子海外人员综合保障计划。为"一带一路"标志性项目——"中老铁路"提供100亿元保险保障，进一步提高海外服务质量和合作深度③。

---

① 习近平在推进"一带一路"建设工作座谈会上强调总结经验坚定信心扎实推进 让"一带一路"建设造福沿线各国人民 [J]. 中国纪检监察，2016（16）.

② 张泓："中再集团监事长张泓：在护航'一带一路'中更好地发挥再保作用"，http：//www.chinare.com.cn/zhzjt/441147/441245/557118/index.html，2017-12-05.

③ 中国金融家："中再集团为'一带一路'建设'再保险'"，http：//finance.sina.com.cn/stock/relnews/hk/2019-07-16/doc-ihytcitm2398741.shtml，2019-7-15.

3. 出口信用保险合作概况

出口信用保险主要针对国际商务贸易中存在的潜在风险，能够有效帮助工程承包商、出口商等企业规避国外商业风险和政治风险，是促进出口的绝佳手段。购买出口信用保险有助于降低出口企业收汇风险，提高出口信用企业的信用等级，在一定程度上促进企业融资，也可以增强出口企业的国际竞争力，更可以促进"一带一路"的风险管理体系建设。所以出口信用保险被称为是"一带一路"建设进程的"专业助推器"。现在主要承接出口信用保险的中国出口信用保险公司（简称中国信保），成立于2001年，是由国家出资设立具有独立法人地位的国有政策性保险公司。

国际交易和海外工程承包中主要存在三种风险：主权信用风险、商业主体信用风险和基本政治事件风险。企业通过购买信用保险，可减小融资银行的风险敞口、降低企业的融资难度。对于技术风险合同纠纷以及宏观经济社会自然等风险，虽然信用保险不直接覆盖，却能通过信息共享和传递起到辅助服务作用。各种可能影响交易的风险可以通过出口信用保险得到适当的保障。在长期的实践中，中国信保已经积累了众多的优势。

专栏 3–1

中国信保的优势

针对不同的风险类型和时间期限，中国出口信用保险公司在"一带一路"建设中可以承接中长期出口信用保险业务、海外投资保险业务、短期出口信用保险业务、国内信用保险业务、信用担保业务、再保险业务、应收账款管理等服务。面向不同企业和金融机构的客户，长期风险、短期风险均能覆盖，更可以通过各类主险和附加险满足个性化的风险诉求，还可以利用多种担保业务和保障条款进一步减少企业资金占

第三章 与沿线国家和地区非银行金融机构的合作

用,提高企业的融资能力。健全的产品系统使中国出口信保公司可通过资信评估业务等增值服务来满足企业海外买家资信评估、行业风险评估、海外投资咨询、企业信用管理培训等需求,促进"走出去"企业和金融机构信息共享和传递。

资料来源:饶丽圆,黄梦婴,陈功.出口信用保险服务"一带一路"建设研究[J].福建金融,2017(8).

除拥有诸多优点外,中国信保的优势更在于服务前移。截至2017年8月,中国信保已与40多个外国政府部门、金融机构签署了合作协议①。如果企业没有项目,中国信保可以通过与外国政府、企业集团、金融机构沟通,为企业寻求项目;如果企业对东道国市场的情况不甚了解,中国信保能发挥其此前的承保经验以及风险研究特长,帮助企业快速了解与东道国国家合作可能出现的风险;如果企业缺少资金支持,中国信保能协助搭建融资平台,促成企业、银行、业主三方合作。

出口信用保险不仅能保障我国企业利益,更能积极主动为企业谋求更大收益,受到了众多企业的欢迎和支持。根据中国信保公司官网披露,中国信保积极与国内以及"一带一路"沿线国家和地区的保险机构展开合作,与各国银行签署合作框架协议。如2019年1月,中国信保与中再集团签订战略合作协议。2017年12月14日,与韩国贸易保险公社签署合作协议,互相学习借鉴,加强双方在"一带一路"等方面的国际合作。

除了开展国际合作,自2013年"一带一路"倡议提出

---

① 国务院新闻办公室:"保监会就中国信保支持实体经济服务一带一路举行发布会",http://www.scio.gov.cn/xwfbh/gbwxwfbh/xwfbh/bjh/Document/1561246/1561246.htm,2017-8-17.

至 2019 年 4 月，中国信保对沿线国家和地区的承保金额累计超过 7124.3 亿美元，累计向企业和银行支付赔款 27 亿美元①，重点支持铁路、电力、通信、钢铁、汽车、工程机械等行业，有力推动了国际产能和装备制造合作，进一步促进了我国与"一带一路"沿线国家和地区"五通"中的设施联通、贸易畅通与资金融通。2018 年，中国信保主动延伸服务链条，承保对"一带一路"沿线国家和地区的出口和投资，承包总金额高达 1506 亿美元，并向"一带一路"沿线出险项目支付赔款 6.3 亿美元，保障企业"走出去"安全的同时，也带动了相关共建国家经济社会发展。在具体项目上，承保了孟加拉 PAYRA2×660MW 燃煤电站、缅甸仰光国际机场扩建项目等重大项目，承保金额共 522.6 亿美元，约占总承包金额的三分之一②。在涉及企业数上，政策性信用保险覆盖面随之扩大，为 7 万余家"走出去"企业提供保险保障、风险管理和融资支持全链条服务③。

（三）与"一带一路"国家和国际保险业合作上面临的问题和挑战

在"一带一路"建设大背景下，我国保险业政策支持的框架逐渐形成雏形，保障我国人民生命财产以及企业利益的产品和服务也初见成效，海外网点和机构建设也在稳步推进。在看到成绩的同时，不能忽视保险业与沿线国家在国际

---

① 中国一带一路网："中国信保为共建'一带一路'承保超 7000 亿美元"，https：//www. yidaiyilu. gov. cn/xwzx/gnxw/85199. htm，2019 - 04 - 09。

② 中国一带一路网："2018 年中国信保向'一带一路'沿线出险项目支付赔款 6.3 亿美元"，https：//www. yidaiyilu. gov. cn/xwzx/gnxw/77580. htm，2019 - 01 - 16。

③ 中国保险监督管理委员会："中国出口信用保险公司支持实体经济发展、服务'一带一路'建设有关情况新闻发布会"，http：//guangdong. circ. gov. cn/web/site0/tab7926/info4079213. htm，2017 - 08 - 17。

第三章 与沿线国家和地区非银行金融机构的合作

合作上存在的问题和挑战。

1. 开展国际合作的动力不足

在"一带一路"建设中,保险公司"走出去"开展国际合作的动力不足。在国家政策方面,我国对保险业,特别是商业保险和再保险在"走出去"税收政策、产品创新等方面的支持力度稍显不足。"走出去"企业和务工人员主动购买保险服务的意识也较为薄弱,更多的还是被动地购买保险产品。政策支持力度不够、"走出去"企业保险需求不强、国内市场发展较好等综合原因,保险公司倾向于故步自封,较为缺乏"走出去"开拓海外业务与"一带一路"沿线国家和地区的保险公司合作的动力。

2. 海外机构的成立进展较慢

海外机构的成立不仅可以为保险公司"走出去"提供便利,扩大我国保险公司的影响力,更能加强与"一带一路"沿线国家和地区保险业的合作、联系。截至2019年7月,太平人寿、中国人寿等保险公司仅在中国香港、新加坡、印度尼西亚等少数几个"一带一路"沿线国家和地区设有自立营业机构。海外机构的缺乏不利于及时保障中国企业在东道国当地的利益以及吸引未来潜在客户。

3. 保险产品覆盖面较窄

保险产品不能完全满足目前的需求,保险企业急需针对"一带一路"建设上的风险进行产品创新。我国保险公司目前缺少针对"一带一路"沿线国家和地区易出现的政治风险、特殊人身伤害风险、工程延误开工风险等保险产品,尚未开发出更具有针对性,风险覆盖面更广的系列保险产品。

4. 重大项目的承保能力略显欠缺

"一带一路"沿线上的建设项目以基础建设为主,这类项目时间长、投资金额巨大,对保险公司的承保能力有较高要求。但目前我国的保险公司并没有抱团发展以及与有实力的"一带一路"沿线国家和地区保险公司、银行共同开展承保业务,互相利用彼此的长处,而是单打独斗,对于重大项目的承包能力不足,这不利于保险业的整体发展。

二、与沿线国家和地区之间的证券机构的合作

资本市场主要以债券、基金、股票等形式进入证券市场,从而扩宽融资渠道,为"一带一路"建设提供支持。拓宽融资渠道的方法主要是通过发行债券、股票、资本市场交易机构参股境外交易所。

(一) 债券业合作基本概况

债券融资在"一带一路"建设中有其存在的特殊意义。大部分"一带一路"沿线国家为发展中国家,发展水平较低,目前的项目以基础设施建设为主,呈现出资金需求大、投资回报率低、资金回收期长的特点,这决定了项目融资难度较高。面对"一带一路"数额巨大的融资需求,债券市场以投资主体多元化、定价机制市场化、信息披露透明化等特点对接了"一带一路"投融资以企业为主体以及市场化运作的需求,有利于确保投融资的可持续性。因而"一带一路"债券市场的发展可以冲破市场发展的障碍,提高金融业整体运行效率,以实际行动推动"一带一路"的发展[1]。

在"一带一路"建设中,目前债券市场重点在开展"一带一路"债券试点,拓展"一带一路"项目资金来源,

---

[1] 张中元,沈铭辉. "一带一路"融资机制建设初探——以债券融资为例[J]. 亚太经济, 2018 (6).

第三章　与沿线国家和地区非银行金融机构的合作

资本市场交易机构参股境外交易所等。

1. 开展"一带一路"债券试点，建立债券市场合作体系

上海证券交易所（简称"上交所"）在2017年10月27日发布了《服务"一带一路"建设愿景和行动计划（2018—2020）》，这是上交所服务"一带一路"建设的纲领性文件。根据此文件的精神和内容，此后在2018年3月上交所、深交所联合发布了《关于开展"一带一路"债券试点的通知》，在文件中说明"一带一路"债券主要包括以下3类债券：第一类是"一带一路"沿线国家（或地区）的政府类机构在上交所发行的政府债券；第二类是"一带一路"沿线国家（或地区）的企业及金融机构在上交所发行的公司债券；第三类是境内外企业在上交所发行且募集资金用于"一带一路"建设的公司债券①。

在此通知发布之前，交易所债券市场就已经取得了不错的成绩。2017年3月，俄罗斯铝业联合公司在交易所成功发行10亿元人民币债券，成为首单"一带一路"沿线国家企业发行的人民币债券，并引起国际上的广泛关注。2018年1月，红狮控股集团在交易所成功发行3亿元人民币债券用于老挝"一带一路"项目建设，成为首单境内企业募资用于"一带一路"项目的债券。

与此同时，深交所也紧随其后，开发"一带一路"建设的投融资新模式，成功推出多个"一带一路"试点债券项目。

2018年2月，招商局港口控股有限公司及普洛斯洛华

---

① 上海证券交易所："关于开展'一带一路'债券试点的通知"，http://www.sse.com.cn/lawandrules/sserules/listing/bond/c/c_20180302_4468353.shtml，2018-03-02.

中国海外控股（香港）有限公司在深交所成功发行市场首批"一带一路"公募熊猫公司债券，合计17亿元，两只债券募集资金均跨境使用。3月5日，深交所主板上市公司恒逸石化股份有限公司"一带一路"公司债券也成功发行，标志着"一带一路"债券发行主体进一步丰富。截至2018年3月，已有7家境内外企业发行"一带一路"债券的申请获得中国证监会核准或沪深交易所的无异议函，拟发行金额合计500亿元。其中，4家境内外企业已发行35亿元"一带一路"债券①。

截至2018年6月，上交所已受理并通过用于"一带一路"项目的公司债券和资产支持证券共计14只，拟发行规模约800亿元。近期，上交所已经与多个"一带一路"沿线国家进行洽谈，多只"一带一路"公司债券、资产支持证券整装待发，其发行将为"一带一路"建设持续提供资金支持②。

2. 债券市场加快开放步伐，增加资金来源

中国市场现阶段引入境外外资发行人，即国际开发机构在中国境内发行人民币债券，俗称"熊猫债"。境外主体持有国内总量超过1.7万亿元。在2017年，马来西亚马来亚银行"债务通"熊猫债就在银行间债券市场成功发行，由国家开发银行承销，金额高达10亿人民币，期限为3年，票面利率4.6%。该熊猫债所筹集的全部资金都将用于"一带一路"发展③。2018年3月，菲律宾也在中国债券市场上

---

① 中国证监会："沪深交易所发布《关于开展"一带一路"债券试点的通知》"，http://www.csrc.gov.cn/pub/newsite/zjhxwfb/xwdd/201803/t20180302_334714.html，2018 - 03 - 02。

② 上海证券交易所："第一百三十三期新闻发布会"，http://www.sse.com.cn/aboutus/mediacenter/conference/c/c_20180720_4598890.shtml，2018 - 07 - 20。

③ 中国金融信息网："首单10亿元"债券通"熊猫债发行资金将全部用于"一带一路"建设"，https://www.yidaiyilu.gov.cn/xwzx/gnxw/20992.htm，2018 - 07 - 20。

第三章　与沿线国家和地区非银行金融机构的合作

发行 14.6 亿人民币的主权三年期熊猫债，由中国银行主要承销①。除了政府机构、金融机构发行的熊猫债之外，2018年 2 月首批"一带一路"公募熊猫债也成功在深交所发行。发行机构为招商局港口控股有限公司和普洛斯洛华中国海外控股（香港）有限公司。这两只评级为 AAA 的公募熊猫公司债均由招商证券负责承销，分别为 3 年期和 9 年期。招商局港口控股有限公司发行规模为人民币 5 亿元，另一只熊猫公司债则为 12 亿元②。

除了引入外资，中国企业更应该主动"走出去"，推进境外发债，鼓励国内母公司发行外债，筹集的外资可以由企业在境内外自由分配。中国银行是我国在国际债券市场上的重要债券发行人，从 2015 年起，4 年期间中国银行已经组织发行了四次"一带一路"主题债券，累计发行规模已经超过百亿元。"一带一路"主题债券通常包括多种债券种类，币种有美元、欧元、人民币、澳元等。这 4 期"一带一路"主题债券涉及中国银行在亚、欧、非 12 个分支机构，并且均分布在"一带一路"沿线国家附近。"一带一路"主题债券也受到了国际市场的欢迎，发行规模和定价都高于预期，外国投资者占比较大，国际认可度上升③。

3. 对沿线国家和地区的境外交易所进行投资

上交所、深交所努力对"一带一路"沿线国家和地区的境外交易所进行股权投资，举行其他一系列促进彼此之间交流、理解、共同进步的活动。2016 年，中金所、上交所、

---

①　新华网："菲律宾将发行熊猫债"，http：//m.xinhuanet.com/2018-03/19/c_1122560925.htm，2018-03-19。

②　上海证券报："首批'一带一路'公募熊猫债在深交所成功发行"，http：//bond.hexun.com/2018-02-08/192426919.html，2018-02-18。

③　金融时报："中国银行成功发行 32 亿美元'一带一路'主题债券"，https：//baijiahao.baidu.com/s?id=1597451767867272110&wfr=spider&for=pc，2018-02-18。

深交所等联合收购巴基斯坦证券交易所部分股权,中方三所交易所占有巴基斯坦证券交易所股份的30%。这能够增加"一带一路"沿线布局网点,帮助完善服务网络。

收购境外证券交易所更有利于拓展与我国之间的金融合作领域,落实金融合作。2017年6月上交所与哈萨克斯坦阿斯塔纳国际金融中心管理局(以下简称"AIFC"管理局)在阿斯塔纳签署合作协议,共同投资建设阿斯塔纳国际交易所。根据合作协议,上交所作为AIFC管理局的战略合作伙伴,持有阿斯塔纳国际交易所25.1%的股份,并将在技术咨询、业务规划、产品设计、市场推广等方面对该交易所的筹建给予全方位支持①。同年与德国倡议成立中欧国际交易所正式开始运行,助力中欧实体经济的发展。随后2018年深交所牵头成立的深沪交易所联合体与孟加拉国达卡证券交易所达成股份收购协议,收购了达卡证券交易所约25%的股份。

债券不能一味发展而缺少规则和国家的监管,针对"债券通"现状,中国人民银行与香港金融管理局合作,根据法律规定和各自的法定监管权限,决定加强监管合作、携手共同打击债券市场中跨境违法违规行为、创立信息交换与协助执行机制、确保项目有效运作。

(二)目前债券行业面临的问题和挑战

目前债券行业合作主要存在的问题一方面来自于"一带一路"参与国,另一方面则是来自于我国债券业自身。

---

① 中国一带一路网:"上交所与哈萨克斯坦共建阿斯塔纳国际交易所",http://www.yid-aiyilu.gov.cn/xwzx/gnxw/15629.htm,2017-06-08.

第三章　与沿线国家和地区非银行金融机构的合作

1. 风险溢价高，融资成本上升

从中诚信国际发布的《"一带一路"沿线国家风险报告（2018）》中，我们可以看到沿线参与国和地区大多是发展中国家，有些处于敏感地带，有些处于海路交通不便的内陆。风险等级在高以及很高的国家有19个，占报告覆盖的50个国家的38%，风险等级在低以及很低的国家有15个，占30%。整体风险水平较2017年有下降，但是中亚、南亚以及南高加索地区的国家整体风险仍然较大并且预计面临风险上行压力的国家数量上升至23个，未来面临的压力较大①。在风险评估细分的风险类别中，比较突出的风险就是银行系统风险和政治风险。世界经济论坛全球竞争力报告中也显示"一带一路"沿线大部分国家和地区的政府债务占GDP比重相对而言并不高，但大部分国家都出现了预算赤字，国家信用评级较低；以证券监管、法律指数衡量的金融市场发展水平排名大都较靠后，反映了"一带一路"沿线大部分国家和地区经济发展、经济实力普遍较弱，国家财政状况一般，加上法律制度建设比较落后，信息透明度不高，企业与政府的信息披露不完善等，导致投资者的投资意愿有限。再加上"一带一路"建设项目以机场、高速公路等基础建设为主，资金需求量大且回报率低，这就进一步决定了风险溢价较高，推高了融资成本，不利于债券业发展②。

2. 我国债券业债券信用评级不完善

目前还没有独立、完善的信用评级机制能够保证公司债券评级的可信度。我国的信用评级机构与政府、金融监管机

---

① 中诚信国际："2018年'一带一路'国家风险报告"，http://www.ccxi.com.cn/cn/Research/info/18363，2018-12-27。
② 张中元，沈铭辉.'一带一路'融资机制建设初探——以债券融资为例[J]. 亚太经济，2018（6）.

构关系较为紧密,有些机构在进行评级时,无法公平独立地进行债券评级,从而导致债券的实际风险水平与信用分级不符。而这种债券风险和信用评级的错配会使得本不容易获得融资的债券获得资金,这会增加债券市场的风险,影响我国债券市场的发展。同时我国债券评级仅是新债券发行流程中的一环,后续不会进行动态评级调整。这就影响了信用评级减弱信息不对称的效果。针对"一带一路"沿线国家和地区的债券,投资者需要通过参考债券信用评级、企业整体偿债能力和未来现金流的状况来进行投资决策。而大部分"一带一路"国家和地区信用评级机制的不完善,信用评级的可信度不够在一定程度上阻碍了"一带一路"债券融资市场的发展。

3. 债券制度安排和配套设施不够完善

当前,我国与"一带一路"沿线国家和地区在法律、会计、税收等方面以及相关的配套设施上与国际通行的标准存在较大的差异,需要加快推进我国金融标准国际化进程。中国国内监管部门虽然已出台全口径跨境融资宏观审慎管理政策,但还需要进一步完善与离岸债券市场相配套的法律法规和监管机制。以熊猫债为例,在2018年前,长时间适用于熊猫债发行的法律法规只有《国际开发机构人民币债券发行管理暂行办法》。2018年9月25日,中国人民银行和财政部发布《全国银行间债券市场境外机构债券发行管理暂行办法》,首次规范境外机构在银行间市场发行熊猫债的行为。完善顶层政策体系,还需要不断针对"一带一路"债券市场发展的具体情况出台相关的法律法规。

专栏 3-2

丝路基金

在"一带一路"建设中,由于"一带一路"倡议参与国家的发展

第三章　与沿线国家和地区非银行金融机构的合作

水平较为落后，需要投融资的建设项目以基础设施建设为主。这类建设项目的特点是建设周期长，资金回笼速度较慢，需要中长期（10—15年）资金支持。但一般私募股权投资都在 7—10 年，并不能完全契合"一带一路"建设项目的资金需求。同时我国又需要开发多种投融资手段，改善投融资结构，提高投融资质量，更好地支持"一带一路"建设。在此背景下，丝路基金应运而生。

2014 年年底，我国在北京注册成立丝路基金。丝路基金作为中长期开发投资基金，类似于中长期的私募股权投资基金，投融资方式以股权投资为主。作为针对沿线国家的投资平台，成立后能更好地推进"一带一路"倡议以及相关国家和地区的基础设施建设、资源开发、产业和金融合作，更好地对接亚洲市场的基础设施建设以推动国内高端技术和优质产能"走出去"、确保中长期财务可持续和相应的投资回报、提升我国在亚洲的影响力。

丝路基金虽然是我国倡议设立，但并非是政策性的基金或者外援性基金。丝路基金一直坚持市场化、国际化、专业化运行原则，贯彻开放包容、互利共赢理念，以"共商、共建、共享"的方式参与投资，投资的都是丝路基金认为在未来能够带来足够投资收益以及能够维持中长期运转的项目。除了考虑是否能带来较高的回报，丝路基金倾向于投资基础设施互联互通、产能合作、资源开发等领域的项目，积极响应"一带一路"共建"六廊六路多国多港"的倡议，打通六大国际合作经济走廊，建设畅通铁路、公路、水路、空路、管路、信息高速路等"六路"工程，建设"一带一路"支点国家和重要港口。积极运用丝路基金中长期股权投资的项目增信和贷款撬动作用，开展与境内外投资者的合作，不断提升项目所在国的发展潜力。

截至 2018 年 3 月，丝路基金约 70% 的承诺投资额投向了"一带一路"相关国家和地区的基础设施项目。这部分投资额均是股权投资，体现了丝路基金作为中长期直投机构的基本特点。在丝路基金的支持下，一些投资数额巨大、建设期限较长的境外绿地项目已顺利开工建设，有的已经实现投产。据初步估计，丝路基金所投资项目涉及的总投资额已达到 800 亿美元。到 8 月底，丝路基金已签约投资项目 25 个，承诺投资金额超过 82 亿美元，实际出资金额超过 68 亿美元。此外，丝路基金还单独出资 20 亿美元设立中哈产能合作基金①。目前，投资已覆盖中东欧、南亚、中亚、西亚、北非等"一带一路"主要区域，涉及基础设施、能源资源、产能合作、金融合作等多个领域，为支持"一带一路"沿线国家和地区的经济发展与民生改善起到了积极作用。丝路基金践行"一带一路"倡议，聚焦共同发展的方向和使命更加清晰。

在丝路基金的引导下，中国中央政府参加的双边和多边国际合作基金、各级政府设立的专项投资基金和企业出资的专项基金也积极向"一带一路"建设项目提供资金支持，逐渐形成一个我国主导的多层次"一带一路"投资基金体系。投资基金体系中双边和双边合作基金主要负责对基金参与国项目进行投资，各政府的专项投资基金则与商业银行、企业携手打造"地方版"的丝路基金，企业出资的基金目前已有大约 10 多只。这些基金将与丝路基金共同支持"一带一路"建设。

三、与沿线国家和地区之间金融租赁的合作

（一）金融租赁发展现状

租赁公司分为两类：一是金融租赁；二是融资租赁。一般我们认为，金融租赁公司是非银行金融机构，而融资租赁则为非金融机构企业。租赁运行主要是通过承租方和出租方

---

① 金琦. "一带一路"倡议与中国金融开放新格局下丝路基金的机遇与使命 [J]. 清华金融评论，2018（12）.

第三章　与沿线国家和地区非银行金融机构的合作

之间的合同，出租方购入承租方暂时无力负担的固定资产，然后将其交与承租方使用。承租方按期支付租金，在合同约定期间双方不能违约，合同到期之后租赁设备可以由承租方决定是续租还是退租，抑或是将产权重新转回出租方。

目前我国的金融租赁起步于 20 世纪 80 年代，发展历史较短，2007 年中国银监会才开始出台《金融租赁公司管理办法》展开金融租赁公司试点工作，但是在这十年中，金融租赁快速发展。到 2017 年，金融租赁在规模上大约达到 6 万亿元，企业也从不足 200 家增长至 8000 家[①]。金融租赁能够极大地帮助那些有一定专业技术和管理经验积累但是缺乏生产资料、难以开始生产的企业和个人。

（二）金融租赁合作概况

在"一带一路"建设和经济转型的时代大背景下，金融租赁行业也迎来了关键的发展阶段。在 2017 年 12 月底举办的"一带一路"国际创新论坛上，平安金融租赁股份有限公司总裁万晓芳的讲话提到两方面的机会。一是"中国制造"产业链的全球化布局有效带动了跨境租赁需求。随着"一带一路"建设进程的推进，越来越多的中国企业正在积极通过设厂、投资、收购等方式，寻求产业链在全球范围内的有效整合。随之产生的跨境融资需求，为中国金融业，尤其是租赁业带来了新的发展机遇。金融租赁的业务模式决定了它们能够利用资产使用权和产权的分离来规避潜在的风险。"中国制造 + 中国租赁"在帮助我国企业"走出去"的同时，也带动了租赁企业全方位、立体化地"走出

---

① 翟少辉．"一带一路"力助租赁国际化发展，风险防控成关键［N］. 21 世纪经济报道，2017－12－18．

去"。在一些大型项目中，以租赁方式帮助中国制造的工程机械实现出口，租赁公司解决了中国企业承包海外工程的设备融资需求。"中国制造"全球化布局的各大节点，都有望成为租赁业务延伸海外市场的着力点。二是全球范围的跨境资源配置，为跨境租赁搭建了更广阔的平台。近几年来"逆全球化"思潮频现，但经济全球化带来的世界分工仍然是不可逆转的趋势。"一带一路"倡议，成为新一轮推动全球化的有生力量，随之带来的跨区域合作和资源整合的浪潮，对于集融资、融物于一体，且能够灵活进行跨区域、跨时期配置资源的租赁业而言，无疑是最为振奋人心的机遇。租赁公司以资金为抓手，在把全球制造的设备租赁到"一带一路"沿线国家、实现资源跨境配置的同时，也为自身业务发展打开了广阔的空间①。

面对机遇，租赁公司将开展合作业务的突破口转向全球化程度较高的飞机、船舶等行业。比如平安金融租赁有限公司就在2017年4月向非洲最大的航空公司埃塞俄比亚航空公司交付首架宽体客机。截至2019年3月，平安租赁已经交付了30余架空客飞机。业务覆盖土耳其、印度、马来西亚、印度尼西亚、格鲁吉亚等多个"一带一路"沿线国家②。根据工银租赁官网显示，工银租赁则在2018年5月就已经交付了325架商业飞机，其中152架波音飞机。工银租赁还购买了100架我国拥有自主知识产权的大型喷气式民用飞机C919客机，帮助我国航空业的不断壮大。

此外，在船舶及海工装备领域，租赁业也积极支持国内

---

① 民生金融租赁："民生金融租赁总裁万晓芳：借力'一带一路'，租赁国际化发展大有可为"，http://www.sohu.com/a/209325181_618585，2017 - 12 - 08.
② 平安租赁："平安租赁向非洲最大航空公司交付首架宽体客机"，http://pazl.pingan.cn/common/xinwenredian/hangyedongtai/article/1495693977257.html，2017 - 05 - 04.

第三章 与沿线国家和地区非银行金融机构的合作

主流船厂,将其生产的先进船舶和海洋钻井平台,陆续出口到欧洲、东南亚、中东、南亚等区域,利用跨行业平台、整合境内外资源,帮助航舶制造业转型升级,在帮助中国高端装备制造"走出去"的路上创造了新的模式。官网显示,工银租赁和北船重工签订了4艘第二代40万吨超巨型矿砂船,帮助高管设备制造业进入国外市场。到2017年年底,工银租赁拥有和管理各类船舶和海工设备共计309艘,资产规模高达700亿元人民币,其中国内船厂制造的超过半数,有235艘船只,并且113艘船只已经成功出口至境外运营。

(三) 目前金融租赁面临的困难和挑战

1. 业务模式单一

从各家租赁公司官网中发现,它们最主要的业务模式是回购返租或称售后回租,其他租赁模式有直接租赁和厂商租赁。虽然涉及飞机、船舶各个行业,但是总体来说金融租赁的业务模式相比于国际租赁业较为单一。这些租赁产品和国外比较流行的金融租赁模式(如联合租赁、风险租赁等)之间还有比较大的差距。而且这种租赁模式的技术含量不高,主要是依靠利率之差来盈利[①]。同时随着政策的变化,这种盈利模式明显不可持续。为了长期盈利,金融租赁企业需要开发其他租赁模式,丰富企业的产品和盈利模式。

2. 同质性较高,行业竞争压力大

现在银行系金融租赁企业和非银行金融租赁企业在投资标的上非常一致,基本上都集中在前文所述的飞机、船舶等"海陆空"行业的大型机械设备。同质化程度高,企业盈利

---

① 李菲雅,蒋若凡,陈泽明. 我国商业银行金融租赁业务的现状及对策[J]. 改革与战略,2018(5).

压力大,竞争激烈,容易为了盈利而恶意竞争。为了金融租赁业的蓬勃发展,制定差异化的发展策略迫在眉睫。

四、与沿线国家和地区之间的保理业务合作

（一）保理合作发展现状

保理的全称是保付代理,缺少资金的卖家将自己与买家签订合同产生的应收账款项转卖给保理公司,保理公司向卖方提供融资,买方信用评级等综合金融服务。不同于出口信用保险在于保障买方的风险,保理更侧重于卖方风险。保理行业存在多种保理业务分类,工程应收账款保理在"一带一路"建设中较为常见。

在保理业务中,保理能够为中国企业及时提供资金融通,承包海外工程的总公司能够给自己的业主提供更宽松的付款条件,在同等谈判条件下增强竞争力,增加潜在的营业收入。项目甲方的信用风险也转移到保理商上,从而对于企业来说可以获得100%的收汇保障,规避潜在的风险。保理商承担了资信调查、处理账务、应收账款管理以及信用担保等业务,能够有效地减少管理成本,简化办理信用证等手续,扩大了利润。对于保理商来说,能够增加业务品种和业务量、拓展市场范围、收取中间收入和利息收入、带来可观收益。保理业务是"走出去"企业、保理商的双赢。

仅仅在2018年,在对外承包工程方面,我国企业在"一带一路"沿线国家新签对外承包工程项目合同7721份,

第三章　与沿线国家和地区非银行金融机构的合作

新签合同额1257.8亿美元①。这些融资商机，无疑是我国保理业发展的重大助推器。为了迎接"一带一路"所带来的挑战，2017年11月在西安举办了"一带一路"国际保理高峰论坛。论坛获中国服务贸易协会商业保理专业委员会支持，由国际保理商联合会（FCI）、天逸金融服务集团、北京中金济国咨询有限公司共同主办。在论坛上，来自不同行业的专业人士从行业趋势、案例、专家解读等方面讨论了商业保理在"一带一路"带来的商机的同时，如何抓住机遇开展国际合作，实现更好地发展。

会议上提出"一带一路"创造了全球供应链新通路，即在信用时代背景下，大型企业负债高而中小企业融资较难，保理作为供应链金融产品完全契合了时代背景和企业需求，可以在业务边界延展、业务规则变化、沿途国家利率差异、保理商服务模式变化等方面进行创新，给保理行业带来新鲜血液。

（二）保理合作面临的困难与挑战

1. 法律体系不完善

目前保理行业现在略显不足的是相应保理业务配套的前期服务体系。可以适用于国际保理业务的法律体系还不够完善。在我国目前仅有的《关于出口保付代理业务项下收汇核销管理有关问题的通知》中，承认了国际保理业务中业务双方的法律关系和应收账款转让条例的合法性，但是并没有任何对开展国际保理业务的银行进行具体规定②。现在对

---

① 商务部对外投资和经济合作司："2018年1-12月我对"一带一路"沿线国家投资合作情况"，2019-01-22. http://hzs.mofcom.gov.cn/article/date/201901/20190102829086.shtml.
② 严志强．"建筑海外总承包企业保理业务融资与完善对策研究"，北京建筑大学硕士学位论文，2017年.

于正在进行的国际保理业务来说，我国法律上几乎是一片空白，无法为可能遇到国际纠纷的保理企业提供强有力的法律支撑。

2. 信用评价体系还不完善

我国并未接入国际上常用于分享信用信息的平台。这使保理公司在开展保理业务、了解国际承包商的信用等级时会遇到困难。在进行承包工程时，海外承包商也对业主的信用程度不够重视，这在一定程度上阻碍了保理业务的开展。有些公司刻意修改部分财务报表，使表面上的信用等级较高，这会影响保理公司对其信用水平的判断。真实可信的信用信息在短期能够有效地降低保理商的运行成本、提高利润率、在长期则能够帮助保理业务在更多企业、行业开展。接入国际常用的信用信息平台或建立"一带一路"沿线国家和地区的信用信息共享平台迫在眉睫。

第二节 与沿线国家和地区之间非银行金融机构合作案例

与沿线国家和地区之间的非银行金融机构合作已经取得了很大进展，在合作过程中也展现出一批经典性案例。下面按照"丝绸之路经济带"和"21世纪海上丝绸之路"沿线国家和地区，从众多的案例中各选择一个案例加以分析，以小见大了解非银行金融机构如何展开合作的，并探究目前存在的以及未来可能的问题，为进一步推进"一带一路"中非银行金融机构的合作提供借鉴。

第三章 与沿线国家和地区非银行金融机构的合作

一、PKOP项目中的出口信用保险

（一）PKOP项目的内容与意义

2013年以来，中国信保被纳入了多个推进"一带一路"建设的重要工作机制，各级地方政府也将出口信用保险纳入了"一带一路"相关政策体系。在这五年中，比较知名出口信保项目有中亚天然气管道项目、约旦阿塔拉特燃油页岩电厂项目、巴基斯坦萨希瓦尔燃煤电站项目、马来西亚350万吨钢铁厂项目、柬埔寨桑河二级水电站项目等。下面选取哈萨克斯坦奇姆肯特炼油厂现代化升级改造项目为例来着重分析中国信保在支持中国企业"走出去"的过程中起到的作用。该项目在2018年6月获得由TXF（Trade and Export Finance）机构评选、颁发的2017年欧洲中亚地区最佳ECA融资项目奖。TXF是提供出口贸易融资、供应链融资、大宗商品交易融资的信息和数据专业服务公司。虽然成立仅四年时间，但其信息数据平台和会议论坛得到全球主要跨国融资银行和出口信用机构的广泛认可，在出口信贷融资领域具有较强的权威性和影响力。颇具分量的奖项肯定了该项目的商业价值及示范意义。

无论历史上还是当下，哈萨克斯坦都是"丝绸之路经济带"上不可忽视的国家之一。历史上，哈萨克斯坦因为位于欧亚中部的优越地理位置而成为古代丝绸之路上的必经之路。当代，习近平总书记在访问哈萨克斯坦时正式提出建设"丝绸之路经济带"的倡议。

哈萨克斯坦一直以其丰富的自然资源（如能源资源）而闻名，有丰富的石油、天然气资源。柴油、汽油交易是哈萨克斯坦主要收入来源之一。在哈萨克斯坦，主要有苏联时期建设的阿特劳、巴甫洛达尔和齐姆肯特等三个大型炼油厂。奇姆肯特炼油厂现代化升级改造项目（以下简称PKOP项目）是哈萨克斯坦政府提高产量汽油和柴油的手段之一。项目完成后，这座全国排名第四，建成于1985年的老炼油厂将恢复到600万吨/年生产能力，生产符合欧Ⅳ、欧Ⅴ标准的产品，同时提高哈萨克斯坦重油转化能力。该项目也有助于哈萨克斯坦境内从油气田到地面、天然气输送压气站到炼油厂，上中下游业务链格局的发展。通过对PKOP项目和其他三家工厂的扩容和改造，这四家工厂之后基本能满足哈萨克斯坦境内的汽油和柴油需求。

（二）对 PKOP 项目进行出口信保的具体内容

投资额近16亿美元的PKOP项目是中哈能源合作的标志性工程，更是"一带一路"重点工程。PKOP项目由中国信保第二营业部出单提供中长期出口买方信贷保险支持、四家外资银行组成银团对其进行融资、我国石油工程建设有限公司（CPECC）承建。这一项目是中国石油集团海外最大炼油项目，也是中国出口信用保险公司与哈萨克斯坦开发银行第一次进行合作，更是中国信保首次在中亚地区进行转贷项目。无论是对于中国石油建设有限公司还是中国信保，这次合作都是一项挑战。

PKOP项目由中国石油和哈萨克斯坦国家石油公司按照对等原则合资设立。在融资方面，中国石油信用水平高、实力强，融资较为容易，而哈萨克斯坦国家石油公司则稍显困难。CPECC以EPC承包商申请出口买方信贷融资方式，改变了之前由业主自己支付资金支付工程款的传统模式，中石油与哈油气合资成立的项目公司PKOP作为借款人，担保人

第三章 与沿线国家和地区非银行金融机构的合作

则为哈萨克斯坦开发银行母公司巴依捷列克,由中国信保在其中负责提供出口信用保险。中国信保直接向 CPECC 支付工程款,银团为哈萨克斯坦国家开发银行提供贷款 2.25 亿美元,并通过哈萨克斯坦国家开发银行转贷给奇姆肯特炼油厂项目,出口信保在项目建设中使承包商发挥了融资的关键作用,增强了承包商的话语权①。

此举不但降低了项目整体融资成本,同时也解决了中方承包商应收账款的回收问题,为业主创造了价值,而且推动了项目整体融资方案的完成。通过这次出口信贷操作,CPECC 积累了通过融资提高 EPC 承包国际竞争力、借助我国资本优势开拓第三方国际市场的经验。

2017 年 6 月 30 日,PKOP 炼油厂项目一期及配套工程成功投产,产出油品达到欧 Ⅳ/欧 Ⅴ 标准,在哈萨克斯坦三大炼油厂中率先进入绿色环保炼厂行列(见图 3-1)。

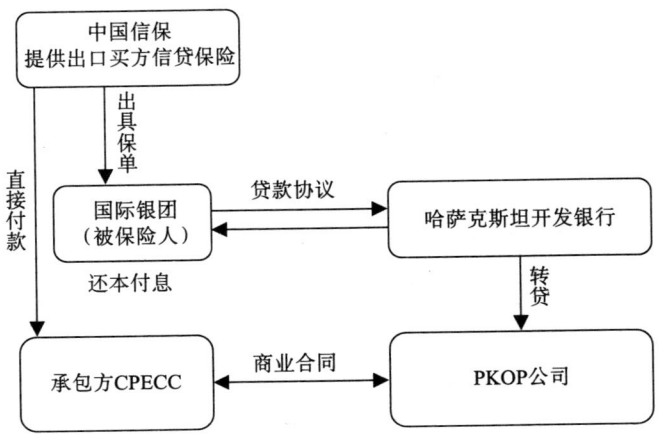

图 3-1 哈萨克斯坦奇姆肯特炼油厂现代化升级改造项目融资结构图

---

① 孟乔. 创新融资方案,造就"一带一路"经典案例——访 CPECC 副总经理穆华东 [J]. 国际工程与劳务,2018(9).

(三) 中国信保保障企业利益路径

这个项目中，中国信保主要是在两大问题上帮助"走出去"企业解决可能存在的问题。第一个是甲方可能存在的资金流通困难或者流动资金不足。第二个是可能发生的信用风险和收汇风险，企业可能因此而未能按时收到款项而影响工程进度。中国信保的中长期出口信用保险可以让甲方通过承包商向银行融资，而承包商并不需要承担风险和债务，保障了承包商工程的顺利进行并增强了承包商在交易中的地位。特定合同保险则能有效地解决因企业破产、违约以及东道主国家发生政治风险而带来的应收款项和前期成本损失问题。中国信保在最大限度地能够保障中国企业在"走出去"道路上遇到的风险，为中国企业保驾护航。中国石油工程建设有限公司副总经理、PKOP炼油厂项目推进组组长穆华东表示："可以说，中国信保把不容易变成容易，把不可能变成可能，为工程建设公司提供了有力保证。"

除PKOP项目之外，近年来CPECC也积极与中国信保在多个国家如土库曼斯坦、坦桑尼亚的项目上开展前期的沟通、合作。中国信保不仅利用出口信用保险保障了"走出去"企业的利益，而且也增强了自身"走出去"的能力以及扩展了海外业务版图。

二、马来西亚的首次尝试——"债券通"中的熊猫债

(一) 马来西亚发行首批"债券通"熊猫债概况

马来西亚历史名城马六甲是古代海上丝绸之路的必经之地。明代郑和七下西洋有六次经过马六甲，也正是郑和打开

第三章 与沿线国家和地区非银行金融机构的合作

了中国和马来西亚交往的大门。现在马来西亚是中国在东盟的最大贸易伙伴，也是与中国关系最紧密的东盟国家之一。两国无领土、贸易等争端，高层往来频繁，又因华人在马来西亚人口中占据近三成的比重，两国民间贸易较为繁荣。马来西亚成为海上丝绸之路的重要站点。

"熊猫债"指的是境外机构在本国境内发行以本国货币单位计价（即人民币）的债券。这种债券一般以本国最著名的吉祥物命名，所以称为"熊猫债"。我国发行熊猫债的历史不长，2005年9月，国际金融公司和亚洲开发银行在我国发行了首支熊猫债券。随着人民币国际化进程不断加深，人民币加入SDR，国内债券市场进一步开放，"一带一路"建设的不断推进，熊猫债的发行规模也进一步扩大。"债券通"使中国境内债券市场和香港市场相互联通，并于2017年7月正式上线。通过"北向通"，境外投资者直接参与银行间市场债券的发行认购，快速高效投资中国债券市场。

2017年3月16日，俄罗斯铝业有限公司在我国债券市场发行了首单"一带一路"证券交易熊猫债券。2017年7月21日，由中诚信国际信用评级有限责任公司（以下简称"中诚信国际"）评定的马来亚银行有限公司（以下简称"马来亚银行"）"债券通"人民币熊猫债券在中国银行间债券市场成功发行，其发行规模高达10亿元人民币，期限3年，票面利率4.6%，得到了境内外各类投资机构踊跃认购。马来亚银行在马来西亚地位较高，是马来西亚最大的银行业金融机构。中诚信国际评定马来亚银行主体信用等级及发行的人民币债券（第一期）的信用等级均为AAA，评级展望为稳定。

(二)"债券通"为熊猫债带来新改变

作为第一批"债券通"中唯一的熊猫债,本债券的成功发行进一步促进了境内外机构的金融合作和债券市场的互联互通。"债券通"的出现还给熊猫债券带来了新生命,促进了熊猫债的发展。图3-2介绍了债券通的认购新流程。

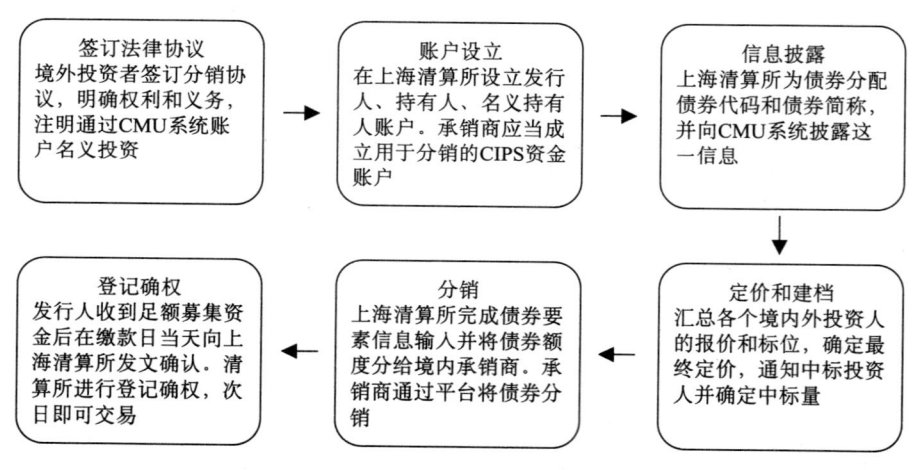

图3-2 "债券通"认购流程

第一,"债券通"落地后,对熊猫债在申请审批、发行承销等过程均产生了影响。"债券通"的出现,熊猫债的发行越来越国际化,也带动了我国熊猫债的发行和认购。发行文件的语言从仅中文升级至中英双语,并且需要在中国货币网、上海清算所或"中国银行间市场交易商协会综合业务和信息服务平台"等监管机构指定的网站予以公告。在马来亚银行熊猫债发行的过程中,发行所需的募集说明书、境内外法律意见书、财务报表及会计政策与中国会计准则差异情况表鉴证报告等文件均以中英双语形式

第三章 与沿线国家和地区非银行金融机构的合作

披露[①]。英语版本的发行文件为境外投资者了解发行人的整体状况提供了便利,有利于提高境外投资人对熊猫债券的认购金额。

第二,为了适应"债券通"这一新投资形式,补充了对"债券通"的描述以及境外投资者关心的登记、托管、结算等具体流程安排。对"债券通"适用的法律法规进行了规定,有利于投资者进一步了解"债券通"。

第三,为了鼓励境外投资者通过"债券通"进行认购,现在允许发行人和承销商在发行阶段针对境外投资人增加路演环节[②]。这三大新变化首先适用于马来亚银行这次发行的"债券通"熊猫债,成为我国发行"债券通"熊猫债后续借鉴的范例。马来亚银行这次带动了之后的一系列熊猫债发行,市场氛围明显变好,如匈牙利政府也在此之后发行了"债券通"下的主权政府债,投资者层次变得更加丰富,潜在投资者对熊猫债兴趣增强。

(三)"债券通"中熊猫债发行带来的机遇与挑战

首批"债券通"熊猫债的正式发行也意味着"债券通"被正式引入。"债券通"的出现有利于优化熊猫债的投资者结构,帮助债券市场良好发展。因为在"北向通"开通之后,投资者的投资渠道更加丰富,同时投资额度限制也被取消,所以有利于吸引潜在的对我国债券市场有兴趣的投资者。这次马来亚银行在"债券通"下发行的首单熊猫债,就不同于之前以境内投资者较多的情况,国际投资者的投资

---

① 余永强,董士嘉,雷天啸."债券通"开启"熊猫债"新时代[J].中国外汇,2017(22).

② 余永强,董士嘉,雷天啸."债券通"开启"熊猫债"新时代[J].中国外汇,2017(22).

比例超过了20%，得到了中外投资者的积极认购，票面利率低至4.6%。

引入"债券通"也有利于引入更多的境外发行人，促进境内境外的交流，促进我国债券市场健康发展。对于之前参与过国外债券市场发行的发行人来说，"债券通"的引入使他们能够继续利用之前的客户资源和路演经验，从而避免从头学习新的发行模式，有利于降低运营成本，又在同时增加了自己现有的融资渠道，更能扩大自己的影响力。

最后，"债券通"和熊猫债的结合也给券商带来了更多的挑战和机遇。"债券通"模式的发展必然会对国内的券商作出新的要求。引入"债券通"后，如果境外投资人希望认购熊猫债，必须在其当地的券商进行交易操作，又需要有中国境内的券商为其进行询价等服务。综合境外投资者的投资需求和方便程度，能够提供多种服务的外资券商往往能满足成为境外投资者选择的对象。若想和外资券商竞争，就需要我国境内的本土券商不断开发新的业务服务，提高服务水平，在金融市场不断开放的背景下，抓住机遇不断发展。境内券商服务范围扩大、服务质量的不断提高，都为未来我国金融市场的健康稳定发展打下坚实基础。

第三节
与沿线国家和地区之间非银行金融机构合作展望

非银行金融机构通过发行债务债权、股权融资、利用保险投资、基金投资等方式进行融资，保障"走出去"

第三章 与沿线国家和地区非银行金融机构的合作

企业的利益,各行业机构都在用其独特的业务模式支持"一带一路"建设,为"一带一路"建设保驾护航。为了"一带一路"建设投融资未来的持续发展,在国家、企业以及人民群众的支持下,非银行金融机构必须克服各种障碍,抓住发展机遇,更进一步推进"一带一路"倡议的建设。

一、国家层面的合作

政府在非金融机构合作上给予了强有力的资金支持,如丝路基金的成立和增资,但对相关配套法律体系的支持力度较为不足。国家应该出台相应的法律法规,规范各种常见金融融资行为。顶层政策的出台有利于丰富我国金融业相关的法律体系,完善法律网络,保护我国企业的合法财产和利益。法律对各种融资行为的详细规定还能够帮助金融业树立新风,会吸引更多的潜在投资者和有融资需求的企业,为"一带一路"建设提供更多的资金支持,扩大金融市场规模,降低企业融资成本。

及时、全面的信用、风险等信息分享系统是融资过程中重要组成部分。目前"一带一路"国家的风险状况并不乐观,信用评价体系不完善,不利于投资者作出决策。面对现状,国家可以定期发布"一带一路"沿线国家风险报告,促进我国接入国际信用信息分享平台或搭建以"一带一路"建设参与国为主的征信平台,降低合作双方的信息不对称,降低融资成本。

二、非银行金融机构层面的合作

(一) 完善服务体系,提高服务质量

非银行金融机构在现有良好合作基础上,不断提高合作的质量与深度。在合作中,金融机构必须重视对风险的评估和监管,应当建设科学、合理、持续的风险评估方法,完善自己的风险管理系统,提高风险管理服务质量,帮助客户及时知晓、防御风险。同时非银行金融机构应积极寻找和培养专业人才来迎合金融开展国际化服务的需求。提高金融、法律、咨询等相关行业的国际化服务水平,为"走出去"企业提供更全方位的风险提示和制度保障,提高"走出去"企业抵御风险的能力,降低企业已遭到风险时的损失。

可以建立"一带一路"沿线国家与地区风险信息定期交流机制,举办融资业务交流论坛,在互相学习中提高双方业务水平,提高金融服务质量。海外分支机构不够,无法及时支持"走出去"企业,非银行金融机构应当积极主动开展与当地金融机构的合作,以此更加了解当地的经济、政治、文化状况,在当地市场树立品牌知名度。对于沿线国家来说,合作则能够提高金融机构的融资能力,提高对当地企业的服务水平。

(二) 发挥各融资渠道特性,创新合作方式

保险、证券、基金、保理等不同金融机构都有不同业务特点。例如,保险倾向于有效保护保险买方的财产,降低"走出去"企业遇到的各种风险而导致的财产损失,债券业通过发行熊猫债等方式帮助境外企业融资,金融租赁具有

第三章　与沿线国家和地区非银行金融机构的合作

"融资"又"融物"的双重特点。不同融资渠道应当进行差异化定位，明确发展目标，更好地服务合作客户。

针对"一带一路"沿线国家与地区的需求，各金融机构要努力进行产品、融资方式等创新。保险公司加快开发针对"一带一路"沿线国家和地区的政治风险保障、海外人员综合保障、海外投资风险保障的保险产品。出口信保的产品种类少、期限短也不能满足出口企业对于承保工程的要求。保险公司应当不断开发、细化新险种，以满足出口企业需求，适应国际贸易和风险的变化。例如，中再集团在2019年7月推出首款中文政治暴力险产品，弥补了国内市场的空白。

我国证券业可以发展存在巨大潜力的股权融资，利用中欧国际交易所，进行发行D股等金融产品的尝试。此外，加强与国外金融市场的联系、合作，鼓励更多境外企业来我国境内进行IPO上市，拓宽沿线项目的融资渠道与手段。同时鼓励外国政府、金融机构、外资企业或者项目联合投资主体通过我国香港发展离岸人民币债券业务，或根据沿线国家和地区特点开发大型基础设施建设合作项目特种债券等新品种①。

创新资产租赁和还款方式，使租赁方式更加多元、灵活。在控制风险前提下，拓展新领域下租赁的不同发展模式。目前我国的金融租赁主要集中在船舶、航空等领域，对于这些租赁业务已经成熟的项目，应放手支持。对于尚未涉足的领域，应勇于尝试，才可能开发新的业务增长点，更好地服务"一带一路"倡议②。

---

① 沈明辉，张中元．"一带一路"融资机制下的实践探索与创新［J］．新视野，2018（5）．
② 杨雨晴，许争，高磊．"一带一路"倡议下金融租赁发展的路径选择［J］．甘肃金融，2019（6）．

(三) 加强金融机构通力合作，吸引社会力量参与

金融业也应当扩展多种投融资模式，充分发挥资本市场的融资功能。单一的投融资模式难以满足"一带一路"建设项目巨大的资金缺口，一个项目可能需要通过多个融资渠道获取资金。在各融资渠道差异性的基础上，加强各渠道之间的合作交流，例如 2019 年 1 月中再集团与中国信保签署战略合作协议，发挥各自专业优势，在产品研发、投融资等领域加强沟通交流。

坚持市场化的原则，在增加政府支出的同时要积极引入市场资本，建立多层次的融资体系。"一带一路"建设项目资金需求金额大、时间周期长、回报率可能较低的特征，无疑加大了融资难度。可以通过发展国际公私合营（PPP）模式、选择盈利率更高的项目等方式激励私人资本参与非银行金融机构合作。我国国力有限，必须吸引社会资本参与，调动各方力量，充分发挥市场化的作用，形成各方共建、共同付出、共担风险的合作模式，保持"一带一路"融资体系的稳定性、可持续性。

第四章

金融组织与"一带一路"倡议的合作

"一带一路"倡议是促进共同发展、实现共同繁荣的合作共赢之策,资金融通是"一带一路"顺利推行的重要保障。"一带一路"推进带来巨大金融服务需求和缺口,凸显出资金融通的短板。在"一带一路"倡议的建设中,如果仅靠中国的一己之力,既不能满足庞大的金融需求,又难以形成真正的利益共同体[①]。现有的

---

① 张敏,张菲. 传统国际金融机构对"一带一路"建设的支持作用[J]. 理论视野,2018(7):74-79.

金融组织有着丰富的投融资经验,能够为"一带一路"倡议起到明显的指引作用。在"一带一路"倡议发出后,自然就得到了现有国际性和区域性金融组织的积极响应和强有力的支持。

第一节
与"一带一路"倡议的合作概况

目前,与"一带一路"倡议形成良好合作关系的金融组织,按照国际通用划分方法可分为区域性组织和国际性组织,以亚投行、丝路基金、金砖国家新发展银行等为区域性的金融组织代表,世界银行、国际货币基金组织为国际性的金融组织的代表。下面从区域性和国际性金融组织两方面来概述金融组织与"一带一路"建设的合作概况。

一、区域性金融组织与"一带一路"倡议的合作现状

与"一带一路"倡议形成良好合作关系的区域性金融组织,已经从亚投行、丝路基金、金砖国家新发展银行等扩展到沿线所在地区的区域性金融组织,如非洲开发银行、中拉合作基金、中国—中东欧投资合作基金等,初步形成了以"四行一金"(即亚洲基础设施投资银行、金砖国家新发展银行、上海合作组织开发银行、亚洲开发银行和丝路基金)为主体、兼及沿线的区域性金融组织构成的区域性金融组织

第四章 金融组织与"一带一路"倡议的合作

网络①。本章主要介绍亚投行和丝路基金与"一带一路"倡议的合作现状。

(一) 亚投行与"一带一路"倡议的合作

1. 亚投行对"一带一路"倡议项目的支持

"一带一路"战略实施过程中面临的首要问题是沿线国家基础设施相对薄弱,需要大量资金的投入,而亚洲区域现有的金融机构——亚洲开发银行所能提供的贷款额度相对有限②。亚投行作为以完善基础设施建设为宗旨的新兴区域多边开发机构,为"一带一路"战略提供了强大的金融支撑。

亚投行成立以来,就以基础设施互联互通项目为重点,不断加大对成员国的基础设施项目的投入,截至2019年4月已累计批准项目38个,投资逾79.4亿美元。目前亚投行所有投资项目均在"一带一路"沿线国家和地区,分布在东亚、东南亚、南亚、中亚、西亚、非洲等6个地区15个国家,覆盖了交通、能源、电信、城市发展、金融等多个领域,带动各类公共和私营资本,逾400亿美元进入相关基础投资的项目(见表4-1)。

表4-1 亚投行投资项目列表(截至2019年4月4日)

项目地区	项目名称	项目类别	批准时间	投资金额/百万美元
阿曼	宽带基础设施项目	电信	2017/12/8	239
	杜库姆港商用码头终端建设项目	交通	2016/12/8	262
阿塞拜疆	跨安纳托利亚天然气管道项目	能源	2016/12/21	600

---

① 兰日旭,曲迪. "一带一路"倡议中的金融合作 [J]. 井冈山干部学院学报,2017 (5).
② 张晋芳. 亚投行对我国"一带一路"战略的影响及对策分析 [J]. 经贸实践,2018 (12):56-57.

续表

项目地区	项目名称	项目类别	批准时间	投资金额/百万美元
埃及	可持续农村卫生服务方案	水利	2018/9/28	300
	第二轮太阳能光伏发电上网电价计划	能源	2017/9/4	19
巴基斯坦	塔贝拉五期水电项目	能源	2016/9/27	300
	巴基斯坦 M4 高速公路项目	交通	2016/6/24	100
菲律宾	马尼拉洪水管理项目	水利	2017/9/27	207.6
格鲁吉亚	巴统绕城公路项目	交通	2017/6/15	114
老挝	13 号国道修缮维护项目	交通	2019/4/4	40
孟加拉国	电力系统升级和扩建项目	能源	2019/3/26	120
	孟加拉国电力工程	能源	2018/2/9	60
	孟加拉天然气基础设施和效率提升项目	能源	2017/3/22	60
	配电系统升级改造项目	能源	2016/6/24	165
缅甸	缅甸发电厂项目	能源	2016/9/27	20
斯里兰卡	科伦坡城市更新项目	城市	2019/4/4	200
	泥石流防治项目	其他	2019/4/4	80
塔吉克斯坦	Nurek 水电修复项目	能源	2017/6/15	60
	杜尚别—乌兹别克斯坦边境公路改善项目	交通	2016/6/24	27.5
土耳其	可持续能源和基础设施贷款设施	金融	2018/9/28	200
	图兹湖天然气储气库扩建项目	能源	2018/6/24	600
亚洲	亚洲 ESG 增强信用管理投资组合	金融	2018/12/18	500
	国际金融公司亚洲新兴市场基金	金融	2017/9/27	150
印度	安得拉邦城市供水及污水管理改善工程	水利	2018/12/7	400
	安得拉邦农村公路项目	交通	2018/9/28	455
	国家投资和基础设施基金	金融	2018/6/24	100
	中央邦农村互联互通项目	交通	2018/4/11	140
	班加罗尔地铁 6 号线修建项目	交通	2017/12/8	335
	传输系统加强项目	能源	2017/9/27	100
	农村公路建设项目	交通	2017/7/4	329
	印度基础设施基金	金融	2017/6/15	150
	安德拉邦全民供电计划	能源	2017/5/2	160

第四章 金融组织与"一带一路"倡议的合作

续表

项目地区	项目名称	项目类别	批准时间	投资金额/百万美元
印度尼西亚	曼达利卡城市和旅游基础设施项目	跨领域	2018/12/7	248.39
	战略灌溉现代化和紧急恢复项目	水利	2018/6/24	250
	大坝运行与安全提升项目	跨领域	2017/3/22	125
	区域基础设施发展基金项目	跨领域	2017/3/22	100
	国家贫民窟升级项目	城市发展	2016/6/24	216.5
中国	北京煤改气项目	能源	2017/12/8	250

资料来源:亚洲基础设施投资银行网站(https://www.aiib.org/en/index.html)。

2. 亚投行与"一带一路"倡议合作的作用

(1)为"一带一路"国家和地区化解资金缺口。据亚洲开发银行预计,2010—2020年亚洲各国基础设施建设投资需求约8万亿美元。但据分析,亚开行总资金约1600亿美元,世界银行也仅有2230亿美元,远无法满足亚洲国家的资金需求①。而且"一带一路"沿线国家由于经济落后或信用不足等原因,很难从世界银行或亚投行等金融组织获得全额贷款,而经济落后的主要原因是基础设施不完善。基础设施建设需要投入大量资金,建设周期长、资金回收慢且很容易受到政治因素的影响,发达资本主义国家并不愿意贷款给这些国家。在此背景之下,中国有能力也非常愿意帮助这些国家。一方面,中国的外汇储备量以及国民储蓄均居世界首位,能够为亚投行带来数额巨大的资金支持。另一方面,中国自1978年改革开放以来,经济快速发展,基础设施建设已经较为全面,面临基础设施建设产能过剩的局面,在基础设施建设方面也拥有较强的经验。在"一带一路"倡议推进的过程中,中国一直秉持和平发展、共同进步的原则与

---

① 林青."一带一路"背景下亚投行面临的挑战[J].中国集体经济,2017(22):12-13.

沿线各国交往，非常愿意助力发展中国家完善基础设施建设，促进这些国家的经济发展。因此，由中国倡议成立的亚投行，能够为"一带一路"建设带来巨大资金支持，化解资金缺口，加快沿线国家基础设施建设、带动经济发展。

（2）促进资本输出和人民币国际化

随着我国经济快速发展，人民币也愈发被世界各国关注及认可。2015 年，国际货币基金组织（IMF）年会上，把人民币纳入 SDR 引发了世界各国的响应，并于 2016 年 10 月 1 日生效，这一历史性事件为我国货币走向世界开启了新的征程①。亚投行是由中国倡议成立，主要资本来自中国。在亚投行助力"一带一路"沿线国家完善基础设施建设的同时，可以扩大我国的资本输出，为我国经济发展注入新的活力。而且亚投行不仅有众多亚洲国家加入，也吸引了英、法、德等发达国家参与其中。随着"一带一路"倡议稳步推进，亚投行也将开展更多业务。在此过程中，中国在世界的影响力也会逐步扩大，相应的，人民币在世界认可程度也会得到提高，国际环境更有利于人民币国际化。虽然亚投行要求的结算货币是美元，但在其投资项目具体实施过程中，使用人民币可能性依然很高。比如，亚投行与某个亚洲国家为该国基础设施建设联合融资，亚投行出资的这部分虽然形式是美元，但项目建设中可能会有中国企业参与，从而会有人民币结算的机会，使人民币更受关注。

（3）促进沿线国家和地区金融创新与发展，有利于金融新秩序的建立

众所周知，现有的国际金融制度无法体现发展中国家的

---

① 张晋芳. 亚投行对我国"一带一路"战略的影响及对策分析 [J]. 经贸实践，2018 (12)：56 – 57.

第四章 金融组织与"一带一路"倡议的合作

利益诉求。例如,金砖五国(中国、俄罗斯、巴西、印度、南非)的经济总量已与欧盟或美国相当,但在世界银行中的投票权总和为13%,比美国(拥有世界银行的一票否决权)低2个百分点;在国际货币基金组织中,金砖五国的表决权总和为11%,比美国(同样享有一票否决权)低近6个百分点①。与之不同的是,亚投行不搞一票否决权,充分吸收各成员国的意见,切实保障各国权益,为"一带一路"沿线国家和地区提供资金支持,促进其经济发展。亚投行还引入PPP模式和长期发行债券的形式,不断鼓励社会资本的加入,从而通过亚投行实现政府与民间的互动,缓解亚投行资本不足的局面。最后,亚投行的建立,有利于提升人民币在"一带一路"沿线国家中的知名度,优化人民币的布局,打破以美元为主的市场交易体系,为建立新的金融秩序奠定基础②。

专栏4-1

亚投行简介③

在经济全球化的时代背景下,世界经济在不断发展的同时也面临诸多挑战,如区域差异化显著、贸易战争等。亚洲作为拥有全球60%的人口、经济占全球经济总量1/3的地区,因建设资金有限,导致基础设施严重落后,在一定程度上限制了该区域的经济发展。加之现有的多边机构并不能满足巨大的基础设施投资需求,亚投行应运而生。

亚投行全称亚洲基础设施投资银行,是政府间性质的亚洲区域多边

---

① 寇佳丽. 亚投行:重塑国际金融新格局 [J]. 经济,2017 (11):38-43.
② 任春桃. 浅析亚投行对于"一带一路"政策的影响 [J]. 时代金融,2018 (21):100.
③ 主要参考'中国一带一路网'对亚投行的介绍,详见 https://www.yidaiyilu.gov.cn/search/newSearch.jsp? q = % E4% BA% 9A% E6% 8A% 95% E8% A1% 8C&t_id = 290&pageSize = 15&qIndex = 1&siteId = CMSydylgw.

开发机构,也是全球首个由中国倡议设立的多边金融机构。于2015年12月25日正式成立,总部设在北京,法定资本1000亿美元,中国出资50%,为最大股东。治理结构分理事会、董事会、管理层三层。理事会是最高决策机构,每个成员在亚投行有正副理事各一名。董事会有12名董事,其中域内9名,域外3名。管理层由行长和5位副行长组成。时任中国财政部部长楼继伟被选举为亚投行首届理事会主席,金立群当选亚投行首任行长。

以促进亚洲区域互联互通和经济一体化的进程、加强中国及其他亚洲国家和地区的合作为宗旨,亚投行确立了如下的基本职能:

1. 推动区域内发展领域的公共和私营资本投资,尤其是基础设施和其他生产性领域的发展。

2. 利用其可支配资金为本区域发展事业提供融资支持,包括能最有效支持本区域整体经济和谐发展的项目和规划,并特别关注本区域欠发达成员的需求。

3. 鼓励私营资本参与投资有利于区域经济发展,尤其是基础设施和其他生产性领域发展的项目、企业和活动,并在无法以合理条件获取私营资本融资时,对私营投资进行补充。

4. 为强化这些职能开展的其他活动和提供的其他服务。

亚投行意向创始成员国57个,其中域内国家37个、域外国家20个。亚投行最初的57个会员国当中,联合国安理会五大常任理事国已占四席(中国、英国、法国、俄罗斯),G20国家中已占16席(中国、英国、法国、印度、印度尼西亚、沙特阿拉伯、德国、意大利、澳大利亚、土耳其、韩国、巴西、南非、俄罗斯、加拿大、阿根廷),七国集团已占五席(英国、法国、德国、意大利、加拿大),金砖国家全部加入亚投行(中国、俄罗斯、印度、巴西、南非)。截至2018年年底,亚投行已有93个成员国,基本占到联合国193个会员国的一半,可见亚投行作为一个新兴的区域金融机构,具有较强的吸引力。其扩张历程如表4-2所示。

第四章　金融组织与"一带一路"倡议的合作

表4-2　亚投行成员扩充历程（截至2018年12月）

域外	域内
	创始成员国：57个
2015年12月 奥地利、丹麦、法国、芬兰、德国、冰岛、意大利、卢森堡、荷兰、挪威、波兰、葡萄牙、西班牙、瑞典、瑞士、英国、马耳他、巴西、埃及、南非	阿塞拜疆、孟加拉国、文莱、柬埔寨、中国、印度、印度尼西亚、伊朗、以色列、约旦、哈萨克斯坦、韩国、科威特、吉尔吉斯斯坦、老挝、马来西亚、马尔代夫、蒙古国、缅甸、尼泊尔、阿曼、巴基斯坦、菲律宾、卡塔尔、沙特阿拉伯、新加坡、斯里兰卡、塔吉克斯坦、格鲁吉亚、泰国、土耳其、阿拉伯联合酋长国、乌兹别克斯坦、越南、澳大利亚、新西兰、俄罗斯
2017年3月 比利时、加拿大、埃塞俄比亚、匈牙利、爱尔兰、秘鲁、苏丹、委内瑞拉	第一次扩容：70个 中国香港、阿富汗、亚美尼亚、斐济、东帝汶
2017年5月 玻利维亚、智利、希腊、罗马尼亚	第二次扩容：77个 巴林、塞浦路斯、萨摩亚
2017年12月 阿根廷、马达加斯加	第三次扩容：80个 汤加
2017年12月 白俄罗斯、厄瓜多尔	第四次扩容：84个 库克群岛、瓦努阿图
2018年5月 肯尼亚	第五次扩容：86个 巴布亚新几内亚
2018年6月	第六次扩容：87个 黎巴嫩
2018年12月 阿尔及利亚、加纳、利比亚、摩洛哥、塞尔维亚、多哥	第七次扩容：93个

资料来源：中国一带一路网，https://www.yidaiyilu.gov.cn/zchj/rcjd/958.htm。

2017年，亚投行连获三大国际评级机构最高评级。首先是6月29日，三大国际评级机构之一的穆迪发布公告，给予亚投行AAA的信用评级，评级展望为"稳定"，这是穆迪评级标准里的最高级别。穆迪表示,该评级是对亚投行当前和未来信用状况进行整体评估后得出的。在随后的一个月时间里,亚投行又接连收到了其他两大机构——惠誉和标普的评级,水平同样是 AAA 的最高评级。亚投行司库瑟伦·埃尔贝克在接受采访时对此评论说:"这一评级对我们在国际资本市场的地位至关重要。它把我们同世界银行和国际货币基金组织放在同一水平上。"

(二) 丝路基金积极参与"一带一路"倡议建设

丝路基金是我国为推进"一带一路"建设于 2014 年成立的专项基金。自成立以来,丝路基金与沿线各个国家和地区开展密切合作,共同推动基础设施、金融、资源开发等行业的发展,促进共同发展。"自创立以来,丝路基金与境内外投资者密切合作,通过以股权为主的多种市场化方式,参与并陆续推动了一批重大项目落地,专业化的投资能力得到了国际投资界的广泛认可。"丝路基金董事长金琦接受《中国金融家》专访时这样表示。

1. 丝路基金与沿线国家和地区合作的表现

(1) 践行倡议精神,撬动各类资金参与。设立丝路基金是利用中国自身资金实力支持"一带一路"倡议的重要举措,也是金融创新的重大举措。丝路基金自成立以来的两年多实践中,紧紧围绕党中央、国务院推进"一带一路"建设这条主线,大力践行"一带一路"倡议精神,坚持市场化、国际化、专业化运作原则,主动拓展与境内外投资者的多元合作,积极创新投融资方式,发挥以中长期股权投资为主的特点,撬动各类资金参与"一带一路"建设,带动企业"走出去",为推进"一带一路"倡议助力。截至 2017 年 3 月,丝路基金已签约 15 个项目,承诺投资金额累计达 60 亿美元,并单独出资 20 亿美元设立中哈产能合作基金,

第四章 金融组织与"一带一路"倡议的合作

投资覆盖俄、蒙古、中亚、南亚、东南亚、西亚、北非及欧洲等地区的基础设施、资源开发、产业合作、金融合作等领域,以实际行动践行"一带一路"倡议①。

(2) 寻求互利共赢,坚持绿色可持续发展理念。丝路基金已投资了一批重大项目,为推进"一带一路"建设提供了支持,发挥了良好的示范效应。

一方面,形成对接思维,寻求互利共赢。互利共赢意味着投融资活动既要支持沿线国家经济发展,也要结合中国自身的发展战略。比如,在迪拜投资的哈翔燃煤电站是迪拜第一个清洁煤电站,是迪拜能源供应多元化战略的重要一步,也是其第一个 PPP 项目;项目本身符合欧盟最严格的工业碳排放标准,具有节能减排和绿色环保的优点,同时协助中国企业哈电集团成功进入国际电力行业高端市场,积累了在海外建设符合国际技术和环境标准的燃煤电站的资质与经验②。

另一方面,丝路基金践行绿色发展、可持续发展理念。"一带一路"倡议明确提出"共建绿色丝绸之路"的要求,丝路基金充分考虑各国人民对保持良好生态环境、提高生活水平的期待,与合作伙伴共同探索经济效益与生态效益并重的合作模式。同时,在投后管理中,丝路基金也表示愿与合作伙伴一道,遵守最佳国际准则和实践,创造和维护投资国家的良好环境③。

(3) 重视风险防范,开拓更多投资机会。丝路基金的资金来源主要是国家的外汇储备,对防控风险高度重视。在项目选择、投资决策过程中,丝路基金充分考察包括国别风

---

① 丝路基金在一带一路建设中大有可为 [J]. 科技智囊, 2017 (7): 18-25.
② http://world.people.com.cn/n1/2017/0510/c1002-29264397.html.
③ 丝路基金官网, http://www.silkroadfund.com.cn/cnweb/19930/19938/34988/index.html.

险、行业风险、社会风险、宏观经济风险、汇率汇兑风险等[①]各项风险。

在项目投资决策并出资后,丝路基金项目团队将严格按照投资合同和管理规划落实对项目的管理,确保各阶段投资收益的实现以及对项目运营风险的及时识别和有效控制。丝路基金还通过参与项目公司董事会,参加项目的后期运营,敦促投资主体和运营方履行投资合约、遵守国际规则和投资所在国社会文化和法律法规,与投资主体共同履行在环境保护、劳工权益、就业政策、产业保护等各方面的义务,以降低政策风险,避免不当行为造成的损失。

(4) 对进一步支持"一带一路"建设进行良好规划。从地域上看,丝路基金将"一带一路"沿线国家作为投资重点,关注俄、蒙古、中亚、东南亚、南亚、西亚、北非、欧洲等区域。但丝路基金的投资并不局限于"一带一路"沿线国家和地区,只要有利于互联互通、符合市场化原则的项目都可以选择,并没有严格的地域限制。从行业上看,丝路基金在基础设施、资源开发、产业合作和金融合作等领域都有涉猎。未来除了国际上比较关注的基础设施、能源资源开发以及钢铁、水泥等传统产能的合作,丝路基金还将着力开拓高新科技、节能环保、新型服务业等多个行业的投资机会,支持"一带一路"建设不断释放产业合作潜力[②]。

当然,由于"一带一路"建设所需投融资规模巨大,需要投资者多方联手共同参与,丝路基金已经开展了与 IFC 等金融机构的合作,今后还将继续推进与其他各类多边机构的合作;深化与中外企业和金融机构的伙伴关系,在开展项

---

① http://finance.ccy.com.cn/c/2018070972006.html。
② 丝路基金在"一带一路"建设中大有可为 [J]. 科技智囊, 2017 (7): 18-25.

第四章 金融组织与"一带一路"倡议的合作

目筛选和投融资、信息交流和经验分享、共同设立基金等方面开展合作。

2. 丝路基金对外投资合作的特征

(1) 中央资金支持的专项投资基金。丝路基金由中央政府以外汇储备出资,在首期100亿美元资本金中占比65%,"一带一路"国际合作高峰论坛后又获得1000亿元人民币增资,由此奠定了其在"一带一路"投资基金体系中的权威和引领地位①。

(2) 注重与东道国合作,投资范围广泛。跨境基础设施建设是"一带一路"倡议的重要部分,丝路基金践行"一带一路"发展理念,在与沿线各国和地区合作过程中重视各东道国的发展战略,优先开展基础设施建设项目,但不仅限于基础设施建设,广泛开展其他领域合作。根据丝路基金官网信息,截至2017年3月,丝路基金已签约项目15个,承诺投资金额累计约60亿美元,涵盖基础设施、资源开发和产能合作等领域,其中一半以上是具有东道国官方背景的大型能源和资源项目。

(3) 投资手段多样性,合作伙伴多元化。丝路基金以股权投资为主,同时可以提供贷款、债券、基金等多种投融资形式,也可以进行资产受托管理、对外委托投资等,可以满足企业和项目融资的多样化需求②。在项目投融资过程中,每一项目所需资金量较大,所以丝路基金积极开展与其他投资者的联合投融资。目前,丝路基金的合作者不仅包含国际金融公司等国际开发机构,也有国家开发银行、中国工

---

① 宋爽,王永中. 中国对"一带一路"建设金融支持的特征、挑战与对策 [J]. 国际经济评论,2018 (01):108-123+7.
② 杨捷汉. 丝路基金对推进"一带一路"建设的作用 [J]. 区域金融研究,2017 (7):8-11.

商银行等国内金融机构,同时与中国石油天然气有限公司、三峡集团等国内实体企业开展密切合作。比如,2017年11月丝路基金决定与通用电气旗下GE能源金融服务联合设立能源基础设施投资平台。

专栏 4-2

丝路基金简介①

丝路基金,全称丝路基金有限责任公司,是依照《中华人民共和国公司法》,由外汇储备、中国投资有限责任公司、国家开发银行、中国进出口银行共同出资而设立的中长期开发投资基金,于2014年12月29日在北京注册成立。

宗旨目标:丝路基金秉承"开放包容、互利共赢"的理念,服务于"一带一路"建设,为中国与相关国家和地区的经贸合作、双边多边互联互通提供投融资支持,促进中国与"一带一路"沿线国家和地区实现共同发展、共同繁荣。

公司定位:丝路基金作为中长期开发投资基金,通过以股权为主的多种投融资方式,重点围绕"一带一路"建设,推进与相关国家和地区的基础设施、资源开发、产能合作和金融合作等项目,确保中长期财务可持续和合理的投资回报。

投资方式:丝路基金按照市场化、国际化、专业化的原则开展投资业务,可以运用股权、债券、基金、贷款等多种方式提供投融资服务,也可与国际开发机构、境内外金融机构等发起设立共同投资基金,进行资产受托管理、对外委托投资等。

股权结构:丝路基金的资金规模为400亿美元和1000亿元人民币。具体分布如图4-1。

---

① 根据丝路基金官网相关资料整理所得,详见 http://www.silkroadfund.com.cn/cnweb/19854/19858/index.html。

第四章 金融组织与"一带一路"倡议的合作

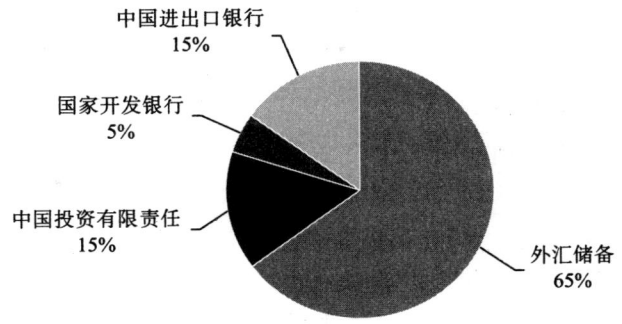

图 4-1　丝路基金股权结构

（三）区域性国际金融组织与"一带一路"合作存在的问题

1. 投资面临较大风险

俗话说"投资有风险，入行需谨慎"，任何投资都是风险与收益并存。亚投行和丝路基金主要业务领域是基础设施项目投融资，注定要面临较大风险。基建项目的特点非常明显——建设周期长、投入资金量大、融资风险大、盈利难度大等①。目前亚投行和丝路基金投资的项目大多位于发展中国家，这些国家的经济发展程度存在较大差异，且政治环境、文化内涵、宗教信仰等方面也相对复杂，增加了服务"一带一路"的不确定性和风险性②（见表4-3）。

---

① 乔晓剑. 亚洲基础设施投资银行成立的原因及其影响 [D]. 北京外国语大学硕士学位论文，2017.
② 张晋芳. 亚投行对我国"一带一路"战略的影响及对策分析 [J]. 经贸实践，2018（12）：56-57.

表4-3　　　　2015年"一带一路"沿线国家信用风险评级

风险等级		国家	数目
1—3级 （风险水平较低）	1级	新加坡	1
	2级	无	0
	3级	文莱、卡塔尔、阿拉伯联合酋长国	3
4—6级 （风险水平一般）	4级	马来西亚、以色列、阿曼、科威特、捷克、爱沙尼亚、立陶宛、斯洛伐克、斯洛文尼亚	10
	5级	印度、泰国、斯里兰卡、哈萨克斯坦、阿塞拜疆、土耳其、约旦、巴林、保加利亚、克罗地亚、匈牙利、拉脱维亚、马其顿、黑山、罗马尼亚、波兰、塞尔维亚	19
	6级	菲律宾、越南、老挝、不丹、巴基斯坦、马尔代夫、乌兹别克斯坦、格鲁吉亚、亚美尼亚、阿尔巴尼亚、波黑、俄罗斯、白俄罗斯、蒙古国	14
7—9级 （风险较高）	7级	缅甸、柬埔寨、尼泊尔、孟加拉国、塔吉克斯坦、伊朗、伊拉克、黎巴嫩、摩尔多瓦、埃及	10
	8级	东帝汶、吉尔吉斯坦、也门、乌克兰	4
	9级	阿富汗、叙利亚	2

注：国家风险为1—9级，1级为风险最低，9级为风险最高。巴勒斯坦数据空缺。
资料来源：中国出口信用保险公司：《"一带一路"沿线国家风险分析报告2015》①。

2. 区域发展不平衡，金融市场发展水平差异较大

亚投行自成立以来，吸引了社会各界的目光，世界各国积极参与，创始成员国达到57个。亚投行创始成员国分布广泛，既有中国、日本、新加坡等经济大国，也包含众多经济欠发达的发展中国家。丝路基金是我国为"一带一路"倡议设立的专项基金，其投资重点自然是"一带一路"沿线各国，各国经济发展水平及发展程度各不相同。由此，亚

---

① 引自陈伟光，缪丽霞."一带一路"建设的金融支持：供需分析、风险识别与应对策略[J]. 金融教育研究，2017，30（3）：3-15.

第四章　金融组织与"一带一路"倡议的合作

投行和丝路基金主要合作国家之间的发展水平差距较大,存在比较严重的区域发展不平衡状况,对于各国经济发展的影响力自然不同,各国投入亚投行的资金规模也会有较大差异,从而投票权的比例也不相同,绝对公平难以实现。另外,"一带一路"沿线各国金融市场状况的差异也较大。根据世界经济论坛《2014—2015年度全球竞争力报告》中金融市场发展排名,新加坡和马来西亚分列第2位和第4位,随后依次是泰国(34)、印度尼西亚(42)、菲律宾(49),排名较落后的有柬埔寨(84)、老挝(101)和缅甸(139)①。面对金融市场发展水平的差距,无论怎样调节都很难实现完全公平,相关规章制度的设定也会受到相当的阻碍。由于区域内发展不平衡及金融市场发展程度的差异,亚投行与丝路基金在同这些国家开展合作的过程将面临极大挑战。

3. 面临诸多金融机构的竞争

改革开放以来,中国经济高速增长,在国际的影响力与日俱增,国家综合实力日益增强。但是,世界经济事务的话语权和决策权仍然由主要发达国家及其控制的全球性或区域性金融机构所把控,如美国主导的世界银行和国际货币基金组织、日本主导的亚洲开发银行、欧盟主导的欧洲复兴开发银行等金融组织。亚投行的成立打破了世界银行统治世界长达70年、亚洲开发银行影响亚洲长达50年的格局,使美、日忧心忡忡,积极布局企图巩固自身地位。比如日本在亚投行成立不久,立刻宣布将会在今后的5年内支出大约1100亿美元组建亚洲基建基金,支持亚洲区域的基础设施建设。日本的目的意在缩小亚投行的影响力,保持日本在亚洲区域

---

① 林青."一带一路"背景下亚投行面临的挑战[J].中国集体经济,2017(22):12-13.

的影响力。面对复杂的竞争局面，如何稳步推进自身业务，同时扩大自身影响力和话语权，都将是亚投行未来运行过程中要面临的长期主题①。

二、国际性金融组织与"一带一路"倡议的合作现状

世界银行、国际货币基金组织等国际性金融组织在"一带一路"国家有着长久的投融资经验，为"一带一路"沿线各国和地区提供了较多支持，充分发挥和利用其平台作用和机构优势，将有助于"一带一路"的顺利推进。因此，必须高度重视国际性金融组织在"一带一路"上的作用和影响。

（一）与"一带一路"合作的表现

世界银行集团和国际货币基金组织虽然不是"一带一路"沿线国家和地区主要的投融资平台，但是它们长期为全球中低收入贫穷国家和地区提供资金、技术和项目等援助，在"一带一路"建设中所起到的作用不可小觑。对"一带一路"的支持可以归纳为以下几点：

1. 向"一带一路"国家发放贷款、赠款或者进行股权投资

在2016财年，世界银行向会员国等投放了642亿美元，其中"一带一路"沿线国家占据其中的60%。截至2017年年初，国际复兴开发银行（IBRD）对"一带一路"建设投放的贷款、赠款、股权投资和担保金额分别为656亿美元和

---

① 乔晓剑. 亚洲基础设施投资银行成立的原因及其影响［D］. 北京外国语大学硕士学位论文，2017.

600亿美元[1];国际复兴开发银行和国际开发协会(IDA)对东亚和太平洋地区、欧洲和中亚、南亚等我国"一带一路"建设规划集中的区域累计发放贷款459亿美元,投放资金主要分布在能源和采矿、卫生和其他社会服务、工业和贸易、交通、供水和卫生设施和防洪领域,贷款占比分别为16%、12%、9%、14%、11%[2]。

2. 与亚投行和丝路基金共同在"一带一路"国家进行项目投资

2017年4月23日,亚洲基础设施投资银行(下称"亚投行")行长金立群与世界银行集团行长金墉签署谅解备忘录,加强两个机构之间的合作与知识共享。

2016年,世界银行集团与亚投行签署了投资项目联合融资框架协议[3]。自那以来,亚投行与世行为巴基斯坦的发电项目、阿塞拜疆的天然气管道项目和印度尼西亚的贫民区改造项目、大坝安全项目、区域基础设施建设项目等15个项目提供了联合融资。除此以外,世界银行、国际货币基金组织等机构也积极同丝路基金展开合作,在"一带一路"沿线国家进行联合投融资,促进经济发展。

表4-4　世行与亚投行联合融资项目列表(截至2019年4月4日)

项目名称	项目类别	批准时间	投资金额/百万美元
13号国道修缮维护项目	交通	2019/04/04	40
可持续农村卫生服务方案	水利	2018/09/28	300
图兹湖天然气储气库扩建项目	能源	2018/06/24	600
战略灌溉现代化和紧急恢复项目	水利	2018/06/24	250

---

① 兰日旭,曲迪."一带一路"倡议中的金融合作[J].井冈山干部学院学报,2017(5).
② 世界银行2018年度报告。
③ 中国一带一路网,https://www.yidaiyilu.gov.cn。

续表

项目名称	项目类别	批准时间	投资金额/百万美元
中央邦农村互联互通项目	交通	2018/04/11	210
马尼拉洪水管理项目	水利	2017/09/27	207.6
国际金融公司亚洲新兴市场基金	金融	2017/09/27	150
第二轮太阳能光伏发电上网电价计划	能源	2017/09/04	IFC
塔吉克水电修复项目,第一阶段	能源	2017/06/15	225.7
安德拉邦全民供电计划	能源	2017/05/02	240
大坝运行与安全提升项目	跨领域	2017/03/22	125
区域基础设施发展基金项目	跨领域	2017/03/22	103
反式安纳托利亚天然气管道项目	能源	2016/12/21	800
塔贝拉五期水电项目	能源	2016/09/27	390
国家贫民窟升级项目	城市发展	2016/06/24	216.5

资料来源:亚投行官网,https://www.aiib.org/en/index.html。

3. 加强对"一带一路"沿线国家的政策协调和能力建设培训①

2017年5月在"一带一路"国际合作高峰论坛期间,27国财政部共同核准《"一带一路"融资指导原则》,其中提出支持国际多边开发银行与各国开发性金融机构加强合作,为沿线国家提供可持续的融资、机构专有技术和服务。同期,中国人民银行与国际货币基金组织签署了《关于建立中国—基金组织联合能力建设中心谅解备忘录》。国际货币基金组织将在政策协调与能力建设方面为"一带一路"沿线国家提供专业上的培训。

专栏4-3

世界银行简介②

根据1944年7月布雷顿森林会议的决定,于1945年12月27日成

---

① 张敏,张菲. 传统国际金融机构对"一带一路"建设的支持作用[J]. 理论视野,2018(7):74-79.

② 由世界银行官网关于世行介绍、世行官网相关数据、世行2018年度报告整理所得。

第四章　金融组织与"一带一路"倡议的合作

立世界银行，1946年开业，1947年11月15日起成为联合国的一个专门机构，总部位于美国华盛顿特区。需要特别注意的是，世界银行是世界银行集团的简称，国际复兴开发银行的通称。世界银行集团由国际复兴开发银行、国际开发协会、国际金融公司、多边投资担保机构和国际投资争端解决中心五个成员机构组成，见表4-5。

表4-5　　　　　　　　世界银行集团成员机构概况

	成立时间	成员国数	主要职责
国际复兴开发银行（IBRD）	1945年	188	向中等收入国家政府和信誉良好的低收入国家政府提供贷款
国际开发协会（IDA）	1960年	172	向最贫困国家的政府提供信贷和赠款
国际金融公司（IFC）	1956年	184	通过投融资、动员国际金融市场资金以及为企业和政府提供咨询服务，帮助发展中国家实现可持续增长
多边投资担保机构（MIGA）	1988年	181	以向投资者和贷款方提供政治风险担保的形式，促进发展中国家的外国直接投资，支持经济增长、减少贫困和改善人民生活
国际投资争端解决中心（ICSID）	1966年	150	提供针对国际投资争端的调解和仲裁机制

世界银行集团的宗旨是向成员国提供贷款和投资，推进国际贸易均衡发展。根据《国际复兴开发银行协定条款》，其宗旨具体表现为：

（1）通过对生产事业的投资，协助成员国经济的复兴与建设，鼓励不发达国家对资源的开发。

（2）通过担保或参加私人贷款及其他私人投资的方式，促进私人对外投资。当成员国不能在合理条件下获得私人资本时，可运用该行自有资本或筹集的资金来补充私人投资的不足。

（3）鼓励国际投资，协助成员国提高生产能力，促进成员国国际贸易的平衡发展和国际收支状况的改善。

（4）在提供贷款保证时，应与其他方面的国际贷款配合。

按照宗旨，世界银行集团最初的使命是帮助在第二次世界大战中被破坏的国家的重建。而在今天，它的任务是"消除极端贫困，促进共同繁荣"，具体表现为到 2030 年将极端贫困人口占全球人口的比例降低到 3% 以及提高各国占人口 40% 的最贫困人群的收入水平。从 1947—2015 年，世界银行已经在 173 个国家开展 12215 个项目，其中在中国开展 384 个项目，累计提供贷款 551.2 亿美元。2014 年以来的见表 4-6。

表 4-6　世界银行集团为伙伴国提供资金概况（2014 财年—2018 财年）

	2014 年	2015 年	2016 年	2017 年	2018 年
世界银行集团					
承诺额[a]	58190	59776	64185	61783	66868
支付额[b]	44398	44582	49039	43853	45724
IBRD					
承诺额	18604	23528	29729	22611	23002
支付额	18761	19012	22532	17861	17389
IDA					
承诺额	22239	18966	16171	19513[c]	24010[d]
支付额	13432	12905	13191	12718[e]	14383
IFC					
承诺额[e]	9967	10539	11117	11854	11629
支付额	8904	9264	9953	10355	11149
MIGA					
总支付额	3155	2828	4258	4842	5251
受援国家实施的信托基金					
承诺额	4225	3914	2910	2962	2976
支付额	3301	3401	3363	2919	2803

注：a. 包括 IBRD、IDA、IFC、受援国实施的信托基金（RETF）承诺额和 MIGA 担保资金总额。RETF 承诺额包括所有由受援国实施的赠款。由于世行集团公司记分卡仅包括部分由信托基金支持的活动，因此世行集团的承诺总额与世行集团公司记分卡公布的资金总额不相同。

第四章　金融组织与"一带一路"倡议的合作

　　b. 包括 IBRD、IDA、IFC 和 RETF 的拨付金额。

　　c. 包括流行病应急融资基金 5000 万美元赠款的承诺和拨付金额。

　　d. 数字不包括 IDA18 期间 IFC – MIGA 私营部门窗口已经批准的 1.85 亿美元，IDA 的暴露额度包括 3600 万美元担保和 900 万美元衍生产品。

　　e. IFC 自身账户的长期承诺额。不包括短期融资和从其他投资者那里筹集的资金。

　　资料来源：世界银行集团网站，https://www.worldbank.org。

　　中国是世界银行的创始国之一。在新中国成立后，中国在世界银行的席位被台湾当局所占据，后于 1971 年的联合国第二十六届大会上恢复中国在联合国一切合法权利。

（二）国际性金融组织与"一带一路"合作存在的问题

　　在经济全球化的今天，金融合作是"一带一路"沿线地区间谋求经济发展，共同应对危机的必然选择。但推进与"一带一路"沿线国家和地区的国际金融合作，将不可避免地面临一系列的问题。

　　1. 大国博弈的复杂性

　　从古至今，国与国之间的博弈从未终止。比如，近年来中国的崛起引起美国恐慌，美国采取各种方法试图抑制中国发展。就"一带一路"沿线地区而言，这一地区具有重要的战略区位优势、丰富的自然资源和广阔的发展前景。近些年来，美国、俄罗斯等相继实施了力图主导该地区事务的战略举措：美国战略东移，从 2018 年 7 月展开对中国的贸易战，力图遏制中国的发展；2014 年俄罗斯、哈萨克斯坦、白俄罗斯三国签署了《欧亚经济联盟条约》，并宣布欧亚经济联盟将于 2015 年 1 月 1 日正式启动①。在此背景下，受西方发达资本主义国家掌控的国际性金融组织很难与"一带一路"倡议展开全面合作，是"一带一路"战略建设面临的难题。

2. 与"一带一路"建设合作不够深入，投入资金不足

"一带一路"倡议的推进有着巨量的融资需求。沿线大多是新兴经济体和发展中国家，尤其是在"丝绸之路经济带"沿线，有相当一部分为经济欠发达地区。这些国家及地区的基础设施联通和经济社会发展的资金缺口非常大。根据国务院发展研究中心的调研，2016—2020 年"一带一路"沿线国家基础设施投资需求至少达 10.6 万亿美元②。"一带一路"倡议以基础设施建设作为互联互通的先导，要实现"一带一路"互联互通的目标，就必须具备相关金融支撑以及融资部署，才可以在根本上保障"一带一路"的长足发展。

3. 区域经济发展不平衡，难以满足各方诉求

"一带一路"贯穿欧亚非大陆，东连亚太经济圈，西进欧洲经济圈，各经济体之间经济发展水平和技术水平都存在较大差异，不同发展水平的国家在供应链合作上的利益需求也存在很大差异。对于低收入发展水平的国家而言，其面临的首要问题是解决本国公路、桥梁和铁路的基础建设问题；新兴国家关心的是对外出口的贸易保护问题；发达国家将不同合作机制的融合、投资政策的透明度以及跨区域物流标准的统一化作为其关注的焦点。因此，"一带一路"沿线国家

---

① 朱苏荣. "一带一路"战略国际金融合作体系的路径分析［J］. 金融发展评论，2015（3）：83-91.

② 国务院发展研究中心"'一带一路'设施联通研究"课题组. "一带一路"基础设施投融资需求及中国角色［R］. 调查研究报告，2017 年第 17 号.

第四章　金融组织与"一带一路"倡议的合作

和地区基于不同发展水平在通关、检疫和交通运输标准上的不统一都可能成为未来直接制约国际金融合作顺利开展的障碍。

专栏 4 – 4

国际货币基金组织简介①

国际货币基金组织成立于 1945 年 12 月 27 日，总部设在美国首都华盛顿。目前拥有 189 个成员国。1944 年 7 月，参加筹建联合国的 44 国代表在美国新罕布什尔州布雷顿森林举行会议，通过了《国际货币基金协定》，根据这个协议成立了国际货币基金组织。1947 年 11 月 15 日，该组织成为联合国 11 个专门机构中专营国际金融业务的机构。

基金组织的工作旨在推进全球货币合作、维护金融稳定、促进国际贸易、推动高水平就业和可持续经济增长，并缓解世界各地的贫困问题。基金组织有三大主要职责：

1. 经济监督

基金组织通过开展"监督"工作来监督国际货币体系、监测全球经济形势并对 189 个成员国的经济金融政策开展健康检查。此外，基金组织还强调其成员国可能面临的稳定风险，并就可能的政策调整向各国政府提供建议，使国际货币体系能够实现促进各国之间货物、服务和资本往来之目标，从而维系稳健的经济增长。

2. 贷款

基金组织向面临实际或潜在国际收支问题的成员国提供贷款，帮助它们重建国际储备、稳定货币、继续支付进口以及恢复强劲经济增长的条件，同时纠正根本性的问题。与国际开发银行不同，国际货币基金组织不为特定的项目提供贷款，而是向面临外汇短缺的国家提供资金，以使它们有时间调整经济政策和恢复经济增长，而不必采取破坏本国或其他

---

① 国际货币基金组织（IMF）官网、IMF2018 年度年报。

成员国经济的行动。国际货币基金组织的贷款旨在帮助成员国解决国际收支问题、稳定其经济及恢复可持续经济增长。这一危机化解职责处于基金组织贷款的核心。总的来说,国际货币基金组织有两类贷款:一是按非优惠利率提供的贷款;二是以优惠条件(低息或无息)向较贫穷国家提供的贷款。目前,根据执董会批准豁免,优惠贷款无需支付任何利息。

3. 能力建设

基金组织与世界各国政府开展合作,帮助其实现经济政策和制度的现代化,并为各国提供人才培训。这项工作有助于促进经济包容性增长。比如2018财年花费3.03亿美元用于实地技术咨询、政府培训以及同行学习(如图4-2所示)。

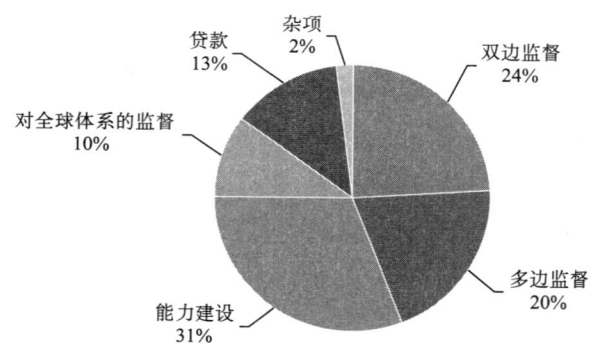

图4-2 2018财年基金组织主要活动的成本比例

第二节
金融组织与"一带一路"倡议合作案例

自"一带一路"倡议提出以来,国际性或区域性金融

第四章 金融组织与"一带一路"倡议的合作

组织在沿线国家和地区通过与当地政府或企业合作,支持或投资了众多的项目。本节选取区域性和国际性金融组织所投资的项目中颇具代表性的进行分析。

一、区域性金融组织与沿线国家和地区的合作案例

自"一带一路"倡议提出以来,区域性金融组织就积极展开与沿线国家和地区的合作,至今已经取得了丰硕的成果,积累了大量的经验。

1. 与陆上丝路的合作——塔吉克斯坦 Nurek 水电修复项目

塔吉克斯坦位于中亚东南部,拥有丰富的水电资源和众多水力发电厂(HPPs),国内水力发电厂的总装机容量为 5400MW,可以满足全国 95% 的电力需求。塔吉克斯坦主要水力发电厂如表 4-7 所示。

表 4-7　　　　塔吉克斯坦大型水力发电厂

名称	装机容量(MW)
Nurek	3000
Sangtuda-1	670
Baipasinskaya	600
Golovnaya	240
Sangtuda-2	220
Kairakum	126

资料来演:亚投行官网,https://www.aiib.org/en/index.html。

据世界银行估计,截至 2012 年,塔吉克斯坦所有水力发电厂的有效装机容量仅为 2306MW,到 2020 年大约 60% 的水力发电厂需要修复,2030 年则为 80%。如果不进行修复,塔吉克斯坦国内所有水力发电厂的可用装机容量将在

2030年降至760MW。Nurek HPP作为塔吉克斯坦装机容量最大的水力发电厂,年发电量可以满足全国70%的电力需求。近年来,也由于部件老化和缺乏维护等原因导致有效装机容量逐渐下降,目前可用装机容量约为其总量的77%。在此背景下,塔吉克斯坦电力行业面临巨大挑战:首先是冬季电力短缺。据估计,2013年塔吉克斯坦大约70%的人口冬季遭受严重的电力短缺,约为冬季电力总需求的25%,造成的经济损失约为2亿美元,占塔吉克斯坦GDP的3%;其次,电力部门陷入严重财务困境,无法为购买能源、偿还债务和设备保养提供资金;最后,电费价格提高导致弱势消费者生活水平下降。对于塔吉克斯坦最贫困的人口而言,电费价格提高意味着其用电负担提高,很大一部分农村家庭甚至无力支付基本的电力需求带来的费用。

在上述背景下,对Nurek HPP的修复显得极其重要。但是,由于资金有限,仅依靠塔吉克斯坦国内的自身力量难以化解。基于此,亚投行决定向该水力发电厂修复项目投资。根据规划,该项目于2017年6月1日开始,2023年6月30日结束,并将水力发电厂修复项目划分为两个阶段,本项目是第一阶段。最终,亚投行决定向该项目提供6000万美元的贷款,借款人为塔吉克斯坦共和国财政部,预计贷款时长为25年(见表4-8)。

表4-8　　　　　项目融资来源及预计总成本　　　　单位:百万美元

投资方	投资金额
亚投行	60
世界银行	225.7
欧亚开发银行	40
资金缺口	24.3
预计总成本	350

资料来源:亚投行官网,"Nurek水力发电厂修复项目摘要"。

第四章 金融组织与"一带一路"倡议的合作

根据亚投行官网的 Nurek 水力发电厂修复项目的项目计划书,本项目包含的主要内容为:修复电厂、更换自动变压器、提高 Nurek 水力发电厂的运行安全并且为其提供技术援助。项目目标是恢复 Nurek 水力发电厂三个发电机的发电能力,提高发电效率,并加强大坝的安全。衡量该项目成果的主要指标有五个:一是该项目修复的能源发电容量(MW),用于衡量项目对水力发电厂的修复能力;二是包括在该项目内的三个发电机的预计年发电量,这一指标用于衡量由于修复 Nurek HPP 提高的发电量;三是由于效率提高冬季电力的预计增加量,即10月到次年3月电力的增加;四是大坝安全是否得到有效提高;五是由于该项目的实施使用电水平得到改善的人的数量。通过综合考虑以上五个指标,衡量该项目的有效性。

这一项目的实施,对塔吉克斯坦具有极其重要的意义。一是对气候变化的影响。通过实施该项目,可以提高大坝安全性及防洪水平。由于该国水力发电站主要依赖冰川和雪融水,塔吉克斯坦是中亚最易受气候变化影响的国家。Nurek 水力发电站处理洪水能力的提高有助于提高塔吉克斯坦及下游国家应对洪水的能力。二是 Nurek 水力发电站的恢复能够确保塔吉克斯坦扩大对吉尔吉斯共和国、阿富汗和巴基斯坦的电力出口能力,促进该国经济发展。三是 Nurek 水力发电站的恢复将缓解塔吉克斯坦冬季电力短缺的状况,提高人民生活水平。

2. 与海上丝路国家的合作——迪拜哈翔清洁燃煤电站项目

哈翔清洁燃煤电站项目是阿拉伯联合酋长国"综合能源战略2030"的重要组成部分,是中东地区采用 PPP 模式的具有标志性的大型招标燃煤电站,丝路基金以股权加贷款的方式投资了该项目。这是一个典型的跨国合作项目,东道国迪拜电力水务局(DEWA)是招标方;沙特阿拉伯国际电力和水务公司(ACWA)与中国哈尔滨电气国际工程公司(哈电国际)两家组成的竞标联合体取得了电站融资开发权;项目公司股东由 ACWA、哈电国际、DEWA 和丝路基金四家组成;项目 EPC 工程总承包由哈电国际与美国通用电气(GE)两家共同承担;项目融资由中国四家银行及国际银行组成的银团提供。项目在电站开发技术与环保标准上采用了世界领先的超临界燃煤技术,符合欧盟及国际金融公司最严格的工业碳排放标准。在工程建设上,哈电国际成功进入海外高端电力开发市场,实现在海外从 EPC 承包向投资开发的业务升级。在投融资结构上,结构化的设计在最优化竞标电价的同时保证了股东拥有可行的经济回报。

哈翔清洁燃煤电站项目共分三期,根据规划,到 2030 年,清洁煤能源供能占比将提高至 7%,核能占比提高至 7%,太阳能供能占比提高至 15%,天然气占比减至 71%。项目有以下几个特点:第一,该项目成功对接了"一带一路"建设与迪拜"综合能源战略 2030",有力推动了阿拉伯联合酋长国丰富、优化以油气为主的过于单一的能源结构。第二,Hassyan 清洁燃煤电站是迪拜第一个清洁燃煤电站,采用煤电行业最高环保标准,符合欧盟最严格的工业碳排放标准,为该地区能源转型树立了标杆。第三,该项目采取"建造—拥有—运营(BOO)"的商业运行模式,预期具有合理的中长期投资回报。第四,该项目是迪拜大型 PPP 招标电站,项目合作伙伴以最具竞争力的方案竞标获得,协同架构清晰,对该区域未来能源发展和 PPP 模式推广具有示范效应。第五,该项目融资结构设计新颖精密,完全按照市场化方式进行专业运作,各方风险收益合理捆绑。第六,这

第四章 金融组织与"一带一路"倡议的合作  157

个项目使中国企业哈电集团实现了第一次作为业主参加海外电站开发,第一次在海外建设超临界燃煤电站,第一次进入中东电力市场,为哈电集团在国际电力行业高端市场的发展打开了新空间①。

项目的成功还体现在各参与方在更多方面的收益:阿拉伯联合酋长国政府成功地推进了能源多元化发展目标;ACWA取得了运营哈翔电站的主导地位,并获得长达25年的特许经营期;哈电国际成功将先进的燃煤技术推向国际市场,并在中东市场获得了发展空间;丝路基金作为财务投资人通过与国际一流电力企业的合作,深度学习和积累了高端电力市场投融资运作经验;美国GE公司在承包工程的同时,还发掘了"一带一路"合作商机,主动提出与丝路基金开展进一步合作,共同出资成立联合投资平台,投资于"一带一路"国家电力电网、油气、新能源行业的绿地或棕地项目。这个案例,也是"一带一路"倡议的"互利共赢"理念的最佳注脚。

哈翔项目于2017年分别获得了汤森路透集团旗下Project Finance International评选的"中东及非洲2016年度电力交易"和欧洲货币机构投资者集团旗下IJ Global评选的"中东及北非2016年度电力交易"②。

专栏4-5

亚投行首个对华项目——北京空气质量改善和煤替代项目

2018年3月19日,亚投行首个对华项目——北京空气质量改善和

---

① 杨捷汉. 丝路基金对推进"一带一路"建设的作用[J]. 区域金融研究,2017(7):8-11.
② 杨捷汉. 丝路基金对推进"一带一路"建设的作用[J]. 区域金融研究,2017(7):8-11.

煤替代项目在北京签约。这是亚投行开业以来主导完成的首个非主权担保贷款项目,用于北京天然气输送管网建设等工程,助力"北京蓝"。

中国正在面临着世界上最大的环境挑战之一。中国的环境恶化严重,其中空气污染占很大比例,估计约占国内生产总值的3%—10%。如果不加以妥善解决,这一挑战将对中国长期经济增长的可持续性产生负面影响。由于其自然资源禀赋的限制,中国严重依赖煤炭来推动其经济增长。煤炭燃烧造成的污染物一直是造成空气污染的主要来源,也是中国人过早死亡的第五大原因。调查显示,在北京的农村地区,许多家庭一直依赖燃煤来做饭和取暖。截至2015年年底,北京市约有110万户家庭使用散装煤取暖。市区约有16.4万户,其中城镇居民8万户,农村143个村分散8.4万户;北京郊区2892个村庄约93.6万户,其中平原地区1477个村54.6万户,山区1415个村39万户。每年消耗的煤总量约为320万吨[①]。为了改善空气质量和减少与煤燃烧有关的污染,迫切需要在北京农村地区用更清洁的天然气替代肮脏煤来改善空气质量并减少二氧化碳的排放量。

通过这一项目的改造,能够极大提升北京的空气质量。一是提高农村地区能源性能,改善室内空气质量。目前,中国农村的年度国内总耗能超过3亿tce(吨标准煤当量),其中煤、电、石油气约2.25亿tce,但使用燃煤供热锅炉的仅占30%—40%,不到大型锅炉的一半,造成严重的污染和排放问题,总体利用效率较低,同时造成巨大的能源浪费。虽然消耗大量的能源,但农村建筑物内的热环境通常很差,大部分都不能满足舒适性要求。二是改善大气环境,减少PM2.5。目前,农村地区使用的小型燃煤炉PM2.5排放强度达到每千克燃煤3.7克,每单位燃料排放PM2.5的量是大型燃料的4—10倍。小型燃煤炉的PM2.5和二氧化硫排放总量分别是北京前四大燃煤热电厂年排放量的6倍和

---

① 亚投行官网关于北京煤改气项目环境和社会治理方案,详见https://www.aiib.org/en/projects/approved/2017/_download/beijing/environment‑social‑management‑plan.pdf。

第四章 金融组织与"一带一路"倡议的合作

2.5倍。北京农村散装煤燃烧排放的PM2.5占北京的污染物排放的14.4%—18.5%。该项目一旦完成,将减少65万吨煤的使用,占住宅煤耗总量的20%。因此,该项目的完成对提高农村地区清洁能源的利用率和减少北京PM2.5排放非常重要。三是改善农村环境,提高居民的生活及健康水平。天然气是一种高品质、清洁和方便的能源,农村地区的气化需要满足农村地区日益增长的优质能源供应需求,改善农村居民的健康状况。四是改善农村能源利用形式,提高能源使用安全。

当然,这一项目目标和预期成果明显。根据目前农村用户能耗调查,农村地区平均每户每年原煤消耗约为3吨,或者说参与这个项目的大约21600户消耗约为65万吨的原煤。根据煤改气实施计划,到2020年部分居民获得天然气供应,替换现有分散的燃煤锅炉房,年燃气消耗量约为3亿立方米以替代每年65万吨的燃煤消耗。基于天然气燃烧锅炉的燃烧效率,与燃煤炉相比,可节省11.3万吨标准煤。

根据北京2013—2017清洁空气行动计划,到2017年,全市煤炭消费总量将比2012年减少1300万吨,并保持在1000万吨以下;能源结构中煤炭的比例将降至10%以下,高质量能源消耗的比例将增加至90%以上。到2017年,全市空气中PM10的平均浓度将比2012年减少25%以上。北京"煤改气"项目预计在2017—2020年在510个村庄进行气化项目,提供天然气供应量约为3亿立方米,整体项目预计2021年完工。投入使用后,这一项目预计每年可为北京减少65万吨标准煤的使用,减少二氧化碳排放量59.57万吨、颗粒物排放量3700吨、二氧化硫排放量1488吨、氮氧化物排放量4442吨(见表4-9)。该项目还将产生重大的社会影响。在北京消除煤炭消耗后,北京的环境空气质量和环境质量将得到改善,有助于降低呼吸系统疾病、心血管疾病和缺血性心脏病的风险,最容易受到这种不利影响的人将受益最多,如儿童、妇女、病人和老年人。

表 4-9　　　　　　　预计 2020 年节能减排量

项目	节能减排量
节省煤炭（万吨）	65
煤耗消耗减少（万吨标准煤）	11.3
避免发烟（吨）	3699
避免二氧化硫排放量（吨）	1487
避免氮氧化物排放（吨）	4442
避免二氧化碳排放量（万吨）	59

资料来源：亚投行官网，https：//www.aiib.org/en/index.html。

显然，这一项目的展开具有重大的意义。首先，农村"煤改气"项目是建设社会主义新农村、发展城市型现代农村、推动城镇规划和发展、促进农村社会和谐的重要途径。它有助于北京逐步打破城乡二元结构，有效引导城市化健康发展，形成城市与农村融合，与农村协调发展的局面；其次，农村"煤改气"项目将为农村用户提供清洁、便携、安全的能源供应，还为当地居民提供增加收入的就业机会，有利于缩小城乡差距，提高农民的生活水平，增加人民的健康福利；最后，实施"煤改气"项目对响应北京清洁能源改造计划的倡议以及政府为人民造福的重要任务具有重要意义。

二、国际性金融组织与沿线国家和地区的合作案例

1. 与陆上丝路的合作——阿塞拜疆跨安纳托利亚天然气管道项目

阿塞拜疆是现代石油开采工业的发祥地，石油开采已有150年以上的历史，是阿最重要的产业部门。在过去10年中，该国一直在迅速发展其天然气部门，已证明的天然气储量约为1000亿立方米，Shah Deniz 油田占这些储量的最大

第四章 金融组织与"一带一路"倡议的合作

份额。阿塞拜疆天然气生产和运输的收入将是巨大的,特别是在石油产量下降的情况下,将使政府能够在中长期内增强其资产基础和维持经济增长。

由于欧洲天然气产量在10年前开始下降,欧盟现在进口的天然气供应量超过三分之二。国际能源署预计欧洲产能将继续下降,到2040年欧洲的年产量下降约100亿立方米。欧洲将继续依赖进口来满足需求与产量下降之间的差距。南部天然气走廊计划连接阿塞拜疆的天然气田,并将天然气通过格鲁吉亚、土耳其、希腊和阿尔巴尼亚输送到意大利。该项目包括若干基础设施项目,旨在通过将里海地区的天然气首次引入欧洲,改善土耳其和欧盟能源供应的安全性和多样性。由于该计划的战略意义,亚投行与世界银行集团决定联合融资,投资跨安那托利亚天然气管道项目。

跨安纳托利亚天然气管道项目是"南部天然气走廊"计划的一部分。该天然气管道设计全长1850公里,占"南部天然气走廊"计划建造的3500公里管道总数的53%,途经阿塞拜疆、格鲁吉亚和土耳其三国,并销往欧洲南部市场。2015年开始动工,项目建成后可以将阿塞拜疆里海天然气经土耳其输送到欧洲国家,为土耳其天然气市场提供6亿立方米的天然气。跨安纳托利亚天然气管道项目投入运营标志着阿塞拜疆的天然气首次经土耳其输往欧洲,土耳其因此朝着成为国际能源枢纽的目标迈进了一步(见表4-10)。

表4-10　　　　　　　　项目融资概况

贷款/信贷/其他	金额/百万美元
阿塞拜疆财政部	2100
亚洲基础设施投资银行	600
世界银行	800

续表

贷款/信贷/其他	金额/百万美元
其他国际金融机构（EBRD，EIB）	2100
其他商业借款	3000
项目总成本	8600

资料来源：亚投行官网，https：//www.aiib.org/en/index.html。

该项目对阿塞拜疆乃至欧洲具有重大意义。一是使土耳其的能源多样化，增加储气量。土耳其的天然气储存量非常低，任何天然气供应中断都将产生严重后果。阿塞拜疆每年6亿立方米将有助于土耳其能源多样化并加强其能源安全，这对维持经济增长至关重要。二是创造就业机会。预计该项目将直接为9000人创造就业机会，并在施工期间间接为5000人创造就业机会。该项目一旦投入运营，将为300人提供永久性就业，随后，当年流量增加至31亿立方米时，将为500人提供永久性就业。三是将阿塞拜疆与欧洲市场整合在一起，多样化欧洲的天然气进口。该项目有助于阿塞拜疆与区域和欧洲能源市场的整合，帮助阿塞拜疆将其天然气出口量从每年8.1亿立方米增加到每年约24亿立方米，加强其连通性和过境作用，且促进欧洲进口天然气的市场多样化。

2．与海上丝路国家的合作——印度尼西亚贫民窟升级项目

快速的城市化使城市成为印度尼西亚发展重点的中心。城市贫困日益被认为是一个主要问题，特别是对城市贫民来说，获得基本基础设施服务的机会仍然很低。虽然近年来印度尼西亚经济保持快速增长，但仍有许多贫民并没有从经济增长中获益，目前印度尼西亚基尼系数已超过了贫富差距与社会不平等的"警戒线"。贫民窟仍然是一项关键挑战，并

第四章 金融组织与"一带一路"倡议的合作

且是基本基础设施和城市贫困可用性差距的一个明显指标。印度尼西亚政府2014年的统计数据显示，全国贫民窟面积达38000公顷，约2900万人生活在贫民窟里，仅雅加达就有392处贫民聚居区（见图4-3）。

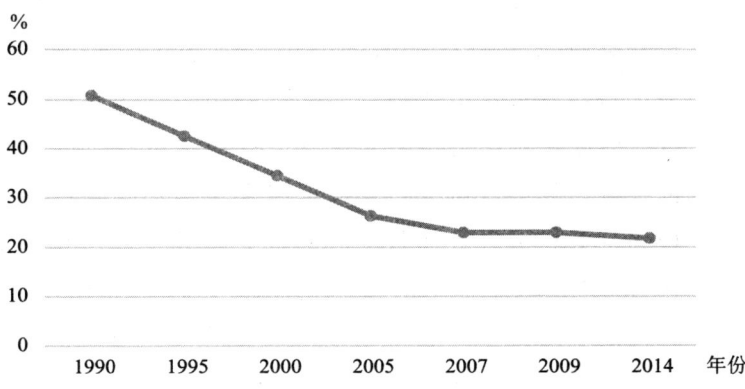

图4-3 印度尼西亚城市居民居住在贫民窟的比例

对此，印度尼西亚政府制定了2015—2019年中期规划，承诺到2019年前全国各大城镇实现净水和卫生设施全覆盖，并消灭城镇贫民窟。不过在印度尼西亚专家看来，这一计划过于雄心勃勃，很难如期实现。

为解决贫富差距过大的问题，印度尼西亚政府在努力挖掘自身潜力的同时，积极寻求国际合作。2016年6月，亚洲基础设施投资银行宣布和世界银行联合融资，为印度尼西亚国家贫民窟升级项目提供贷款。

该项目的目标是改善印度尼西亚目标贫民窟的城市基础设施服务。世界银行提出的联合融资计划将为印度尼西亚中部和东部154个城市的贫民窟基础设施投资项目提供资金支持。该项目的直接和间接受益者预计将包括154个城市的970万贫民窟居民。由于城市基础设施的可及性和质量的改善，这些贫民窟居民的生活条件很可能得到显著改善。

借助这一项目,明显可以实现以下几点:一是体制和政策发展。有助于提高负责管理全国贫民窟改善方案的中央政府和地方机构的体制制度和能力建设。二是为地方政府和社区提供综合规划支柱和能力建设。这将有助于征聘和部署专家和社区促进者,以提高选定城市的政府和社区设计和执行改善贫民窟的能力。三是城市基础设施和服务。包括执行次级项目,以资助初级和次级基础设施的改善。四是实施支持和技术援助。提供技术援助、管理和咨询服务,培训、监测以及评价国家、省和市各级的项目管理和利益相关方合作状况。五是应急救灾。这是为了确保在必要时如应付灾害、紧急情况或灾难性事件作出准备和迅速反应措施。

专栏 4 - 6

世界银行和亚投行联合融资让印度尼西亚贫民窟重获生机[①]

从印度尼西亚首都雅加达市中心最繁华的苏迪尔曼大街驱车向东半个小时,走出高楼林立的商务区和中产阶级住宅区,再穿过一个高尔夫球场,就到了雅加达东区知名的皮桑岸贫民窟。

41 岁的拉妮和她的家人就生活在这里。"长期得不到清理的露天排水沟渠就是我们的生活垃圾场,只要一下雨,排不出去的污水就会泛滥到卧室和厨房。很多人实在忍受不了被迫搬走。直到我们这里实施了 Kotaku 项目。"拉妮近日接受新华社记者采访时说。

Kotaku 是印度尼西亚国家贫民窟升级项目的本地语称呼,由印度尼西亚政府于 2016 年 4 月正式推出,旨在通过修建和改造地方的水、电、路等基础设施来提升贫民窟居住质量,项目总投资额为 17.4 亿美元。2016 年 6 月,世界银行和亚洲基础设施投资银行(亚投行)

---

① 郑世波,宗萍萍. 亚投行融资让印度尼西亚贫民窟重获生机 [N]. 新华网,2018 - 01 - 22.

第四章 金融组织与"一带一路"倡议的合作

宣布作为合作伙伴共同提供4.33亿美元的融资,其中一半由亚投行承担。

皮桑岸贫民窟升级项目于2017年启动。作为资深住户,拉妮见证了印度尼西亚国家贫民窟升级项目清理垃圾、拓宽道路、疏通下水道、引入绿化和教育市民的过程。最让拉妮感到意外的是,项目工作人员还将贫民窟内小巷子里的露天排水沟渠全部加装了盖板,除了能够方便摩托车和自行车行走,还为社区的孩子们开辟了一个玩耍的地点。

"开始我以为只是做做样子,后来慢慢发现我们社区真的在改变。垃圾不见了,水不臭了,环境变漂亮了,更重要的是即使去年底雅加达突降大暴雨,我们这里也不再被淹了"。拉妮感叹道,"不少之前被迫离开的邻居现在都准备再搬回来,这真是一个造福百姓的好项目"。

世界银行印度尼西亚国家贫民窟升级项目负责人乔治·苏拉娅在接受新华社记者专访时表示,印度尼西亚有约2900万人生活在贫民窟,他们无法享有基本的生活服务。"和亚投行合作支持的这个项目将改变这些百姓的生活。他们将得到清洁饮用水、卫生设备、垃圾处理和废水排放系统以及更好地道路。"

"雅加达和其他153个城市的逾970万居民将直接从这一项目中获益,另有数百万居民将从贫民窟升级中间接获益,"他说,"在结束极端贫困、推动发展方面,亚投行是我们合作融资全新的重要伙伴。"

印度尼西亚智库亚洲创新研究中心主席、印度尼西亚东盟南洋基金会主席班邦·苏尔约诺说,亚投行旨在助力合作共赢、共同发展。亚投行在印度尼西亚国家贫民窟升级项目中务实、高效的专业精神受到印度尼西亚政府和民众的欢迎。希望亚投行能将和印度尼西亚的这一合作推广到其他地区,为全球的扶贫、环保和基础设施建设贡献更多力量。

第三节
与"一带一路"倡议合作展望

尽管国际性和区域性金融组织在与"一带一路"倡议合作的过程中起到了明显的支撑作用,但仍存在进一步合作的空间。针对前面提出的问题,本节从区域性和国际性金融组织两个方面提出建议。

一、区域性金融组织与"一带一路"倡议合作展望

(一)建立严格的项目审查制度,拓宽融资渠道

亚投行和丝路基金在"一带一路"倡议中主要业务领域是基础设施建设,基建融资的特点是投资建造周期长、资本收回风险大。为降低这两方面风险,可从以下两点着手:首先,谨慎选择基建投融资项目,从准入就开始严格考核,从项目设立到项目运行期间的继续融资及项目后期运营等方面都应引起足够重视,避免盲目放款的情况,起到降低风险发生概率的作用①。其次,引入多种融资渠道或方式。一是积极引导国内民间资金参与;二是支持注重投资周期性长、投资回报较低的保险公司和社保基金参与基础设施投资;三

---

① 乔晓剑. 亚洲基础设施投资银行成立的原因及其影响 [D]. 北京外国语大学硕士学位毕业论文,2017.

第四章 金融组织与"一带一路"倡议的合作

是积极引导沿线国家地区以及其他国家参与①。

(二) 助力"一带一路"国家经济发展,扩大金融市场开放程度

"一带一路"沿线国家和地区的经济发展水平和金融市场差异较大是区域性金融组织同沿线国家开展合作面临的一大难题。为了更好地开展合作,实现亚洲区域共同发展,首要的任务就是帮助经济落后国家提高经济发展水平,缩小各国或地区的金融市场差异,这也有助于亚投行和丝路基金开展业务。亚投行和丝路基金可以采取各种方式帮助这些国家,同时呼吁成员国相互帮助,共同进步。比如,适当照顾经济发展缓慢、落后的国家,在基础设施项目融资过程中,做到因地制宜;成员国中金融市场较为发达的经济体可以对金融市场落后的经济体多一些理解,多一些引导,帮助他们慢慢开放国内金融市场。这样,所有成员国共同努力以促进金融市场整体开放程度提高、经济发展水平差异缩小,实现区域经济一体化。

(三) 加强与国际金融机构的合作,借鉴其成功经验

亚投行和丝路基金是顺应世界经济发展潮流而兴起的新型金融组织,其诞生并不是要取代现有金融机构,而是对当今金融体系的补充与完善。作为新兴金融组织,亚投行和丝路基金在机构运营、规章制度、投融资审核标准等方面尚不完善,应当借鉴世界银行、国际货币基金组织、亚洲开发银行等金融组织的成功经验,并在此基础上结合自身特点,取长补短,

---

① 胡才龙. 关于"一带一路"战略金融支持相关问题研究 [J]. 海南金融, 2015 (10): 31-34.

加快自身发展速度。同时，还要积极与其他金融组织开展合作，共同促进全球经济发展、维护世界经济稳定发展。

二、国际性金融组织与"一带一路"倡议合作展望

（一）深化与全球性金融组织的务实合作

国际金融合作理论强调，通过提高跨境资金和机构的聚集程度可直接推动区域经济的合作与发展。金融合作涉及产品服务、政策协调、风险防控与金融监管等多个方面[①]。"一带一路"倡议与国际上各金融组织尚有很大的合作空间，应当抓住亚投行、丝路基金等新型金融机构成立的机遇期，推动我国与境外金融机构互设分支机构，鼓励双边金融机构适时开展跨地区的股权合作、银团贷款、融资代理等合作，积极开展为相关合作国家提供战略规划咨询、项目策划、投融资顾问、风险管理为一体的综合性金融服务，提高与沿线国家金融一体化程度[②]。

（二）加快推动"一带一路"沿线区域金融市场创新与发展

金融市场落后于西方发达国家且各国水平差异较大是桎梏"一带一路"沿线国家和地区实现区域一体化发展的重要原因，创新是促进金融市场进步的重要手段。首先要推动各金融机构在"一带一路"沿线的金融业务创新，为"一带一路"沿线国家和地区提供更加丰富的金融服务，提升金融市

---

① 刘洪钟，刘子宪，卢海峰. 完善金融服务体系助力"一带一路"建设［J/OL］. 征信，2019（7）：66－70［2019－07－24］. http：//kns. cnki. net/kcms/detail/41. 1407. f. 20190712. 1602. 026. html.
② 朱苏荣. "一带一路"战略国际金融合作体系的路径分析［J］. 金融发展评论，2015（3）：83－91.

第四章 金融组织与"一带一路"倡议的合作

场配置资源的效率①。其次,"一带一路"沿线国家应大力发展各类机构投资者,协商颁行与国际接轨的会计、税收与法律体系,建立便捷的信息网络和区域性的评级体系和担保机制,逐步完善清算系统和清算标准②。最后,金融市场的创新需要多层次的资本市场不断发展、相关机制的不断完善以及培养高端金融人才,为金融市场的创新提供基础的支撑。

(三) 完善金融监管机制,提高风险防范能力

随着"一带一路"倡议稳步推进,国家金融合作也将逐渐加深,就可能导致金融冲击在整个地区的扩散提升,金融监管的重要性日益凸显③。为缓解金融冲击,应当逐步完善金融监管机制,加强国际金融监管合作,提高风险防范能力。一方面,完善"一带一路"区域监管协调机制。通过中日韩、东亚及太平洋中央银行行长会议等机制加强与沿线国家各监管当局间的沟通协调,提升在重大问题上的政策协调和监管一致性,逐步在区域内建立高效监管协调机制④。另一方面,我国金融监管机构要积极参加国际金融监管组织的活动,加强与其他国家监管当局的交流与合作,以充分反映发展中国家的实际情况和利益,促进监管当局的信息共享率,提高监管的协调性⑤,及时发现并排除风险隐患,确保"一带一路"沿线国家和地区的金融安全。

---

① 梁涵书. 我国"一带一路"背景下金融发展的对策 [J]. 全国流通经济, 2019 (16): 145-147.

② 朱苏荣. "一带一路"战略国际金融合作体系的路径分析 [J]. 金融发展评论, 2015 (3): 83-91.

③ 汤柳. "一带一路"金融合作需要提升的四个方面 [J]. 银行家, 2016 (3): 71-73.

④ 朱苏荣. "一带一路"战略国际金融合作体系的路径分析 [J]. 金融发展评论, 2015 (3): 83-91.

⑤ 郭春松, 朱孟楠. 加强金融监管的国际协调与合作 [J]. 上海金融, 2004 (10): 28-30.

第五章

与"一带一路"沿线国家和地区的金融市场的合作

资金融通是"一带一路"建设的重要支撑。在全球价值链分工的大环境下,随着经济金融化,国际投融资与第一、第二产业建设、国际贸易深度融合,成为"一带一路"发展的重要驱动力。所以,逐步解除金融抑制、构建开放型的金融体系成为"一带一路"战略实施的主要课题。其中,金融体系是金融机构和金融市场的集合,而金融市场是金融体系运作的基础性平台,离开市场,金融机构将难以开展活动。开放型的金融体系需要高市场化的运作机制①,根据《中共中央国务院关于构建开放型经济新体制的若干意见》,我国将依托"一带一路"倡议,推动资本市场双向有序开放,建立走出去金融支持体系,扩大人民币跨境使用,促进国际国内金融市场的深度融合。

第一节
走向开放的中国金融市场

1978 年以来,中国经济体制经历了从计划经济向市场经济转轨的过程,金融业作为经济社会运作的关键产业,也不断地成长和改革。当前,中国金融市场已处在改革与开放的关键时期,一方面,国内金融市场的融资模式发展滞后,"双轨制"金融市场严重制约了企业的国际贸易和对外投资活动;另一方面,在对外开放的过程中已取得了许多突破性的进展,但总体来看,中国在全球资金配置中的话语权不高,金融市场的对外开放程度偏低,这与中国作为世界第二大经济体的地位并不匹配。

一、国内金融市场发展现状

改革开放初期我国采取了双轨制改革策略。该策略为支

---

① 黄人杰. 发展开放型经济的金融支持体系研究——基于支持"走出去"战略的视角[J]. 现代经济探讨, 2010 (11).

第五章 与"一带一路"沿线国家和地区的金融市场的合作

持国企发展、维持转型期政治与经济的稳定发挥了重要作用,但同时也造成不对称市场化改革的现状,即产品市场全部放开而要素市场严重扭曲。其中,要素市场中的金融部门就呈现出"重规模、轻机制"的金融抑制现象——金融体系规模很大,但市场机制的发挥空间很小。地方政府出于促进 GDP 快速增长的目的,普遍对地区金融资源的分配权、管制权和定价权进行干预,逐渐形成银行体系中"所有制歧视"和"规模歧视"的现象,让成长迅速的中小微企业面临"融资难、融资贵"的难题,严重制约了它们的发展。

(一) 金融抑制下资本市场的不平衡发展

政府干预下的金融抑制体制对企业融资配置产生了扭曲效应[1]。一方面,利率管制和数量管制导致信贷资金价格与金融资源配置效率双重扭曲[2];另一方面,融资模式主要以国有银行或国家控股商业银行为主体的间接融资为主,债券和股权融资市场发展滞后,导致融资结构不平衡。

1. 双轨制下金融市场的割裂

我国金融市场发展具有"双轨制"的特征,分别为"计划轨"和"市场轨",从而派生出两个金融市场——以传统银行信贷、债券、股票等为融资渠道的"正规融资市场"和以委托贷款、信托贷款及未贴现银行承兑汇票等为融资渠道的"影子银行融资市场"。政府部门对于这两个市场的管控存在显著的差别,表现于融资价格—利率和融资数量的双重扭曲。价格管制压低了正规金融市场的利率,使资金供不应求;数量管制让国有企业和大企业优先融资,其他

---

[1] 周业安. 金融抑制对中国企业融资能力影响的实证研究 [J]. 经济研究,1999 (2):15 – 22.

[2] 张杰. 金融抑制、融资约束与出口产品质量 [J]. 金融研究,2015 (6):64 – 79.

企业处于正规融资市场的边缘地带，即出现"所有制歧视"和"规模歧视"的市场失衡现象①。在这两个管控的作用下，高速发展的非国有企业，尤其是中小微企业在融资成本低的正规金融市场得不到融资需求，就必然被排挤到体制外的非正规金融市场。而在非正规的金融市场中实行变相的市场化利率，当大量的企业涌入该市场时必将助推非正规金融市场利率的拔高，进而增加融资成本，形成了"融资贵、融资难"难题。另外，在这类市场中金融交易没有得到有效地监管，风险也相对较高。

2013年以来中国逐渐加快了金融改革，2014年11月到2015年8月，央行相继三次放宽了存款利率上限，且于2015年10月，央行彻底取消了对存款利率上限的管制。但是从近几年情况来看，在金融双轨制下，加速放松利率管制并未消除企业的融资障碍。国有金融机构的垄断地位、国企信贷配给的优先特权并未发生实质性变化。中央银行通过"窗口指导"干预信贷配置，以及地方政府以行政手段为政府融资平台低息借贷等广泛存在的信贷歧视并未消除②。

2. 以银行信贷为主的融资模式

一国的经济越发达，金融深化程度越高，间接融资的相对比重就会越小。但是对于中国来说，金融深化程度和间接融资比重同时处于高位。

如图5-1所示，在正规融资市场中，直接融资占比很小。其中，股票占比相对稳定但占比低，平均比例仅为3.54%；而债券占比在2017年后虽有了上涨的趋势，平均比例也仅为12%。传统银行信贷占比虽然逐渐下降，但降

---

① 纪洋，谭语嫣，黄益平. 金融双轨制与利率市场化 [J]. 经济研究，2016 (6).
② 纪洋，谭语嫣，黄益平. 金融双轨制与利率市场化 [J]. 经济研究，2016 (6).

幅甚小，平均比例高达 68.94%。

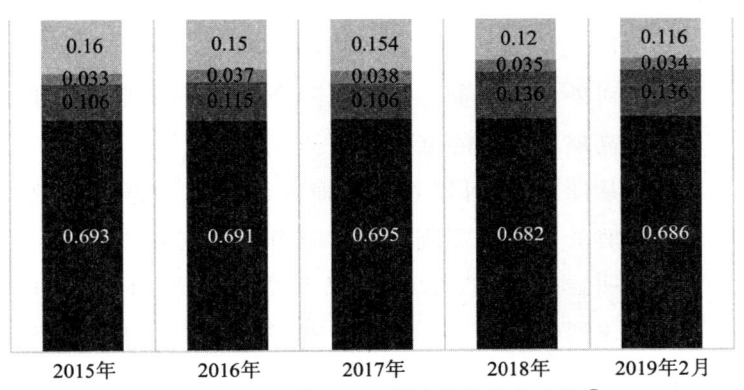

图 5-1 社会融资结构占比①

可以看到近 5 年的社会融资结构仍以传统银行信贷为主。究其原因，主要是由于在利率管制政策创造"租金"的激励下，国有银行不断扩大规模，而股票市场、债券市场发展缓慢以及国际资本流动管制又限制了国内企业在正规金融市场融资的替代渠道。尽管利率管制被逐步取消，但融资歧视的现象并未消除。融资模式能否进一步优化，主要取决于数量管制能否被取缔以及直接融资市场的发展能否继续得到强化。

(二) 欠发达金融市场下的融资约束影响

"融资难、融资贵"是很多中小微企业的共同难题，由此造成了这些企业的融资约束。其中，融资约束主要是指在不完善的资本市场中，企业内源性资金积累不足的情况下，

---

① 数据来源：中国人民银行统计数据。

无法支付成本过高的外源性融资成本而导致融资制约①。融资约束将直接影响到"一带一路"建设中企业对外直接投资业务和贸易业务。

1. 对企业对外直接投资的影响

对外直接投资是拓宽国际合作空间，提升产业价值链，实现高质量发展的重要途径。

从图 5-2 可以看到，随着"一带一路"倡议的实施，中国对外直接投资流量逐年攀升，尤其在 2012 年之后增长速度明显加快。尽管于 2017 年呈负增长，但仍以 1582.9 亿美元位列全球第三位。截至 2017 年年底，中国 2.55 万家境内投资者在境外共设立对外直接投资企业 3.92 万家，分布在全球 189 个国家和地区，境外企业资产总额达 6 万亿美元，对外直接投资存量达 18090.4 亿美元②。

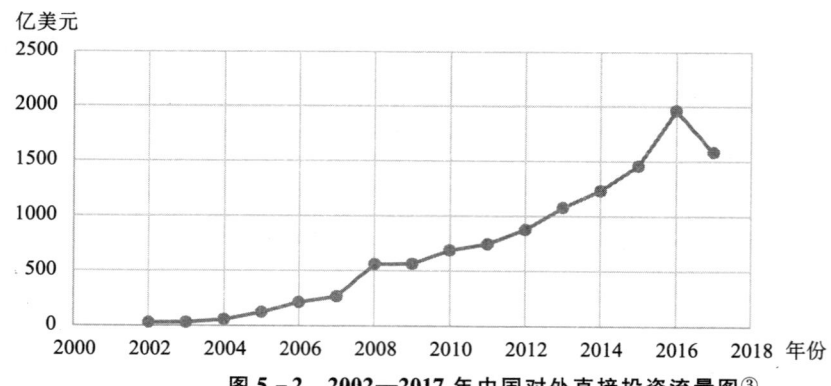

图 5-2　2002—2017 年中国对外直接投资流量图③

---

① 曾之明，汪晨菊，张琦. 金融发展对中国中小板上市公司融资约束的影响 [J]. 财经理论与实践，2017, 38 (4)：15-20.
② 中国商务部. 中国对外投资发展报告 2018.
③ 中国商务部，国家统计局，国家外汇管理局. 中国对外直接投资统计公报.

第五章 与"一带一路"沿线国家和地区的金融市场的合作

从微观角度看,融资约束是影响企业对外投资的主要因素①,并且融资约束的影响在金融市场不发达的国家尤为显著。对外直接投资的项目处于国外,监管成本高、经营周期长、信息不对称问题相对严重。所以,企业面临的风险较多,投资收益也具有显著的不确定性。面对这些不利因素,资金提供者会对对外投资项目要求更高的风险溢价,从而增加了外部融资的成本和难度②。另外,我国融资约束还存在所有制歧视问题——国有企业受融资约束的影响较小,而民营企业和外资企业存在较为明显的融资约束门槛效应。根据《2012年中国企业海外投资及经营状况调查报告》,61%的大企业和73%的小企业认为资金缺乏是对外投资的主要障碍。从图5-3可以看到,我国海外直接投资的主体中民营企业、股份有限公司和外商投资企业占到一半以上的比重,其重要性不言而喻。所以,能否彻底解决这类企业"融资难、融资贵"的问题决定了我国对外投资的广度和深度以及"一带一路"企业"走出去"的难易程度。

2. 融资约束对国际贸易的影响

企业外源性融资需求主要来自于技术冲击导致内部资金无法满足企业投资需求。所以,不同的行业由于技术和资本的密集度不同,外源性融资需求也有所不同。对于资本和技术密集型以及规模密集型的行业来说,企业内源性资金积累远不如在市场上进行融资的效率高,其巨大的资金需求和技术要求使其对外源性融资依赖程度更大。因此,金融市场的发展将显著影响这一类型的行业。这也意味着,一国完善的

---

① Hubbard, R., G, 1998,"Capital - market Imperfections and Investment", Journal of Economic Literature, Vol. 36, pp. 193 - 225.
② 刘莉亚,何彦林,王照飞,程天笑. 融资约束会影响中国企业对外直接投资吗?[J]. 金融研究,2015 (8):124 - 140.

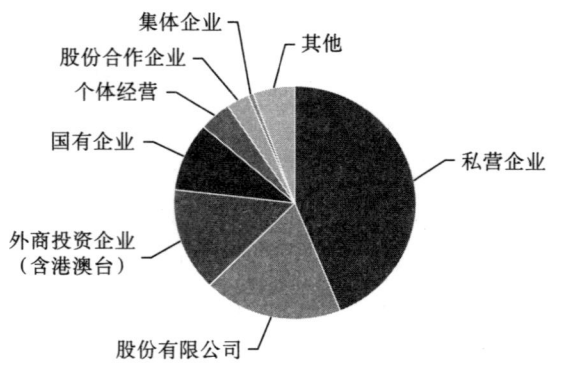

图 5-3　2017 年末中国对外直接投资主体构成①

金融市场可以成为对外源性融资依赖程度高的产业的比较优势。金融市场发展水平高的国家，在贸易结构中资本技术密集型产品所占比例相对较高②。

随着我国劳动力红利的逐渐消失，劳动密集型加工制造业不再具有竞争优势。中国出口产业应向技术创新驱动下的高附加值行业转型，而这类行业风险较高，外源性融资依赖度也较高。但目前我国金融化市场程度较低，银行信贷为主的融资模式无法与这类高附加值行业的风险特性及融资需求相匹配，进而无法契合我国经济转型的方向与"一带一路"倡议的设想。

综上可以看到，融资约束对对外直接投资和出口贸易都会造成负面影响。而融资约束的主要影响因素为金融发展和金融结构。其中，金融发展是指银行和证券市场的绝对规模，金融结构是指银行和证券市场的相对发达程度。当证券市场的规模和发达程度更胜一筹时，意味着金融发展水平更高，此时融资约束也会更小。这是因为银行债务融资的性质

---

①　数据来源：中国商务部，国家统计局，国家外汇管理局. 中国对外直接投资统计公报.
②　Rajan R G, Zingales L. Financial Dependence and Growth [J]. Social Science Electronic Publishing, 1998, 88 (3)：559 – 586.

第五章 与"一带一路"沿线国家和地区的金融市场的合作

使其具有风险厌恶性,风险大的项目即使能够成功,银行所获得的收益也仅限于利息部分,若项目一旦失败,银行将遭受到很大的损失。与之相比,市场融资可以让投资者成为企业股东,也可为投资者提供投资组合以降低和分散投资风险[1]。所以,单纯地扩大银行信贷规模不足以降低融资约束的负面影响,更主要的是应该大力发展证券市场,提高直接融资比重,对于促进经济转型升级、支持"一带一路"倡议实施具有重要意义。

二、开放型金融体系的布局与趋势

根据中国金融业改革开放和客观需求的总体布局,以及"一带一路"建设对投融资的更高要求,中国加快了金融市场对外开放的脚步,逐步筹划并落实了各个试点项目,尤其在与香港金融市场的互联互通方面取得了里程碑式的进步。香港一直以来都是内地连接世界的桥梁,同时香港作为国际和亚洲的金融中心,在投融资领域经验丰富,在法律、信息、人才等方面具有优势[2],这意味着内地金融开放的第一站就在香港。从内地银行在香港设立的机构规模、内地企业在香港上市的数量来看也佐证了这点。近年来,内地相关部门以香港作为实现金融国际化的平台,有效发挥香港的区位优势,推出了一系列的重要举措,并且积极支持香港参与"一带一路"的金融建设,以此提升香港作为人民币离岸中心的地位。

---

[1] 陈陶然,谭之博. 金融市场特征、行业特性与出口国附加值 [J]. 世界经济研究,2018 (9):68—76.

[2] 朱隽. 金融业开放和参与全球治理 [M]. 北京:中国金融出版社,2018:59.

(一) 股票市场的开放

1. "沪港通"试点

为了进一步丰富跨境投资方式,促进内地金融市场的开放,2014年4月10日,中国证监会和香港证监会联合批准的上交所、香港联合交易所有限公司(以下简称"联交所")、中国证券登记结算有限责任公司(以下简称"中国结算")、香港中央结算有限公司(以下简称"香港结算")开展沪港股票市场交易互联互通机制试点(以下简称"沪港通")正式开通。"沪港通"是指在上交所和联交所的技术系统之间建立连接,两地投资者可以通过当地证券公司或经纪商经由特设的技术连接买卖对方交易所挂牌的证券。试点初期,对人民币跨境投资额度实行总量控制,并设置日额度。其中,港股通总额度为2500亿元人民币,每日额度为105亿元人民币;沪股通总额度为3000亿元人民币,每日额度为130亿元人民币。2016年8月16日,中国证监会和香港证监会联合公告取消"沪港通"总额度限制。在保留每日额度的前提下取消总额度既能有效监控跨境资金的流动,又能对外传达中国资本市场不断开放的信息。

"沪港通"为资金在内地和香港双向流动搭建了良好、健康的平台。一方面,增加了境外人民币的投资渠道,增强我国资本市场的综合实力;另一方面,提高了香港离岸人民币的流动性,对扩大人民币使用以及离岸市场建设均有助益。创建"沪港通"是我国资本市场国际化进程中具有里程碑意义的事件。

图5-4和图5-5展示了"沪港通"南向和北向每月买卖成交总额的走势图。可以看到自"沪港通"正式设立以来,香港投资者对内地股票的交易量在不断攀升,到2019

第五章 与"一带一路"沿线国家和地区的金融市场的合作

年3月抵达了峰值；内地投资者对香港股票的交易呈波动式变化，且震荡幅度较大。对比来看，香港投资者对内地的股票交易量总体大于内地投资者对港股的交易量，这也说明香港的资本市场更加活跃。

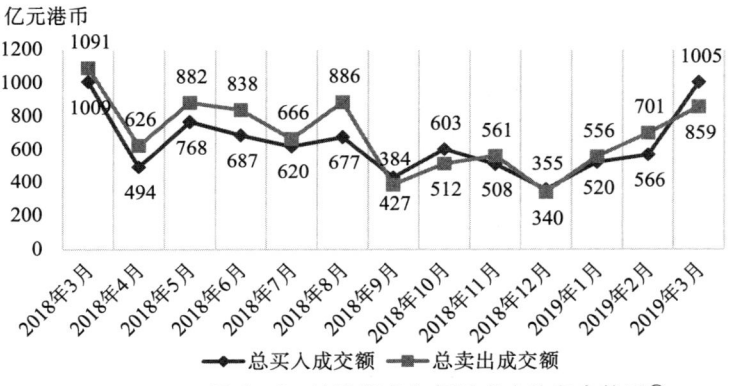

图5-4 沪港通南向每月成交信息走势图①

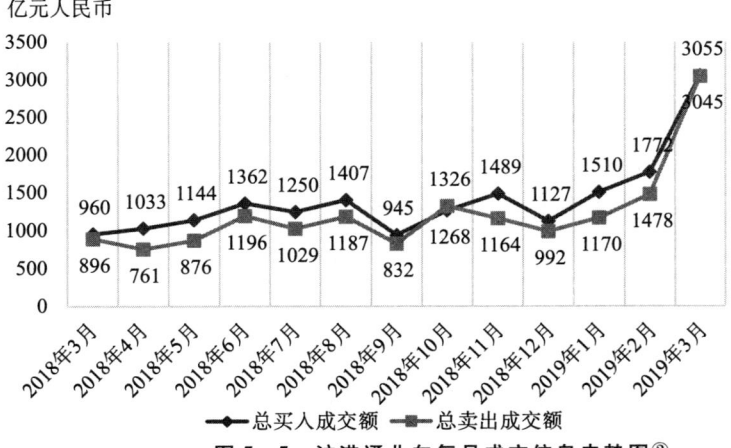

图5-5 沪港通北向每月成交信息走势图②

---

① 数据来源：香港证券交易所。
② 数据来源：香港证券交易所。

2. "深港通"试点

为进一步加强内地与香港的金融合作,2013年3月,国务院总理李克强在《政府工作报告》中提出适时启动"深港通"。"在'沪港通'试点成功基础上推出'深港通',标志着中国资本市场在法制化、市场化和国际化方向上又迈出了坚实一步,具有多方面的积极意义"。2016年8月16日,中国证监会和香港证监会联合公告批准深圳交易所、联交所、中国结算和香港结算建立深港股票市场交易互联互通机制,并指出"深港通"不再设置总额度限制,且每日额度与"沪港通"现行额度保持一致,即深股通每日额度130亿元人民币,港股通每日额度105亿元人民币。同年12月5日,国务院批准"深港通"正式开通。

"深港通"是便利深圳、香港两地投资者相互买卖对方交易所规定范围内的股票连接机制。其通过复制"沪港通"试点的成功经验,扩大了内地与香港股票交易互联互通的范围,深化内地与香港的金融合作。一方面,"深港通"丰富了投资标的,满足了投资者多样化的投资需求。深股通的股票范围是市值60亿元人民及以上的深证成分指数和深证中小创新指数的成分股,以及深圳交易所上市的A+H股公司股票。同沪股通交易标的偏重大型蓝筹股相比,深股通标的充分展示了深圳证券交易所新兴行业集中、成长特征鲜明的市场特色。另一方面,"深港通"借助深港的区位优势,强化了香港作为全球离岸人民币业务枢纽的地位。

图5-6和图5-7呈现了"深港通"南向和北向每月的成交总额变化趋势。对比"沪港通"的交易情况,可以发现这两个平台有着类似的变化趋势,即香港投资者对内地股票的交易量稳中有升,而内地对香港股票的投资交易量呈波动趋势,涨幅不定。同时,香港投资者的交易量要大于内地

第五章　与"一带一路"沿线国家和地区的金融市场的合作

投资者的交易量。另外,"沪港通"北向的交易规模总体大于"深港通"北向的交易规模。

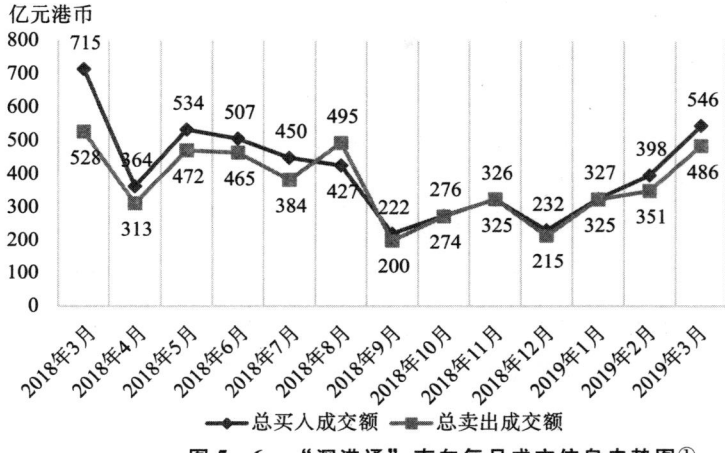

图 5-6 "深港通"南向每月成交信息走势图①

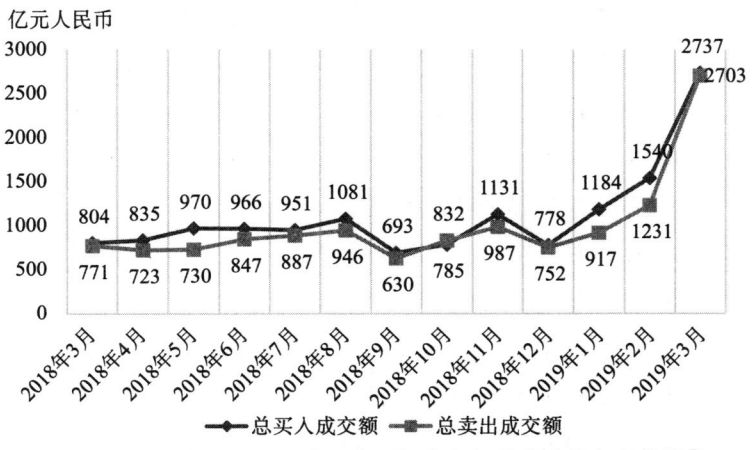

图 5-7 "深港通"北向每月成交信息走势图②

---

① 数据来源:香港证券交易所。
② 数据来源:香港证券交易所。

3. "沪伦通"计划

2018年10月12日,中国证监会正式发布《关于上海证券交易所与伦敦证券交易所互联互通存托凭证业务的监督规定(试行)》,明确了"沪伦通"存托交易凭证(CDR)发行审核制度、跨境转换制度安排,以及境内上市公司境外发行CDR的监管安排。于同年12月14日,"沪伦通"计划正式启动。

截至目前,海通国际英国有限公司、巴克莱银行、中金(英国)有限公司已获得"沪伦通"全球存托凭证英国跨境转换机构备案,"沪伦通"全天候测试等技术准备已就绪,做市商和跨境转换机构的确定。"沪伦通"在2019年6月17日正式推出。符合条件的两地上市公司,可以发行委托凭证(DR)并在对方市场上市交易。

"沪伦通"是中国资本市场加速国际化,并参与国际金融市场运作中的里程碑事件。开通"沪伦通"是A股市场国际化的深入,也是引入外资的重要方式。作为"沪伦通"的西向业务,上海证券交易所A股上市公司可以到伦敦证券交易所挂牌全球存托凭证,由此增加了一个融资平台,为国内上市公司打造成国际化品牌公司提供了渠道。另外,伦敦证券交易所的监管相比较国内更加严格和规范,这也意味着对A股上市公司提出了严峻的挑战——为了圈钱套现的上司公司怯于申请伦敦证券交易所挂牌上市。总而言之,相比较"沪港通"和"深港通","沪伦通"的体量更大,发挥空间更大。

(二)债券市场的"请进来"与"走出去"

近年来中国金融改革不断推进,债券市场作为多层次市场化配置金融资源平台的重要性日益凸显,中国债券市场对

第五章 与"一带一路"沿线国家和地区的金融市场的合作

外开放的步伐不断加快,特别是在人民币加入 SDR 之后,对债券市场对外开放提出了更高的要求。目前,中国在境内外债券市场合作、市场基础设施联通以及引入境外机构投资者等领域都取得了新的突破。

1. 熊猫债市场不断扩大

熊猫债已有 10 多年的发展历史,随着监管政策的不断完善、人民币国际化和"一带一路"倡议的推进,熊猫债发展势头迅猛。与"点心债""功夫债""申根债"等债券不同,"熊猫债"是境外合格机构在中国境内债券市场发行的以人民币计价的债券,其融资用途既包括支持境外组织在境内建设项目,也包括支持"一带一路"沿线国家和地区基础设施建设等项目。据中国人民银行数据显示,2015 年之后"熊猫债"迎来发行高峰,当前未到期的存量"熊猫债"达 154 只,规模达 2725.3 亿元人民币。

伴随熊猫债监管制度的日趋完善,发行流程也进一步优化。2018 年 9 月 25 日,中国人民银行联合财政部发布《全国银行间债券市场境外机构债券发行管理暂行办法》,明确了银行间市场熊猫债的监管主体为中国人民银行。2019 年 2 月"熊猫债"发行指引细则落地——《境外非金融企业债务融资工具业务指引(试行)》,细则中对于"熊猫债"发行的信用披露、资金使用、中介机构等方面给出了明确的安排和说明。

熊猫债对境内资本市场对外开放有着重要的意义,既有助于人民币国际化的进程,也有利于"一带一路"建设中获得足够的资金来源。目前,熊猫债市场已经成为境内资本市场的重要组成部分,并在未来的资本市场结构完善和优化的过程中将持续发挥重要的作用。

2. "债券通"的落地与实施

2010年中国债券市场开启了引入境外机构投资者的进程,主要包括合格境外投资者(QFII)、人民币合格境外投资者(RQFII)以及银行间债券市场(CIBM)三种渠道。随着"一带一路"倡议的提出,债券市场的"引进来"得到了进一步深化,2017年2月,中国人民银行同中国香港金融管理局等有关部门共同打造了境外机构投资者投资境内债券市场的第四条渠道——"债券通"中的"北向通"。

"债券通"于2017年5月16日正式启动,项目初期仅开通"北向通",即允许境外资金在境外可以购买到内地的债券。"北向通"境外投资者的投资标的为可在银行间债券市场交易流通的所有券种。2019年2月22日,"债券通"一级市场的信息平台上线仪式在香港举行,这意味着投资者除了在二级市场交易已发行的债券之外,还可以通过一级市场参与债券发行(见表5-1)。

表5-1　　　　　"债券通"境外持有量　　　　单位:十亿元人民币

时间	上海清算所	中央结算公司	总量
2017年7月	40.9	841.5	882.4
2017年8月	107.6	857.4	965.0
2017年9月	165.0	896.0	1061.0
2017年10月	184.3	921.3	1105.6
2017年11月	170.6	936.6	1107.2
2017年12月	173.3	974.1	1147.4
2018年1月	208.6	1037.2	1245.8
2018年2月	210.4	1066.3	1276.7
2018年3月	217.9	1087.0	1304.9
2018年4月	221.5	1153.4	1374.9
2018年5月	226.6	1208.8	1435.4
2018年6月	249.9	1295.9	1545.8

第五章 与"一带一路"沿线国家和地区的金融市场的合作

续表

时间	上海清算所	中央结算公司	总量
2018年7月	258.2	1354.1	1612.3
2018年8月	271.8	1412.1	1683.9
2018年9月	246.7	1442.3	1689.0
2018年10月	236.8	1442.6	1679.4
2018年11月	221.8	1424.3	1646.1
2018年12月	222.9	1507.0	1729.9
2019年1月	246.7	1508.2	1754.9
2019年2月	239.9	1512.5	1752.4

数据来源:"债券通"市场数据。

从表5-1可以看到,自"债券通"开通以来,境外投资者持有内地债券的数量在不断攀升,截至2019年2月底已达到17524亿元人民币。根据"债券通"网站的数据显示,2019年3月的日均交易量为53.5亿元人民币,获批入市的投资者数量已累积达711人。经统计发现境外投资者的关注开始倾斜于政府债券和政策性金融债券,这两类债券的交易量占"债券通"交易总量比重从2018年3月的37%增长到2019年3月的66%。

"债券通"的"北向通"通过两地基础设施联通和资金汇兑安排,实现了境外资金在境外购买内地的债券,这无疑是对QFII和RQFII的有利补充,是债券市场对外开放的又一大突破。同时,实行多级托管和名义持有人制度,兼顾了便利和安全,有效扩大了境外投资者群体。2019年2月,境外机构总计持有境内债券达15124.65亿元,较上年同期增长36.36%[1]。

据中央结算公司定期公布的债券托管数据显示,虽然境

---

[1] 数据由中央结算公司定期公布的债券托管数据提供。

外投资者持有的境内债券绝对量保持较高增速，但总量也仅占市场债券存量的2.6%，与日本债券市场境外机构持有占比超10%相比，仍有较大的发展空间。

3. 中国债券将逐步被纳入多种全球指数

2019年4月1日，人民币计价的中国国债和政策性银行债券被正式纳入全球主要债券指数"彭博巴克莱全球指数（Global AGG）"，这意味着中国资本市场被纳入了全球资产配置再平衡的过程中，同时也昭示着中国债券市场国际化进程迈出了重要的一步。这是继人民币被纳入国际货币基金组织SDR后，中国融入全球金融体系的又一个里程碑事件。此项纳入工作将在20个月内分步完成。被纳入Global AGG之后，人民币债券资产将在该指数总市值中占比6.03%，成为这一指数中继美元、欧元、日元之后的第四大货币债券。

与此同时，据摩根大通分析，投资渠道拓宽和有利的政策措施可以让人民币计价债券逐步成为全球主流债券指数的吸纳目标，其中包括富罗素公司旗下的富时世界国债指数（WGBI）和摩根大通旗下的全球新兴市场多元化债券指数（GBI-EM GD）。当然，除了中国国债和政策性银行债券之外，信用债券、地方政府债等债券品种也有望被陆续纳入全球指数。

目前，相比于中国在全球经济中的地位，全球对中国的投资比重偏低。若中国债券被逐步纳入全球主要债券指数，将吸引大量的境外投资者参与中国债券市场中，加速扩大中国在岸债券市场的规模。据摩根大通全球指数团队估计，这会为中国带来高达2500亿美元到3000亿美元的资金流入，进而超越日本成为全球第二大债券市场。另外，纳入全球指数是我国债券市场国际化进程中极为关键的一步。尽管我国

第五章 与"一带一路"沿线国家和地区的金融市场的合作

债券市场是全球最大的债券市场之一,但是在市场效率、产品丰富度等方面,同海外成熟的市场还存在很大的差距。所以,这次被纳入全球指数有望倒逼中国债券市场的进一步完善。

综上所述,"沪港通""深港通""沪伦通""债券通"共同构成了中国金融市场对外开放的新格局,无论在同国际合作的广度还是深度上都有了前所未有的进步和突破。但应注意的是,我国同境外发达的金融市场相比还有一定的差距,尤其在金融资源配置的参与度和交易规则的制定方面都显有不足,这也是我国金融市场今后进一步发展和努力的方向。

第二节
与"一带一路"沿线国家和地区债券市场合作案例

随着"一带一路"倡议的实施以及证券市场对外开放的脚步加快,我国与"一带一路"沿线国家的金融市场合作创造了许多新的成绩,尤其在债券市场中实现了多个突破性的案例。

一、政府类机构熊猫债的发行

(一)匈牙利2017年第一期人民币债券

匈牙利地处中欧,是中国进入欧洲的必经之路。匈牙利

一直是中国商品在欧洲的重要集散地之一。自1949年匈牙利与中国建交以来，两国关系全面发展，交往密切。匈牙利是中国在中东欧地区最大的投资目的国，同时，中国也是匈牙利在欧盟以外最大的贸易合作伙伴。尤其在中国提出"一带一路"倡议以来，匈牙利一直积极响应，是第一个与中国签署共建"一带一路"合作备忘录的欧洲国家，并表示愿意在基建、产能、经贸等领域深度参与"一带一路"建设。近年来，匈塞铁路项目、北京至布达佩斯直航航线的开通等都是两国"一带一路"合作的成功例证。

2017年7月，匈牙利在中国银行间债券市场成功发行3年期人民币债券10亿元，票面利率为4.85%，认购规模19.6亿元，成为首单通过"债券通"渠道面向境内外投资者完成簿记发行的外国主权政府人民币债券。本期债券是匈牙利首次进入中国银行间债券市场发行的人民币债券，亦是"债券通"项下首单主权熊猫债，亦是首只募集资金明确用于"一带一路"建设合作的主权熊猫债。对加强中匈金融合作，深化双方关系，推进"一带一路"倡议下的资金融通、推动中国债券市场的开放和发展具有里程碑意义。

(二) 巴拿马将于2019年发行熊猫债券

拉丁美洲巴拿马地处交通要道，坐拥巴拿马运河，多国贸易都要经过此地，所以其经济重心集中于服务业领域，以金融、贸易和旅游业为主。尽管从2014年之后拉美和加勒比地区陷入衰退，但巴拿马的经济则运行平稳，发展势态良好。根据巴拿马经济和财政部数据，2014年至2018年间，巴拿马经济年均增长为5.3%，国际货币基金组织（IMF）对巴拿马2019年经济增速的预测为5.8%。

2017年6月12日，巴拿马总统宣布巴拿马与中国建

第五章 与"一带一路"沿线国家和地区的金融市场的合作

交,并表示愿意积极参与"一带一路"建设中,希望同中方加强港口、海事、航运、铁路、物流等领域的合作,愿意利用巴拿马的独特区位优势,为"一带一路"合作向拉美延伸发挥积极作用。仅在2017年两国政府就签署了20多项合作项目。与此同时,中巴贸易进展十分顺利,2017年贸易额为66.9亿美元,其中,中方出口额66.28亿美元,进口额0.62亿美元。

尽管巴拿马经济总体平稳,但由于贸易摩擦导致全球航运市场流量下降以及美国货币政策收紧过快,IMF认为巴拿马经济面临下行风险。在此背景下,2018年2月巴拿马将避险方式投向了中国的熊猫债券。随着中巴贸易的频率增加,选用熊猫债进行交易更加有效和便捷。目前,中国银行已获得巴拿马发行首只熊猫债券牵头主承销商及簿记管理人的委任,中国银行表示将全力做好巴拿马首只熊猫债的发行工作,并借此机会向中资企业和投资商大力推荐巴拿马市场。

二、"一带一路"沿线国家企业熊猫债的发行

(一)俄罗斯铝业联合公司的首单熊猫债

俄罗斯铝业联合公司(UC RUSAL,简称"俄铝")是全球第二大铝业产品生产企业,联合了俄罗斯和国外制铝工业中最有实力的公司,构成了一个从原料开采、加工到初级铝、半成品、合金铝和成品铝的全部生产流程。2010年起先后在香港联合交易所、纽约泛欧交易所巴黎版市场、莫斯科证券交易所上市。

2017年3月16日,由海航作为大股东的中合担保为俄

罗斯铝业联合公司提供担保，使其在上海证券交易所成功完成首期人民币债券，总金额100亿元人民币，分期发行。首次发行金额10亿元人民币，发行期限为2+1年，债项评级为AAA，票面利率为5.5%。该债券的成功发行标志着首单"一带一路"沿线国家企业在我国发行的熊猫债券顺利落地。

同时值得注意的是，俄铝熊猫债的成功发行离不开中合担保公司的保驾护航。中合担保成立于2012年，拥有国内市场AAA评级。2015年开展国际业务，包括境外在香港发行的人民币债券担保，在新加坡发行的美元担保，为中资企业承建"一带一路"沿线国家哈萨克斯坦首都阿斯塔纳轻轨项目提供预付款保函，为中巴经济走廊的光伏电站投资项目提供融资担保等。一系列的成功案例使中合担保享有国际资本市场声誉。这不仅是参与俄铝项目的基础，也正是因为有了中合的担保才增强了俄铝项目的市场信心，助其成功发售。

俄铝国际运作广泛，同中国境内产业合作中，无论是采购还是研发，都需要人民币的支持。此次发行成功，进一步拓展了"一带一路"沿线国家企业的资金融资渠道，深化了沿线国家的金融合作方式，为中俄两国双边贸易和投资的发展助力。

（二）首批境外非金融企业支持"一带一路"熊猫债发行成功

招商局港口控股有限公司（以下简称"招商局港口"）于2017年4月成功发行第一期中期票据，规模25亿元，期限5年，主要承销商为中国工商银行和招商银行。此次票据的发行标志着我国首批境外非金融企业"一带一路"熊猫

第五章 与"一带一路"沿线国家和地区的金融市场的合作

债的成功落地。

招商局港口自1997年开始向港口投资领域扩展,现为中国最大及世界领先的公共港口营运商,担当其集团母公司——招商局集团"一带一路"沿线国家港口投资收购、建设经营的重任。不仅在国内经济最活跃的地区建立了较为完善的港口网络群——包括珠江三角洲、长江三角洲、环渤海、厦门湾和西南沿海等地,而且自2008年起开始实施海外战略,全力推进"一带一路"沿途港口布局,在西亚、南亚、非洲、欧洲、地中海、南美及大洋洲等地区投资及经营管理港口码头。截至2017年年末,招商局港口已在海内外构建了网络化经营的港口集群,全球布局5个大洲、17个国家和地区,共投资参股的港口32个、集装箱泊位逾190个。同时,公司于2018年6月14日顺利完成收购澳大利亚东岸最大港口纽卡斯尔,标志着公司在海外港口布局实现了六大洲全覆盖。

此次熊猫债的发行,有力支持了招商局港口"一带一路"沿线的战略布局和建设。募集资金分别用于在建工程项目和偿还银行贷款。其中,有12.63亿元用于在建工程项目,包括:(1)佛山港了哥山港区本港作业区通用码头工程。该项目建设规模为新建4个3000吨级多用途泊位,设计每年通过能力散杂货160万吨,集装箱9.6万TEU;(2)深圳港妈湾港区海星码头1#—4#泊位改造工程项目。港区改造后可实现20万吨集装箱、岸线长度达850米,年集装箱吞吐量可达94万TEU。借此可以将妈湾港区从传统杂货、多用途功能转型升级为规模化、自动化、环境友好、高效、节能、先进的集装箱智能港区。通过对周边泊位统筹运营,使西部港区作为21世纪海上丝绸之路的桥头堡、枢纽港和深圳经济建设的重要门户,推动前海、蛇口自贸区的经济快速发展。另外，有12.37亿元募集资金用于偿还银行贷款，其中包括漳州招商局码头有限公司向交通银行所借的款项，该笔贷款用于漳州招商局码头的建设和完善。该码头是漳州市"以港兴市"的重要载体以及福建省对外开放的窗口，亦是国家"一带一路"——21世纪海上丝绸之路沿线的重要港口①。

显然，该笔债券的融资目的不仅是为了直接进行项目投资，而且还用于偿还银行贷款。这既体现了债券是支持建设周期长、风险大的项目的优良融资渠道，也说明了债券是间接融资的有效替代和补充。

（三）首批"一带一路"公募熊猫债在深圳证券交易所发行成功

招商局港口控股有限公司与普洛斯中国海外控股（香港）有限公司"一带一路"公司债券②在深圳证券交易所成功发行，成为市场首批公开发行"一带一路"公募熊猫债公司债券。此批"一带一路"公募熊猫债的成功落地，是深圳证券交易所着力探索金融支持"一带一路"建设、持续创新投融资模式的重要举措。

1. 普洛斯中国海外控股（香港）有限公司公开发行"一带一路"公司债券

普洛斯中国海外控股（香港）有限公司（以下简称"普洛斯"）于2013年在香港注册成立。其最终控股股东普洛斯集团不仅是中国最大的现代物流设施供应商，也是全球

---

① 资料来源：wind数据库。
② 原名"普洛斯洛华中国海外控股（香港）有限公司2017年面向合格投资者公开发行"一带一路"公司债券"于2018年更名为"普洛斯中国海外控股（香港）有限公司2019年面向合格投资者公开发行"一带一路"公司债券"。

第五章 与"一带一路"沿线国家和地区的金融市场的合作

领先的现代物流设施提供商。普洛斯集团旗下的仓储项目公司均从事仓储开发、经营和物流业务。旗下拥有、管理和租赁5600万平方米的物业组合，网络横跨中国、日本、巴西和美国的119个主要城市。截至2017年9月底，公司的仓储物流园已覆盖中国38个主要大中城市，已建成257个仓储物流园，所持有仓储物流园中在建建筑面积约2960万平方米，完工仓储物业总建筑面积为188144万平方米。公司的租户涵盖全球500强企业、跨国企业及国内大型企业集团等，所属行业包括第三方物流行业、电商零售行业、工业品制造行业和医药行业等。

普洛斯于2017年成功发行了"一带一路"公司债券，第一期的基础发行规模为10亿元，期限3年，信用评级为AAA。本期债券募集的资金用于偿还其控股股东普洛斯集团借款，以用于普洛斯集团收购欧洲物流基础设施资产或偿还相应的并购贷款。普洛斯集团目标收购资产是欧洲品质优良的现代物流设施。欧洲物流平台资产组合总面积约300万平方米，集中在欧洲主要物流市场，包括英国、德国、法国和荷兰。其中，约160万平方米为现有物业，出租率达98%；其余140万平方米为待开发物业。现有物业中约60%为近5年内建成，而85%的待开发物业位于欧洲土地最为稀缺的市场之一——英国，意味着资产组合的优良品质①。本次收购完成后，欧洲物流平台将与现有的物流设施网络组成覆盖欧、亚、美洲的全球"一带一路"物流设施网络。

2. 招商局港口控股有限公司公开发行"一带一路"公司债

招商局港口控股有限公司（以下简称"招商局港口"）

---

① 资料来源：wind数据库。

于2018年2月6日公开发行了"一带一路"公司债券,发行规模5亿元,票面利率5.15%,期限3年,信用评级AAA。

本次募集资金用于支付收购位于"一带一路"斯里兰卡汉班托塔港口股权款项。汉班托塔港口位于斯里兰卡最南端、印度洋中部,是世界第一大海湾孟加拉湾的门户。港口离世界最繁忙的国际远洋东西主航线距离不到10海里,是连接南亚、东南亚以及中东、东非地区的重要航运枢纽,被誉为"东方的十字路口""印度洋的心脏"。汉班托塔港口由中国政府贷款建成,并于2010年11月18日开始投入运行,然而由于斯里兰卡政府管理不善,缺乏工商业务,无法吸引过往船只停靠港口,截至2016年年底,港口亏损额总计达3.04亿美元。所以,汉班托塔港口的运营情况不足以支持政府偿还贷款[1]。为了满足IMF救助条件和贷款偿还义务,斯里兰卡于2017年以PPP模式和中国签订了协议,把斯里兰卡汉班托塔港口大部分运营管理权转交给招商局港口。

此次运营管理权的交接不论对于斯里兰卡还是中国来说都意义重大。该港口不仅可以满足中国全球贸易的物流需求,还可以为斯里兰卡创造大量的财政收入和就业机会。同时,大量船只定期穿梭于该航线上,港口还可以作为重要的船舶中转枢纽和船舶加油基地。经招商局港口负责人分析,港口主要市场并非斯里兰卡,而是东南亚、中东、东非和印度次大陆。从长远来看,招商局港口将充分利用印度次大陆和东非港口生产能力不足的市场机会,着手发展散杂货、集装箱、滚装货物、油气等货物在印度次大陆和东非的中转业

---

[1] Koh King Kee. 斯里兰卡汉班托塔港问题的真相[N]. 北京周报,2018-9-29.

第五章 与"一带一路"沿线国家和地区的金融市场的合作

务,把汉班托塔港口打造成区域枢纽港。2018年5月,印度放宽了对沿岸航行的控制,对于以南亚次大陆为目的地的货物而言,汉班托塔港口作为中转港的地位又进一步得到提升。

综上可知,首批发行的两只"一带一路"熊猫公司债募集的资金均跨境使用,大力支持了普洛斯和招商局港口在海外的项目收购工作,切实有效地服务于"一带一路"沿线区域建设。

第三节
与沿线国家和地区金融市场合作展望

资本市场是大国相互博弈的重要舞台,在实现"一带一路"倡议中发挥着基础而又关键性的作用。随着经济金融化,金融已成为现代经济的核心,是国家治理的重要手段。想要成为经济强国,就必须成为金融强国。这意味着要不断开放金融体系,拓宽金融市场,拥有国际金融中心,影响甚至掌握世界经济资源配置权和定价权。我国虽然为世界第二大经济体,但金融业的发展并未与之匹配。一方面,需要进一步推进市场化改革、逐步取消金融抑制,消除"双轨制"金融市场带来的负面影响;另一方面,应推进更大范围、更高层次的金融业开放,以实现国际贸易和双向投资的畅通和便利,为"一带一路"倡议提供坚实、安全的资金支持。

一、继续深化股票市场改革

股权融资比重提升有利于稳定我国宏观杠杆率、降低市场风险。设立科创板试点注册制,统筹推进新三板、创业板改革,是促进我国多层次资本市场健康稳定发展、提高直接融资特别是股权融资比重的关键任务和步骤。

(一)以科创板改革为抓手

2019年年初,中国证监会相继发布《关于上海证券交易所设立科创板并试点注册制的实施意见》《科创板首次公开发行股票注册管理办法(试行)》和《科创板上市公司持续监管办法(试行)》,标志着科创板试点注册制的正式运行。科创板主要为新一代信息技术、高端设备、新材料、新能源、生物医药等高新技术产业和战略性新兴产业提供资本市场服务,进而促进互联网、大数据、人工智能和第二产业的深度融合,推动高质量的经济转型升级。

对于股票市场来说,注册制的试运行具有里程碑的意义。监管部门已明确科创板是资本市场的增量改革。这意味着既可以避免对庞大存量市场的影响,又可以在一片新的空间内试水改革措施,快速积累经验。依托科创板这一新的平台,在严格的资本市场监管和制度建设下,未来将逐步展开注册制的改革。注册制秉持市场化理念,以发行人信息披露为核心,投资者风险自担为前提,中介机构尽职尽责为基础,市场自律管理为保障[①]。相比较核准制,注册制下的发行人和中介机构承担更大的责任,提高了其违法违规的成

---

① 陈元,钱颖一.“一带一路”金融大战略[M].北京:中信出版社,2016:205.

第五章 与"一带一路"沿线国家和地区的金融市场的合作

本,逐步引导各类市场主体归位尽职。注册制将企业能否上市、融资数量等更多的交给市场作决定。

科创板作为一个增量改革的"试验田",有利于股票市场以更为稳妥的方式深化改革。科创板运行一段时间积累经验之后,与其他市场板块间可以形成对接机制,同时与主板市场形成错位发展,进而在主板、中小板、创业板的发行、交易及退市制度方面迎来一系列改革措施。

(二)深化民营企业融资主战地——新三板的改革

为了解决中小企业融资难、融资贵等问题,中小板市场、创业板市场、新三板市场、股权交易中心等多层次的股权市场相继建立,为广大民营企业提供了重要的融资渠道。然而,由于中小板市场和创业板市场容量较为有限,对上市企业的要求较高,绝大多数中小企业都无法达到标准。所以,新三板市场成了当前中小企业首选的融资平台。自新三板市场成立以来,经过了两次扩容,挂牌企业数量、成交额和融资量都呈井喷式增长。但目前的发展仍有许多不足,例如,融资效率较低、市场流动性不足、市场运行制度不完善等。

2016年新三板推出了市场分层制度,以通过差异化的监管安排和服务对不同风险的企业实施分层管理,最终筛和培养选出一批优质创新层企业,进而改善市场流动性不足的情况。尽管分层制度改善了创新层企业的流动性和估值,但并未实质性地改善民营企业、小微企业增发股票的困境,即还存在融资困难的问题[1]。为此,应继续深化分层管理机

---

① 谢雪燕,朱晓阳,王连峰,彭一. 新三板分层制度对创新层企业影响的实证研究 [J]. 中央财经大学学报,2019(3):35—50.

制,加强监管力度。

首先,丰富层级设置,完善转板制度。目前,新三板的分层层级仅包括基础层和创新层,且挂牌企业转板预期不明确,导致大量优质企业摘牌。政府可以通过设置更高一档的层级,明确规定入选该层级的企业可以获得转板机会,进而有效提升新三板市场的吸引力,提高市场的活力。其次,差异化降低投资者准入门槛。目前,新三板合格投资者需要500万元金融资产,并且公募基金、保险资金、合格境外投资者等仍不能参与新三板市场,这导致新三板市场的投资者规模与挂牌股票数量严重不匹配,造成新三板市场流动性不足。所以,新三板可以针对不同层次和企业经营情况试行差异化投资者准入安排。最后,建立严格的监管制度,进而提高企业违法违规的成本。当前的分层制度对于公司治理情况有负向效应。分层之后,创新层企业的股票流动性、估值均有所提高,意味着控股股东需要更多地进行股权质押才能获得更多融资。当缺乏监管时,大股东对企业发展预期越差、其股权质押进而掏空企业的动机越强。所以,加强市场的监管能够有效约束股东的掏空行为。

二、重点发展开放型人民币债券市场

开放型人民币债券市场包括两个部分:一是境内人民币债券市场的对外开放;二是离岸人民币债券市场。人民币债券市场的开放既可以为参与"一带一路"建设的企业提供直接和间接的融资支持,又可以降低项目融资成本。

(一)债券市场的特殊优势

债券市场相较于银行信贷、股票市场等融资渠道,具有

第五章　与"一带一路"沿线国家和地区的金融市场的合作

三个方面的优势。

一是提供可持续性的融资渠道。"一带一路"建设的项目主要包括交通、管道运输基础设施建设，能源产业合作等。这些项目具有资金需求大、周期长、投资回报慢等特点。根据亚洲开发银行的数据，2010—2020 年期间亚洲各国国内基础设施投资合计约需 8 万亿美元。而亚投行、丝路基金的总法定资本不足 1500 亿美元。债券市场为这一巨大的资金缺口提供了长效的解决机制[①]。

二是分散风险。债券市场具有天然的风险分散能力。作为直接融资渠道，一方面债券市场可以将融资主体的信用风险分散于整个市场。相较于信贷市场，债券融资的信用透明度更高，有助于缓解地方政府和国有企业在取得贷款中的信息不对称问题，从而减少信用风险的发生。相较于股票市场，债权的经济关联较弱，仅是一段时期内对一定资产获得利息的权利，而股票代表着所有权，经济关联较强。所以，同样的风险因素对所有权的影响程度远大于对债权的影响。另一方面，债券市场中具有多样化的组合产品，投资者可以根据不同的风险偏好投资不同风险水平的产品。同时，继 2010 年信用风险缓释工具试点后，我国银行间债券市场又于 2016 年在以往信用风险缓释合约（CRMA）和信用风险缓释凭证（CRMW）的基础上推出了信用违约互换（CDS）和信用联结票据（CLN）两款新产品。

三是助力人民币国际化。2016 年人民币被正式纳入国际货币基金组织的特别提款权篮子（SDR），成为 SDR 的五大储备货币之一。人民币的国际化为中国债券市场提供了更丰富的投融资需求。反过来，开放且发达的债券市场通过资

---

① 陈元，钱颖一 . "一带一路"金融大战略［M］. 北京：中信出版社，2016：203.

金融通、资产配置等激发境外投资者以人民币计价进行金融交易,从而吸引境外资投资者持有人民币和以人民币计价的金融资产,帮助人民币实现国际货币市场中交易媒介、计价货币和价值储藏的职能。同时,我国的债券市场已成为世界第三大债券市场,巨大的资金蓄水池足以满足人民币国际化的货币回流需求和全球投资者配置人民币金融资产需求。

更重要的是,债券市场比信贷市场、股票市场对人民币国际化的助推作用更大。对于信贷市场,海外投资者要面对较高的门槛和金融监管规则。另外,国内银行信贷的快速扩张给投资者传递不利于投资的信号,金融杠杆的提升增加了金融风险的积聚,从而不利于人民币国际化发挥国际货币职能[1]。所以,债券市场的海外融资综合成本要远低于信贷市场。对于股票市场,首先,股票波动性更大,风险效应比债券市场更高;其次,从价值储藏角度看,各国外汇储备通常投资于债券而非股票;最后,股票市场的发行主体信用等级更低,主要由私营机构构成。而债券市场既可以由私营机构发行,还可以由主权国家发行,而主权国家凭借其税收权利拥有最高的信用等级。根据香港货币研究局的分析,美国、欧盟、日本债券市场规模/国内生产总值每上升10%,对应美元、欧元和日元在国际市场上交易份额的上升比例分别为1%、2.07%和1.66%;而股票市值上升10%对应的数值仅为0.58%、1.17%和0.94%[2]。

(二)逐步突破债券市场开放的瓶颈

目前,人民币债券市场的发展已取得了一定成就,但仍

---

[1] 白伟群,乔博. 债券市场对货币国际化的影响[J]. 宏观经济研究,2018(10):19-34.
[2] 陈元,钱颖一."一带一路"金融大战略[M]. 北京:中信出版社,2016:211.

第五章　与"一带一路"沿线国家和地区的金融市场的合作

面临着一定的制约和瓶颈。(1)会计、审计准则,信息披露、信用评级以及税收政策等与国际接轨的力度不够。关于会计、审计方面,境外主体发行熊猫债需按照中国会计准则编制财务报告。目前,欧洲和美国已将国际会计准则(IFRS)和美国会计准则(US GAAP)视为等效,但中国财政部目前仅认可欧盟和中国香港的会计准则与中国等效。而对于采用美国等其他会计准则的境外发行机构都存在发行困难的问题。在信息披露和信用评级方面,境外机构在海外发债通常以欧洲中期票据框架发行,有一套成熟的、适用于多个市场的信息披露标准,而这套标准与境内人民币债券市场存在差异①;中国的银行间债券市场信用评级不能与国际市场通行标准进行转换,如果适用国际标准,那么评级报告对国内投资者的风险揭示作用受限;如果适用国内标准,则面临技术性困难。在税收方面,针对境外投资者的税收政策与国际惯例存在差异,并且也没有出台相关业务的征缴政策。(2)人民币外债管理制度存在制约,主要体现在银行间债券市场的境外投资人在托管、交易、结算等环节与国际市场通行的做法差异很大,增加了境外投资者的参与成本。

针对上述现状,应灵活处理各项准则与国际惯例的差异,秉持公正、公开、保护投资者利益的原则,学习国际经验,对于国际会计准则和审计准则予以认可;努力向先进的信息披露制度和评级机制靠拢。更重要的一点是,应该高度重视与国际债券市场的交流和合作,积极参与国际规则的制定,提高中国的影响力和话语权。在构建外向型的金融体系过程中,应着重发展债券市场,提高债券市场在融资结构中的比重。同时,应进一步完善债券市场的运行体系、监管机

---

① 陈元,钱颖一."一带一路"金融大战略[M].北京:中信出版社,2016:214-215.

制，最大化的发挥债券市场在项目融资、人民币国际化进程中的优势。

三、建立市场化约束的风险防范机制

信用风险是金融市场的基本特征，加强对信用风险的监管和防范是进一步发展和开放金融市场的重要前提和必经之路。信用风险的防范渠道主要有两种：（1）严格的行政审批；（2）市场化约束机制。从前文分析可知，之前我国金融市场监管体系主要以行政干预为主，市场化约束为辅。行政干预主要包括行政性指标分配、价格管制等，造成了市场的扭曲。当前，我国大力推进金融体系开放和市场化的进程，为此应吸取我国金融市场发展的教训，建立以市场化约束为主导的信用风险管理体系，构建和完善涵盖信息披露、信用评级、信用风险缓释工具等内容的市场化约束机制，从而有效防范市场风险，推动金融市场的健康发展，以应对因开放而带来的巨大挑战。

（一）建立严格的信息披露制度

信息披露制度亦称"信息公开制度"，为保障投资者利益和接受社会公众监督而依照法律规定必须公开或公布其有关信息和资料的规定。充分的信息披露是提高市场效率，保证公平、公正、公开市场原则的基础。一方面，有助于投资者判断公司价值和潜在风险，根据信息做出合理的投资决策；另一方面，持续的信息披露可以对发行人形成有效地市场约束，从而保护投资者利益，保证市场的平稳运行。

我国证券市场在发展的过程中，由于"双轨制"金融市场的形成以及行政干预较多，造成我国现阶段的证券市场

第五章　与"一带一路"沿线国家和地区的金融市场的合作

虽然具备了现代证券市场的基本要素和功能,但在制度方面存在较大缺陷,例如产权制度不明晰、证券交易所存在地方化问题等。这些制度性缺陷造成了证券市场信息披露的不规范,导致虚假信息披露、内幕交易、欺诈客户等行为时常发生。

为此,应建立严格的信息披露制度。首先,要完善企业的会计与审计制度。因为财务报告是信息披露的重要部分,可以通过揭示发行人的财务状况来保护投资者的利益。其次,建立一套完善的预测性财力信息披露体系,包括信息生成、披露和审核。从而防止企业经营者操纵财务预测信息,确保信息质量。最后,加大对虚假信息披露的处罚力度。虚假信息是资本市场一切乱象的根源,直接损害资本市场"公开"的原则。尽管《中华人民共和国刑法》《中华人民共和国证券法》和《证券市场禁入规定》等相关法律法规都对虚假信息披露作出相应的处罚规定①,但在实践中,面对巨大的诱惑力,现行处罚力度难以遏制虚假信息披露的违法现象。所以,应该加大处罚力度,提高违法违规的成本,让试图牟取巨大利益的人无利可图。

(二) 完善信用评级制度

信用评级制度是市场化约束和风险分担机制的重要组成部分。一方面,信用评级有利于金融市场的健康发展。首先,对于一般投资者而言,信用评级可以提供公证、客观的信息,减少信息不对称带来的风险和损失;其次,对于资本市场管理部分而言,信息评级可以作为其审查决策的依据,从而维持资本市场的秩序;最后,对于筹资企业而言,信用

---

① 吴晓求.中国之本市场制度变革研究[M].北京:中国人民大学出版社,2013:23.

评级可以降低其融资成本,同时对其也是一种约束。另一方面,信用评级是商业银行信贷资产风险管理的基础。客观、有效的信用评级可以为银行提供有力的监管依据,最大限度地保证信贷资金的安全和效益。

随着市场经济的发展壮大,我国信用评级行业已具有30多年的发展历程。1987年,国务院颁布《企业债券管理暂行条例》,全国开始组建资信评级机构。1992年,国务院印发《国务院关于进一步加强证券市场宏观管理的通知》,明确了评级机构在金融市场中的作用,新的评级机构随之建立,评级业务开始逐步发展。目前,我国信用评级行业已经取得了一定的进步,但由于起步晚、相应制度不完善等,仍处于发展的初期。

当前解决评级问题应围绕保护投资者权益、促进资本市场健康发展为主题,发挥投资者评价机制作用。首先,要完善评级行业的监管体系,包括评级机构准入、退出机制。实现评级机构统一注册管理,允许符合条件的境外评级机构进入国内市场,同时加强监管,及时清退违规或不达标准的评级机构。其次,要加强先进技术、人才、制度的引进,提高评级质量和公信力,逐渐得到国际市场的认可[1]。最后,应积极与全球评级体系接轨,支持更多符合条件的外资信用评级机构进入中国市场。当前,美国标普信用评级(中国)已于2019年1月获准正式进入银行间债券市场开展信用评级业务,这是中国信用评级体系开放的标志性事件。信用评级行业对外开放是我国金融市场国际化的重要组成部分。国际评级机构的引入,不仅有利于满足国际投资者配置多元化人民币资产的需求,还有利于促进中国评级行业评级质量的

---

[1] 纪志宏. 金融市场创新与发展[M]. 北京:中国金融出版社,2018:119–125.

第五章 与"一带一路"沿线国家和地区的金融市场的合作

提高,对中国金融市场的健康发展具有重要意义。

当然,随着"一带一路"倡议的实施,市场对资金支持提出了更高的需求,同时也为中国资本市场的开放和优化带来机遇和挑战。反过来,构建一个发达、健康的资本市场不仅有助于国内经济的高质量发展,同样更是对外开放、与世界资本市场接轨的重要基础和前提。中国未来经济的增长点和对外合作项目是高成本、高附加值、高技术的产业,这类行业由技术创新驱动,对资本市场提出了更高的要求。当前以国有银行为主体的融资模式无法满足未来的资金需求。大力发展证券市场、提高直接融资比重,是我国金融市场改革的重要课题。

对于资本市场改革,在要素成本不断提高的制约下,改革释放的制度红利是推动金融市场高质量发展的新一轮力量。所以,加速释放这些制度红利同样是一大重点内容,其核心在于厘清政府和市场的关系,使市场在金融资源配置中起决定性作用。可以预见,未来将通过提高违法违规成本、限制行政干预、优化市场运作机制,大力推进资本市场基础性制度改革,发挥出资本市场高效的资源配置能力,进而助推我国金融国际化、支持"一带一路"建设的伟业。

第六章

与沿线国家和地区互联网金融合作

2015年3月,国家发展和改革委员会、外交部、商务部联合发布《推动共建丝绸之路经济带和21世纪海上丝绸之路的愿景与行动》,提出了"一带一路"沿线国家间政策沟通、设施联通、贸易畅通、资金融通和民心相通"五通"。资金融通是"一带一路"建设的重要支撑,要深化与沿线国家和地区的金融合作。随着互联网金融的不断发展,加强互联网金融与沿线国家的合作也是重中之重。

第一节
与沿线国家和地区互联网金融合作概况

互联网金融是金融模式的创新,它是传统金融的互联网延伸,是互联网技术与金融功能相结合,不仅可以有效降低交易成本,还加快了资源配置的效率,从而促进了与"一带一路"沿线国家的金融合作。自"一带一路"倡议提出以来,我国与沿线国家和地区的互联网金融已经展开了多层次的合作。为了便于理解,本节按照互联网金融的不同模式来梳理和总结与沿线国家及地区的合作概况。

一、与沿线国家和地区网络支付合作

支付是金融的基础设施,互联网金融的基础设施指的是互联网金融的支付方式。互联网金融下的支付方式主要是以移动支付为基础,通过移动通信设备、利用无线通信技术来转移货币价值,来清偿债权债务关系①。当下移动支付不仅可以完成小额支付,同时也可以进行企业间的大额支付,完全替代现金、银行卡等传统的结算支付手段。目前,第三方支付的规模也在快速扩大,其中第三方支付平台的流程主要如图 6-1 所示。首先,给用户提供金融服务,可以使用户直接进行网络支付,第三方支付平台收到银行卡收单和预付

---

① 谢平,邹传伟. 互联网金融模式研究 [J]. 金融研究,2012 (12).

第六章　与沿线国家和地区互联网金融合作

卡；其次，第三方支付平台既可以将资金归集到银行，让银行再给商户提供金融服务，也可以直接与商户进行资金清算，还可以直接与银联进行资金清算。这不仅提高了交易效率，还降低了商家的运营成本。

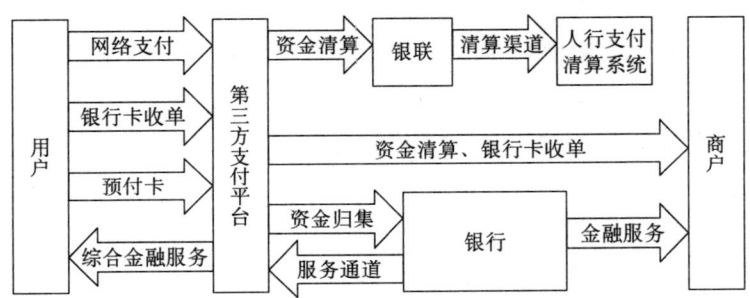

图 6-1　第三方支付平台流程图①

1. 与沿线国家网络支付合作的基础

一是移动支付和第三方支付快速发展。随着当前移动设备和通信技术的不断发展，移动支付和第三方支付迅猛发展，尤其是非金融企业利用互联网优势，进行了支付网络化的改进。同时，第三方支付和移动支付也大大促进了支付体系与互联网的结合，成为金融基础设施的重要组成部分。一方面，由易观统计数据显示，2018 年我国已获得支付业务许可证或者续牌成功的第三方支付公司，共计 243 家。同时，中国第三方支付、移动支付的整体交易规模在 2017 年时已超过 109 万亿元，整体增速连续四年超过 100%。2017 年，我国互联网支付交易规模已到达 24.54 万亿元，相比 2016 年增长了 28.2%。移动支付在 2018 年的季度交易规模中已达到 40.36 万亿元，环比增长 6.99%。目前，支付宝和

---

① 资料来源：易观（http://www.199it.com/archives/617621.html）："2017 中国第三方支付行业专题分析"。

腾讯金融仍在我国的移动支付中占领着主导地位，在2018年第一季度占整个市场的份额已达到92.71%。另一方面，"一带一路"沿线各国的移动支付都在不断发展，例如，根据普华永道会计师事务所2019年全球消费者洞察力调查显示，在2018年越南已成为全球移动支付增长最快的国家，相比上年增长24%；泰国的移动支付普及率也已达到67%，菲律宾和马来西亚的移动支付普及率分别为45%和40%。沿线国家的移动支付普及率不断上升，移动支付平台也在不断发展。例如，印度最大的移动支付平台Paytm，根据Paytm的官方数据统计，截至2017年4月Paytm的总用户数已超过2.2亿户，成为全球第三大电子钱包。目前，我国与沿线各国的移动支付的不断发展，为我国与沿线国家的网络支付合作奠定了基础。

二是智能手机的不断普及。一方面，伴随着我国智能手机的不断普及，手机等移动设备代替信用卡的时代将会出现。由艾瑞咨询数据统计：2016年中国网民总数高达7亿人，与此同时，用户移动端APP的使用也出现了大幅度增长。随着电商和第三方支付逐渐转入移动端，这为移动支付的不断发展奠定了基础。伴随着4G、无线网络等移动网络技术的发展，也大大促进了移动支付和第三方支付，进一步实现了支付清算的电子化。另一方面，"一带一路"沿线国家移动电话用户高速增长。如图6-2所示，从2007年起，"一带一路"沿线国家的移动电话普及率出现高速增长，其中东北亚地区的增长最为明显，移动电话平均普及率在2007年为10%左右，到2008年就已增长到100%以上。从图6-2中可以看出，2015年沿线国家的移动电话平均普及率高达121.35%，55个国家的移动电话普及率高于80%，科威特和马尔代夫的移动电话普及率分别高达231.76%、206.66%。

第六章　与沿线国家和地区互联网金融合作

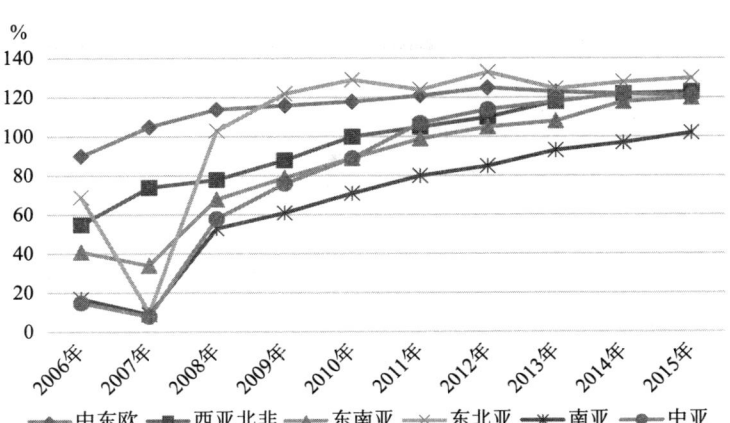

图 6-2　沿线国家 2005—2015 年移动电话平均普及率①

三是跨境支付的不断增加。据商务部统计，2017 年我国与"一带一路"沿线国家办理人民币跨境收付金额超过 1.36 万亿元，占同期人民币跨境收付总额的 14.7%，其中货物贸易收付金额为 6309.6 亿元，直接投资收付金额 1307.9 亿元，其他投资收付金额 2671.5 亿元，跨境融资收付金额 2607.2 亿元。截至 2017 年年末，我国与 21 个沿线国家签署了本币互换协议，在 7 个沿线国家建立了人民币清算安排，有 5 个沿线国家获得人民币合格境外机构投资者额度，人民币与 8 个沿线国家实现直接交易，与 3 个沿线国家货币实现区域交易。

四是统一的货币结算需求迫在眉睫。随着"一带一路"沿线各国在能源、服务、科技等方面的往来越来越密切，国家间的贸易越来越频繁，从而促进了跨境清算体系的建立。"一带一路"涉及的国家很多、货币种类很多，因此在进行跨境业务时，都需要一个统一的资金清算体系，来促进沿线各个国家贸易互通的便捷性。而对人民币上升为国际货币的

---

① 国家信息中心："一带一路"沿线国家信息化发展水平评估报告 [R].

需求也越来越迫切，这是因为用人民币作为结算货币，不仅可以有效避免因汇率波动而带来的损失，而且可以保障我国在沿线国家内投资的稳定性和安全性。而移动支付、第三方支付很有效地解决了跨境的资金结算要求，境外的商家可以很轻松地对境内消费者进行收款，并同时收到第三方支付机构结算的外汇，从而可以快速的实现资金的付款和结汇。

目前在"一带一路"倡议下，支付宝已在印度、巴基斯坦、孟加拉国、泰国、菲律宾、马来西亚、印度尼西亚、韩国、中国香港九个国家和地区，初步形成了移动支付领域的"1+9""一带一路"生态圈。以巴基斯坦为例，目前巴基斯坦版"支付宝"的Easypaisa最新版本在伊斯兰堡正式发布，这是南亚地区首个区块链跨境汇款项目。Easypaisa最新版本的方案设计和技术支持是由中国互联网金融企业蚂蚁金服提供的。通过双方的互联网金融合作，使巴基斯坦实现了线下扫码和小额贷款的突破，让更多的巴基斯坦普通家庭和中小企业享受到了普惠金融服务。

2. 与沿线国家网络支付合作的机遇与挑战

（1）机遇。"一带一路"沿线国家的移动支付市场有着巨大的潜力。由于"一带一路"沿线国家多为发展中国家，很多偏远地区的银行网点设置数量缺乏，导致落后地区或低收入人群无法得到金融服务。移动支付可以有效地扩宽金融服务市场和金融服务范围，为"一带一路"沿线国家的低收入人群，或居住较为分散的人群提供金融服务。以印度为例，根据印度央行公布的数据显示，2016年印度将近13亿人口，但只有3亿多张银行借记卡，信用卡只有2300万张，许多偏远地区的人甚至没有进过银行，而随着中国的移动支付的进入，现在已经有许多印度人都习惯用手机在饭店、超市和在加油站加油等买单。从而可以看出，移动支付和第三

第六章 与沿线国家和地区互联网金融合作

方支付给"一带一路"沿线国家带来了很多生活上的便利。

移动支付和第三方支付有效地突破了时空间的约束,为人民币的跨境电商结算打下了良好的基础,同时促进了我国电子商务的快速发展。伴随着一批具有国际影响力的电子商务平台的迅速成长起来,因此有效地促进了我国进出口贸易的增加。跨境电商不仅为我国中小企业带来了更多机遇,与此同时也促进了"一带一路"沿线国家企业的发展。

(2)挑战。移动支付和第三方支付推动了我国跨境支付结算,同时也使得我国跨境支付面临了新的挑战。一方面,监管难度大。目前我国对支付结算组织机构缺乏明确的法律规定,《中华人民共和国票据法》和《支付结算办法》在一定程度上不能对我国目前的电子支付方式形成有效地监管,其对移动支付的监管具有一定的滞后性,并且"一带一路"所涉及国家众多,因此也很难形成一个统一的监管标准。

另一方面,交易的真实性难以审核。在电子交易下,许多交易由第三方机构代理,从而导致银行对境内外交易的真实性难以审核,有些机构为了规避外汇收支交易的真实性审查,通过开展跨境支付业务,从而实现监管套利。

二、与沿线国家和地区 P2P 的合作

P2P 是互联网金融的一大创新,由于中小型企业及低收入群体向银行申请贷款获得贷款的机会很小,这就为 P2P 提供了可能。P2P 是出款人和借款人通过网络平台直接进行资金的匹配和融通。资金需求者可以通过该平台找到符合要求的借款人,该网络平台通过信息匹配,有效地解决了信息不对称问题,从而可以促成交易的完成。P2P 主要是以小微

企业为主,参与者的门槛较低。P2P既不吸收存款,也不进行贷款,单纯地只是提供一个融资平台,让借贷双方直接进行交易,没有其他金融机构作为中介。与此同时,通过第三方网络平台,使得交易时间与空间都不受限制,在任何时候任何地方都可以进行交易。这种网上审查的机制,也可以简化审查手续,节约时间成本。P2P平台还可以为借款人进行信用评级,使得贷款人在选择放款对象的过程中更加自由。而该平台只在交易过程中收取5%以下的服务费,从而不仅提高了贷款人的收益回报,还可以满足借款人的借款需求。

1. 与沿线国家和地区P2P合作的基础

一是"一带一路"沿线国家对投融资的需求。投融资需求是指在基础设施建设和贸易往来方面。"一带一路"沿线国家虽资源较为丰富,但资金缺乏,基础设施落后,因此在未来的一段时间内,我国将着力对沿线国家的基础设施进行直接对外投资。而基础设施的建设需要较多的资金,且资金回收速度较慢,所以需要大量的资金需求。根据国务院发展研究中心估算,2016年到2020年期间"一带一路"沿线国家的基本建设投资需求至少需要10.6万亿美元以上,因此只依靠政府的力量是不够的,P2P将民间资本聚集,从而可以弥补资金缺口。

二是沿线国家金融服务发展不平衡。"一带一路"沿线国家主要是发展中国家,虽然中亚五国、阿富汗、伊朗有着大量的石油、天然气、棉花等资源,但由于各国经济发展不平衡,金融服务相对落后,沿线国家的微小型企业、偏远地区和低收入人群等的金融需求无法得到满足,而P2P不仅可以提高交易效率还能降低交易成本。在传统金融模式下,信息不对称问题尤为严重,无论是金融机构获得用户个人信息、不良信贷记录等,还是用户想要了解金融产品的基本情

第六章　与沿线国家和地区互联网金融合作

况都需要较大的时间成本和人力成本。随着大数据、云计算、移动互联网技术的快速发展，极大地降低了信息不对称问题。在 P2P 下，投资者通过搜索引擎、互联网平台等可以快速获得融资者的资信和还款情况等，而金融机构同样可以通过大数据对每一个借贷者的信用、收入等信息进行分析，从而寻找到信用好、风险小的融资者和资金借贷者。从而有效地降低了金融交易成本，促进与"一带一路"沿线国家的金融合作①。

三是沿线国家的金融政策相对开放。目前，马来西亚已对国内的金融市场进行开放，想要将本国发展为伊斯兰金融的中心。泰国已和我国云南省开展了对外贸易，两个地区已经开展了人民币跨境结算业务。与此同时，我国云南省和越南的贸易往来也不断增加，进一步促进了跨境人民币结算业务。随着沿线国家的金融政策不断开放，为我国与其他国家的 P2P 合作提供了良好的金融条件优势。

2. 与沿线国家和地区 P2P 合作的机遇和挑战

（1）机遇。一方面，"一带一路"倡议的实施，为 P2P 提供了更加广阔的市场，从而有效地推动了 P2P 的发展。这是因为 P2P 可以有效地利用社会闲散资金，解决我国中小企业的短期资金周转问题，从而解决了我国中小企业的资金问题。另一方面，由于"一带一路"沿线国家众多，跨越范围之广，信息不对称问题非常严重，除此之外资金需求的种类也很繁多，尤其是"一带一路"沿线国家的微小企业面临着融资难、融资贵的问题，P2P 则为微小企业融资问题提供了新思路。首先，P2P 不仅可以有效地降低微小企业的融资门槛，还可以满足微小企业个性化的融资需求，极大

---

① 余姝纬. 互联网+"一带一路"金融合作问题研究 [J]. 中国总会计师，2017（166）.

地解决"一带一路"沿线偏远地区的企业融资问题,在一定程度上缓解融资难的问题。其次,P2P融资成本低,缓解了融资贵的问题,促进了"一带一路"沿线国家普惠金融的发展,从而带动了沿线国家的经济民生发展。最后,由于P2P的融资交易不受时空上的限制,从而可以有效地解决"一带一路"沿线的小微企业融资慢的问题。

(2)挑战。沿线国家的征信体系不完善。征信是金融服务主体放贷的主要依据[①]。目前各国的征信体系的不完善、征信数据大量缺失,对一些沿线国家的微小企业的信用情况的了解不够准确。同时征信体系覆盖的范围也不够广阔,对一些较为偏僻的地区,经济发展相对落后的地区,其征信体系的建设也是缺乏的。由于征信体系的不完善,必然会加大金融风险,给P2P的合作带来了挑战。

三、与沿线国家和地区众筹合作

众筹即为大众筹资,众筹融资是将艺术创作、科学发明、服务等作为回报,通过互联网向公众筹集资金的一种新型网络融资方式之一。众筹颠覆了传统的商业模式,作为"一带一路"倡议的亚投行创建项目,就是"一带一路"沿线国家进行众筹的产物。众筹从民间互联网模式进入国家顶层设计,这为众筹提供了强有力的保障。

(一)与沿线国家和地区众筹的合作基础

(1)众筹规模的不断扩大。目前,世界银行发布的《发展中国家众筹发展潜力报告》显示,众筹模式已在全球

---

① 王智东. 我国互联网金融发展的特征、现状、问题及措施[J]. 商业经济研究, 2019 (6).

第六章 与沿线国家和地区互联网金融合作

45个国家成为数十亿美元的产业。各国之间的跨境众筹也越来越密切，众筹在全球范围内的规模不断扩大，预计在2025年全球发展中国家范围内众筹规模将达到960亿美元，其中我国的众筹规模可达到400亿—500亿美元。目前众筹的主要流程是：有创造力却缺乏资金的发起人在网络平台上筹集资金，若既有能力又有需求的支持人对其有兴趣，交易则可完成。众筹这一互联网金融模式具备了低门槛、多样性等特点，为许多小本经营或创作性人群提供了无限的可能。

（2）跨境众筹平台的建立。以马来西亚为例，由于马来西亚是"一带一路"中轴线的一个接结点，并且国家文化与我国相近，使得跨境众筹理念得到有效地推动。我国首家跨境众筹平台目前已在马来西亚吉隆坡设立基地，并在马来西亚进行路演，从而为马来西亚提供更多的众筹知识和技术。我国的跨境众筹平台已在温哥华、纽约、迪拜等全球30多个城市设有基地，并预计在2015年为全球开设101个众筹孵化基地，真正促进跨境众筹的发展。

（二）与沿线国家和地区众筹合作的机遇和挑战

1. 机遇

在"一带一路"倡议下，众筹成为互联网金融的重要组成部分。习近平总书记提出，"一带一路"是很好的众筹模式，将全世界的资源进行大的整合、优化和组合，更好地实现了全球经济的飞跃发展，推进了利益共同体建设，促进了跨境电商和跨境贸易的快速发展。"一带一路"每个参与国家都拿出项目或资金，这就会实现世界经济的共融与发展。"一带一路"倡议也为众筹这一互联网金融模式提供了广阔的空间，根据中商产业研究院数据库统计，"一带一路"沿线60多个国家的人口占全球总人口43.4%，经济总量占全球 GDP 的 16%，使得众筹这一模式具有更多的信心与资源去建设"一带一路"，使"一带一路"建设更加高效。

2. 挑战

目前，我国对众筹模式的法律界限较为模糊，缺乏更加完善的法律保障机制，从而使得该模式面临着一些风险。由于众筹的模式较多，使得众筹领域无法明确界定和规范，因此定价机制也难以清晰明确，无法使得其规模化扩张。"一带一路"战略中涉及的国家之多，范围之广，必然会加大对众筹模式的监管与保障，为其规范性带来更大的挑战。

四、与沿线国家和地区互联网基金的合作

互联网基金是指基金管理人通过互联网发布的基金产品。余额宝是我国目前规模最大的互联网基金，2013 年 6 月 13 日，支付宝公司开通了余额宝功能，据支付宝和天弘基金发布的数据显示，开通半个月余额宝的用户数已高达 251.56 万户，累计转入资金 66.01 亿元。随后其他互联网公司也相继推出了自己的互联网基金产品。随着互联网基金规模的不断扩大，2014 年 3 月各类互联网基金总规模已到达 1 万亿元①。由于在短时间内互联网基金规模迅速扩大，因此获得了金融市场的广泛关注。

（一）与沿线国家和地区的合作基础

1. "一带一路"沿线国家的网络基础设施建设日益完善

---

① 严晓蝶. 互联网基金总规模突破万亿 [N]. 东方早报，2014-4-24.

第六章　与沿线国家和地区互联网金融合作

随着国家互联网出口宽带的速度不断增长,根据ITU数据显示,2013—2017年,全球国际互联网出口宽带增长率维持在30%左右,其中"一带一路"沿线国家的国际互联网出口宽带的增长速度极为迅速。其中,孟加拉等国在2017年的增长率均超过了80%,越南的增长率甚至达到了217%,这些数据反映出了沿线各国在国际互联网建设中的极度重视,积极与全球接轨做出了努力[1]。同时,"一带一路"沿线国家的家庭电脑普及率总体较高。根据国家信息中心发布的《"一带一路"沿线国家信息化发展水平评估报告》显示,"一带一路"沿线国家家庭电脑平均普及率已到达52.43%,其中46.88%的国家家庭电脑普及率达到了60%以上;而文莱、巴林的家庭电脑普及率已超过了90%,阿富汗和也门的家庭电脑普及率最低,分别为2.9%和6.5%。

2. 扎实的传统金融合作基础

根据"一带一路"网数据统计显示,在金融合作方面,我国与亚洲、大洋洲等地区国家的合作不断加强,阿拉伯联合酋长国、巴基斯坦、俄罗斯、哈萨克斯坦、韩国、泰国等16个国家金融合作进展良好。目前,亚投行成员已达到93个,来自"一带一路"沿线国家占其60%多;中国出资400亿美元成立丝路基金,2017年获增资1000亿元人民币,已签约19个项目;为进一步推动金融合作,中资银行不断进行海外布局,目前24个国家设立中资银行等各类机构102家,新加坡、马来西亚、印度尼西亚、泰国数量最多,人民币跨境支付系统覆盖40个"一带一路"国家的165家银行。

---

[1] 李彦婷,姚可微."一带一路"沿线国家互联网发展现状与前景展望[J].信息通信技术与政策,2018(9).

"一带一路"沿线已有50多个国家开通银联卡受理业务,银联卡发卡超过2500万张,覆盖超过540万家商户,比"一带一路"倡议提出前增长超过14倍。随着多双边投融资机制和平台的迅速发展,为"一带一路"建设提供了强有力的支持。

(二) 与沿线国家和地区合作的机遇和挑战

1. 机遇

首先,互联网基金具有高效率和低成本的特性。这是因为互联网基金以互联网为基础,对交易时间和地点没有限制,并且投资基数较小,满足了低收入者的投资需求。因此互联网基金比传统的基金销售模式效率快,成本低,从而提高了投资人的收益。其次,互联网基金相比传统的基金模式有着更高的流动性。以余额宝为例,可以随时满足消费支出,赎回一般在提交后下个基金交易日的24小时内到账,无线客户端可实现2小时内到账,并且没有金额限制,可用于满足一般性的消费支出[1]。再者,互联网基金流程简单。互联网基金业务操作简单快捷,向客户提供了很好的金融服务,有效地缓解了金融排斥从而提高了社会的金融福利水平[2]。最后,互联网基金可以有效地解决信息不对称问题。基金公司通过互联网平台将基金产品直接发放到互联网客户群体面前。与此同时,互联网客户可以通过网络平台对基金进行选择,然后进行匹配交易。这不仅有效地激活市场存量资金,还提高社会资金的使用效率[3]。

---

[1] 汪莉霞. 互联网理财的发展现状、潜在风险及防范措施 [J]. 会计之友, 2017 (16).
[2] 孟飞. 金融排斥及其治理路径 [J]. 上海经济研究, 2011 (6).
[3] 邱勋. 互联网基金对商业银行的挑战及其应对策略——以余额宝为例 [J]. 上海金融学院学报, 2013 (4).

第六章 与沿线国家和地区互联网金融合作

在"一带一路"倡议下,不仅可以为互联网基金创造更多的有利条件,同时互联网基金也可以使沿线国家的中低收入群体进行投资理财,在较低额度风险下获得较高收益,从而促进沿线国家的经济发展。

2. 挑战

一方面,由于我国的互联网基金所募集的客户资金大多数投向了银行协议存款,而我国目前的监管政策将这部分协议存款归纳为同业存款,因此它既没有利率上限,也不受存款准备金的管理,从而给予了互联网基金的套利空间。"一带一路"沿线国家数量较多,互联网基金市场较大,使得互联网基金的套利空间更大,从而阻碍了金融市场的发展。

另一方面,由于互联网基金是一种相对复杂且有一定风险的新型金融模式,因此需要专业人员的指导。互联网基金所依赖的人才主要是知识密集型人才,目前我国互联网基金的相关人才并不缺乏,但对"一带一路"沿线国家的社会文化、政治体制都有深入了解的人才较为缺乏,同时精通沿线国家语言的人才也较为缺乏。对于既精通互联网基金,又精通沿线国家的政治体制、社会文化的小语种人才,我国少之又少。为了推动"一带一路"倡议的进一步发展,我国应该加强培养既熟悉互联网金融又有国际金融经验的管理性人才,并将对人才的互联网金融培养与沿线国家的自身特点相结合。

五、与沿线国家和地区互联网保险的合作

互联网保险是指以互联网平台为中介,进行保险销售的一种新型保险营销模式。包括网络公司自建网络平台进行保险销售和借助第三方的网上保险平台。互联网保险模式相比

传统保险模式对客户而言，具有更加快捷的服务，并且可以让客户自主选择商品，保费也更加透明，大大降低了退保率。同时，理赔也更加迅速；对保险公司而言，也可以减少保险销售、保险计划的相关费用，有利于提高保险公司的经营效益。

（一）与沿线国家的合作基础

目前，根据世界银行数据计算，1990—2013 年期间，全球贸易、跨境直接投资年均增长速度为 7.8% 和 9.7%，而"一带一路"相关 60 多个国家同期的年均增长速度分别达到 13.1% 和 16.5%，正在形成除大西洋贸易轴心和太平洋贸易轴心之外，新的以亚欧为核心的全球第三大贸易轴心[①]。互联网保险促进了"一带一路"倡议的发展。一方面，由于"一带一路"沿线国家基本处于经济结构的转型期，政治局势较为复杂，因此出口信用保险为各国企业的出口贸易和对外承包工程等提供了保障。另一方面，"一带一路"建设初期需要大规模的基础设施建设，保险资金为沿线国家提供了大量的资金支持，并且可以有效规避海外投资中的政治风险。

当下我国已有 12 家中资保险公司在境外设立了 38 家保险类营业机构，已在东亚、东南亚等地区设立了保险机构。我国保险业积极的配合"一带一路"中由中保投资有限责任公司发行的中国保险投资基金直接投资境外项目与招商局轮船股份公司合作，建设了斯里兰卡科伦坡港、吉布提国际自由港、土耳其昆波特码头。

---

① 郭静. 我国保险企业助推"一带一路"建设发展问题研究［J］. 保险职业学院学报，2016（1）.

第六章　与沿线国家和地区互联网金融合作

(二) 与沿线国家和地区合作机遇和挑战

1. 机遇

互联网保险业扩宽了保险投资的途径，使保险投资不受时空限制。互联网保险的特点有效地促进了"一带一路"的建设，不仅可以满足"一带一路"沿线国家各种客户的多样性需求，还降低了退保率，提高了交易效率。"一带一路"同时推动了互联网保险的发展，在"一带一路"建设中，我国保险行业必然会与"一带一路"沿线国家进行业务合作，从而使我国保险业务快速的融入沿线国家，这在一定程度上要求保险产品和保险服务水平的提升，随着我国与沿线国家的保险业务合作不断深入，我国保险机构也会根据实际情况在各方面进行创新，推动我国互联网保险走向国际化，从而可以实现产业的优化升级，这无疑促进了互联网保险的发展。

2. 挑战

一是我国对互联网保险业的相关政策和制度不够完善。目前我国关于"一带一路"倡议下的互联网保险政策与制度不够完善。由于我国西部地区是我国实施"一带一路"倡议的重要地区，但西部地区的互联网保险行业的参与度不够高，国家对其相关的政策扶持还没有出台，这有可能会制约我国与沿线国家的互联网保险的合作。"一带一路"倡议涉及了多个国家，因此监管就显得尤为重要，而国内外都缺乏监管等方面的相关制度。

二是各国政治体制差异较大。"一带一路"倡议涉及了60多个国家，而不同国家政治经济体制都存在明显的差异。有些国家甚至政局不稳定、社会动荡，给我国的境外投资带来了很多不确定性风险。因此，我国需要加强对相关国家的

政治局势、社会文化、法律制度等了解,从而将风险缩小到最小。而且,沿线国家会为了本国的利益设置一些金融合作壁垒,从而进一步加大了互联网保险合作的复杂性和难度。

三是互联网保险难以满足对外发展要求。我国的保险机构虽然数量很多,但是行业发展并不均衡,其中中小型保险机构占比较大,因此在"一带一路"倡议中单纯地依靠我国大型保险机构是不够的,但是我国中小型保险机构实力较弱,不能为整个互联网保险行业有效地分散风险。目前来看,我国的互联网保险已可以满足我国客户的基本需求,但是仍然面临着经验不足、创新不足等问题,给互联网保险的对外发展带来了难题。

此外,互联网证券、互联网消费金融等也开始与沿线国家和地区展开合作,在流通渠道等方面还取得了很大成绩。

第二节
与"一带一路"沿线国家互联网金融合作案例

在"一带一路"倡议建设中,沿线国家已经拓展到了70多个国家和地区,在这些国家和地区中,中亚地区与中东欧地区不仅有着重要的自然资源,还有着先天的地理位置优势,因此对"一带一路"倡议的建设有着至关重要的意义。本节就以中亚地区、中东欧地区和东盟为例,从互联网金融合作基础、互联网金融合作面临的挑战和应该加强合作的三个维度,来说明与"一带一路"沿线国家和地区互联网金融合作。

第六章 与沿线国家和地区互联网金融合作

一、与中亚地区的互联网金融合作

哈萨克斯坦、吉尔吉斯斯坦、塔吉克斯坦、乌兹别克斯坦和土库曼斯坦等中亚五国位于亚洲中部，接连着亚洲经济和欧洲经济，是"一带一路"倡议中的重要组成部分。由于中亚地区地理位置的优越性，推动与中亚地区的金融合作也是至关重要的。

（一）与中亚国家的互联网金融合作基础

一是经贸合作不断增长。自 1992 年我国与中亚各国建交以来，经贸合作取得了快速发展，尤其是"一带一路"倡议开展以来，我国与中亚五国的双边贸易总额出现了快速增长。根据中商产业研究院数据显示，截至 2017 年，我国与中亚五国的双边贸易额已达到 2400 亿人民币左右，尤其是哈萨克斯坦 2018 年 2 月，哈萨克斯坦与中国双边货物进出口额达到 17.4 亿美元，增加了 32.3%，且中国是哈萨克斯坦第二大出口市场和第一大进口来源地。中国目前已成为中亚五国的最主要贸易合作伙伴，中国与中亚五国的贸易合作也具有互补性。一方面，由于中亚五国具有的资源优势，主要对中国出口石油、有色金属、天然气等能源矿产类产品。例如，西路—中亚天然气管道是我国目前最重要的一条天然气进口通道，其中土库曼斯坦向我国提供的天然气占了西路天然气量的 85% 左右。此外，哈萨克斯坦和乌兹别克斯坦对我国的输气规模也可达到每年 510 亿立方米。另一方面，我国对中亚五国的出口主要以劳动密集型产品为主，2017 年中国对中亚出口的商品中，鞋靴、服装、机械器具及零件等占中出口额的 37.1%。

二是直接投资不断增加。目前,中国已成为中亚地区最大的直接投资来源。从 2009 年到 2017 年,中国对中亚五国的直接投资出现快速增长。如图 6-3 所示,2009 年中国对中亚五国的直接投资为 225591 万美元,到 2017 年年底的直接投资为 1176571 万美元,增长率达到了 400% 多。从图 6-3 中可以看出,中国对中亚五国直接投资存量的趋势与对哈萨克斯坦的趋势基本一致,这说明这种增长趋势主要得益于中国对哈萨克斯坦直接投资存量的大幅度增长,对其他四国直接投资存量较小,但整体也呈现出向上的趋势。

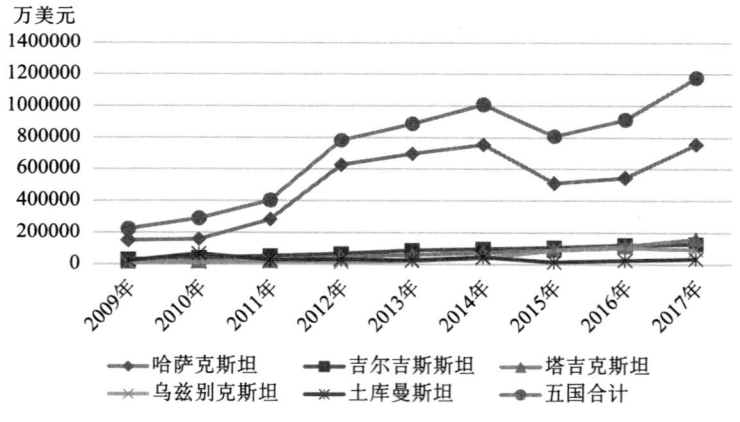

图 6-3 中国对中亚五国直接投资存量情况①

三是直接汇率机制逐步完善。目前我国与周边国家的经贸往来愈发频繁,与中亚五国的直接汇率机制已逐步形成。2011 年 6 月中国银行新疆分行正式推出人民币对哈萨克斯坦货币坚戈直接汇率下的坚戈现汇业务,开启了人民币兑坚戈的直接汇率机制②。2015 年中国银行成功推出了人民币对

---

① 数据来源于商务部、国家统计局、国家外汇管理局联合发布的《2017 年度中国对外直接投资统计公报》。
② 郭可为. 中国与中亚经贸金融合作现状与挑战 [J]. 国际研究参考,2015 (12).

第六章　与沿线国家和地区互联网金融合作

塔吉克斯坦的索莫尼直接交易，同年我国中央银行与吉尔吉斯斯坦央行签署了合作意向。

（二）与中亚国家互联网金融合作的挑战

一是中亚各国经济发展水平不平衡。中亚五国的经济发展状况不尽人意，其中哈萨克斯坦的经济总量最高，经济环境最好，从表6-1可以看出，中亚五国的GDP和人均GDP情况，其中哈萨克斯坦GDP总量最高，达到1594亿美元，而乌兹别克斯坦和土库曼斯坦的GDP只有487.2亿美元和423.55亿美元，吉尔吉斯斯坦和塔吉克斯坦的GDP总量更小，分别为75.65亿美元和71.46亿美元。由于各国经济发展水平差异较大，就会导致汇率政策的不同，同时也会引起汇率的不稳定，从而使得金融合作难度加大。

表6-1　2017年中亚五国GDP（亿美元）和人均GDP（美元）

	哈萨克斯坦	吉尔吉斯斯坦	塔吉克斯坦	乌兹别克斯坦	土库曼斯坦
GDP	1594	75.65	71.46	487.2	423.55
人均GDP	8837	1200	800	1500	7350

数据来源：国际货币基金组织2018年《世界经济展望》。

二是缺少统一的结算体系。当前，我国并没有与中亚五国形成统一的结算体系，因此在进行贸易往来活动时，出现结算困难与复杂。我国和中亚之间银行结算手段，包含代理银行、清算银行以及NRA账户等多元模式。据商务部统计消息2012—2015年我国和中亚五国金融网络结算中，约有90%以上是采用代理行、清算行的银行结算方式①。

---

①　全浙玉. 我国与中亚五国经贸金融合作的现状、障碍及对策［J］. 对外经贸实务，2016（11）.

三是贸易投资环境堪忧。首先，中亚五国地区民族问题复杂，政治局势不稳定。近些年来，吉尔吉斯斯坦、乌兹别克斯坦和塔吉克斯坦三国交界处的宗教极端主义、恐怖主义比较严重，政治局势也较为不稳定，增加了贸易风险。其次，由于中亚五国市场经济体制不健全，很多法律法规制度时有变化，必然会给贸易往来造成阻碍。最后，中亚五国的政府腐败行为较为严重，2014年的"全球清廉指数"排名，中亚五国分别排在第126名、第136名、第152名、第166名和第169名，由于腐败严重，必然会出现为了索贿而故意为外国投资设障。

四是中国与中亚五国金融管理体制不健全。一方面，由于中亚各国的金融管理体制，风险控制模式等差异较大，从而无法使得资金在各国之间自由流动，因此使得经济发展受到了一定阻碍。另一方面，由于与中亚国家互联网金融合作所涉及的范围较广，且具有一定的滞后性，必然会给金融监管带来难度，从而产生新的金融风险。

（三）加强与中亚国家互联网金融的合作

一是构建统一的第三方支付平台。中亚五国对我国的出口主要以能源产品为主，目前结算是以银行结算为主。但中亚地区的民族问题复杂，政治局势不稳定且政府腐败行为较严重，不仅会出现违约现象，还会在交易过程中影响到贸易商品、人员等安全问题，造成了双方交易成本的增加，从而增加了我国与其的合作难度。由于第三方支付系统是具有实力和信用保障的机构，通过互联网来促成交易双方进行交易的网络支付模式。第三方支付不仅降低了交易风险，还降低了企业的交易成本。第三方支付对于商家而言，可以有效地避免无法收到客户货款的风险，对于消费者而言，可以有效地避免无法收到货物的风险。因此通过构建统一的第三方支付平台,将贸易资金由第三方管理,等到商品交易完成时,再由第三方支付平台将资金调拨给商家,这不仅可以有效地降低我国与中亚五国的交易成本,还能有效地降低违约成本。

二是构建众筹融资模式平台。以哈萨克斯坦为例,哈萨克斯坦具有丰富的石油资源,石油可以说是哈萨克斯坦的经济命脉,因此哈萨克斯坦政府对外资进入本国开采较为严格限制,目前哈萨克斯坦政府主要采取BOT融资模式,即通过契约的方式将国有资产转为外资临时占有和使用,并在一定期限后交还国家。对哈萨克斯坦石油进行开采需采用BOT融资模式,因此对资金的需求规模较大且使用时间较长,从而导致资金的使用效率降低。而众筹融资模式是资金需求者通过众筹平台,将自己的项目发布,来向大众筹集资金。构建众筹融资模式平台,将哈萨克斯坦石油开采项目发布到互联网平台上,有兴趣的大众就可以为其筹集资金。一方面,可以提高资金利用率,加快了人民币的流通;另一方面,众筹不仅将社会的闲散资金聚集起来,还给我国微小企业的发展提供了可能,从而有效地将小额资金的利用率达到最大化。

二、与中东欧国家的互联网金融的合作

中东欧地区有着良好的地理环境和丰富的自然资源,在中国和欧洲大陆之间发挥着重要的桥梁作用。中东欧地区的16个国家是"一带一路"倡议的重要合作伙伴,因此推动我国与中东欧国家的互联互通,金融合作等至关重要。

(一) 与中东欧国家互联网金融合作的基础

一是经贸合作不断增长。近年来,我国与中东欧国家的双方贸易规模稳步增加,据中国海关统计数据显示,2017年中国与中东欧16国进出口贸易总额达到679.8亿美元,较上年增长15.9%。2017年我国对中东欧国家的出口达到494.9亿美元,增长了13.1%,进口184.9亿美元,增长了24%。以波兰为例,截至2018年1月,波兰与中国的进出口额达到20.4亿美元,增长31.4%,中国已成为波兰第二大的进口来源地。我国向中东欧国家出口的商品主要以机械设备、机电产品等为主。我国从中东欧国家进口的商品主要以矿产、矿物、燃料等能源产品为主。目前,我国与中东欧国家通过各种展会来推动双边的贸易,中东欧国家可以通过中国—中东欧国家投资贸易博览会、中东欧国家常年展等来扩大对中国的出口,我国各地也在中东欧国家办商品展览会,从而推动我国向中东欧国家的出口。

二是直接投资不断增加。当前,我国对中东欧16国的直接投资不断增加,如表6-2所示,我国主要是对波兰、匈牙利、罗马尼亚和保加利亚的直接投资较多。截至2017年年底,我国对中东欧16国直接投资的存量达到185098万美元。通过图6-4可以看出,我国对中东欧16国的直接投资存量不断增加,虽在2016年稍有下降,但在2017年也是略有回升,直接投资存量的整体趋势还是向上的。

第六章　与沿线国家和地区互联网金融合作

表 6-2　　　　中国对中东欧 16 国直接投资存量情况　　　　单位：万美元

	2009 年	2010 年	2011 年	2012 年	2013 年	2014 年	2015 年	2016 年	2017 年
波兰	12030	14031	20126	20811	25704	32935	35211	32132	40552
捷克	4934	5233	6683	20245	20468	24269	22431	22777	16490
斯洛伐克	936	982	2578	8601	8277	12779	12779	8277	8345
匈牙利	9741	46570	47535	50741	53235	55635	57111	31370	32786
斯洛文尼亚	500	500	500	500	500	500	500	2686	2725
克罗地亚	810	813	818	863	831	1187	1182	1199	3908
罗马尼亚	9334	12495	12583	16109	14513	19137	36480	39150	31007
保加利亚	231	1860	7256	12674	14985	17027	23597	16607	25046
塞尔维亚	268	484	505	647	1854	2971	4979	8268	17002
黑山	32	32	32	32	32	32	32	443	3945
马其顿	20	20	20	26	209	211	211	210	203
波黑	592	598	601	607	613	613	775	860	434
阿尔巴尼亚	435	443	443	443	703	703	695	727	478
爱沙尼亚	750	750	750	350	350	350	350	350	362
立陶宛	393	393	393	697	1248	1248	1248	1529	1713
拉脱维亚	54	54	54	54	54	54	94	94	102
合计	41060	85258	100877	133400	143576	169651	197675	166679	185098

数据来源：商务部、国家统计局、国家外汇管理局联合发布的《2017 年度中国对外直接投资统计公报》。

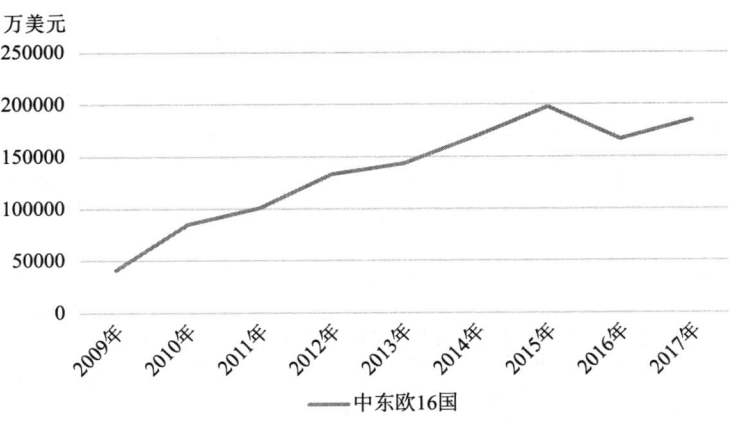

图 6-4　我国对中东欧 16 国直接投资存量情况

注：数据来源于商务部、国家统计局、国家外汇管理局联合发布的《2017 年度中国对外直接投资统计公报》。

三是基础设施融资需求日益增加。由于中东欧国家的基础设施相对落后，大多数路段遭到破坏，因此对目前基础设施融资的需求日益增加。中国出资的"16+1"合作 100 亿美元专项贷款在基础建设上起到了显著的效果。目前，我国与中东欧国家的基础设施融资主要在交通设施领域中，包括明斯克—戈梅利公路改造项目、波兰弗罗茨瓦夫城市防洪项目、塞尔维亚贝尔格莱德跨多瑙河大桥项目、马其顿高速公路项目、黑山南北高速公路项目等。与此同时，支持基础建设、能源等其他行业的投融资合作也在不断展开。比如国家开发银行向匈牙利提供 10 亿欧元专项贷款。以中国进出口银行、匈牙利进出口银行为主要合伙人的"中国—中东欧投资合作基金"开始启动二期；中国工商银行拟投资设立中东欧金融公司，并牵头设立市场化基金；波兰也加入亚投行参与开发性资金运作①。

四是金融合作模式不断加强。首先，中资银行在中东欧各国设立了许多分支机构，中国银行、中国工商银行等分别在匈牙利、波兰等地开设了分行，加强了金融合作，使得双边经济贸易往来更加便利。其次，中国人民银行与匈牙利、塞尔维亚等国签署了货币互换协议，已经展开了人民币清算业务，货币互换协议的签署加强了我国与中东欧国家间的金融合作，维护了金融的稳定。最后，我国建立了中国—中东欧投资合作基金、丝路基金等多个融资平台，并在 2016 年，由中国工商银行投资 10 亿欧元设立的中国—中东欧金融控股公司正式成立。我国目前正在倡议筹建 16+1 多边金融公司，鼓励通过融资租赁、贸易融资等多种形式来降低合作融

---

① 汤柳. 中国与中东欧的金融合作 [J]. 全球瞭望，2016 (18).

第六章 与沿线国家和地区互联网金融合作

资成本①。

(二) 与中东欧国家互联网金融合作的挑战

一是各国经济发展不平衡。中东欧 16 国经济发展差异较大,据欧盟统计局的数据显示,2018 年第二季度,波兰、匈牙利和拉脱维亚的 GDP 同比增速分别为 5.0%、4.4% 和 4.2%,位于欧盟的前三位,捷克的人均 GDP 已接近葡萄牙。而阿尔巴尼亚的经济较不发达,其主要产业为农业和矿业,波黑受战争和欧债危机的影响,导致经济停滞不前,贫困人口不断增加,失业率也位居欧洲之首。由于国家间的经济发展不平衡,使我国与中东欧 16 国的金融合作带来了许多困难。

二是贸易投资环境堪忧。当前中东欧 16 国的经贸金融环境仍然不太完善,一方面,中东欧地区的许多国家仍有较多的外债,据克罗地亚央行的统计数据显示,截至 2016 年 4 月,克罗地亚外债总额高达 444 亿欧元,而且斯洛文尼亚国家的外债也较多。据 TRADING ECONOMICS 网统计数据显示,截至 2016 年 7 月,斯洛文尼亚的外债总额已达 90.7 亿欧元②。另一方面,有些中东欧国家缺乏稳定性和安全性,以波黑国家为例,波黑社会稳定性较低,具有非常高的国家主权风险,这必然会影响到贸易投资环境,加大了金融风险。

三是欧盟国家的影响。中东欧国家中有 11 个国家是欧盟国家,而德国和法国作为欧盟的两个核心国家,其与中东

---

① 陈晓静,应瑜,郑迎飞,戴敏怡. "一带一路" 背景下的中东欧金融合作机制研究 [J]. 上海保险,2018 (1).
② 张滢. 中国与中东欧国家经贸金融合作中的障碍及完善策略 [J]. 对外经贸实务,2017 (1).

欧国家无论是贸易往来还是投资情况都是相当密切的，尤其是德国的部分项目与我国的投资项目相似，因此会存在一定的竞争性，从而会阻碍我国项目的进入和实施。同时，由于欧盟规则的限制，中国向加入欧盟的中东欧国家提供优惠贷款往往是受到阻碍的，而欧盟的贷款利率又比中国的商业贷款利率低，因而我国对中东欧国家政府或企业缺乏一定的吸引力。

（三）加强与中东欧国家互联网金融的合作

一是构建与中国相似的融资模式。近些年，中东欧国家同中亚国家相似，在基础建设领域的合作模式主要以 BOT 为主，该模式需要的资金量较大，且时间较长，采用互联网金融模式则可以有效解决该问题。可以将小量资金、社会闲散资金等汇集起来，将其资金利用率达到最大化，从而促进了双方贸易的往来。

二是中东欧国家基础设施的资金缺口巨大，投资风险较高，回收周期较长。目前，我国互联网金融快速发展，可以与中东欧国家加强合作弥补"16+1"框架下关于互联网金融的空白。在中东欧国家中，立陶宛在发展金融科技方面具有立法、监管、基础设施、人才、营商环境、创业条件等方面的先天优势。因此《中国—中东欧国家合作索菲亚纲要》提出，将立陶宛作为"16+1"的金融科技协调中心，来更好地展开互联网金融合作，从而促进海外业务的开展。

三、与东盟国家的互联网金融的合作

自 2003 年，我国与东盟建立战略伙伴合作关系以来，无论是经济领域还是政治、文化、安全领域双方都已经有了

第六章 与沿线国家和地区互联网金融合作

较好的合作。目前，我国已成为东盟的最大贸易伙伴，而东盟也成为我国第三大的贸易伙伴，良好的经贸合作是加强我国与东盟国家的互联网金融合作的基础。与此同时，东盟处于 21 世纪海上丝绸之路的十字口和必经地，优越的地理位置也推动着双方的合作发展。

（一）与东盟国家互联网金融合作的基础

一是与东盟国家具有扎实的线下金融合作基础。在互设互派金融机构方面，目前，东盟国家在我国成立了 30 多家银行机构，中资银行与东盟各国成立的境外账户行、代理行已超过 150 多家。在货币流通方面，据商务部统计，截至 2018 年，中国与东盟国家展开的双边货币互换总额已达到 140000 亿元人民币；为了促进区域金融一体化，我国与越南、老挝签订了双边结算协议，提倡在双边贸易中用人民币进行结算[①]。在贸易方面，据中国海关数据统计，我国与东盟国家的经贸往来程度也在不断加深，到 2018 年为止，我国与东盟的贸易总额达到 4340 亿美元，双边的累计投资额也已到达 1564 亿美元。在外汇储备方面，由于人民币在东盟地区的大量流通，菲律宾、柬埔寨、马来西亚和泰国等国已经将人民币纳入其外汇储备当中。

二是东盟国家的互联网不断发展。由中国信息通信研究院 2016 年 9 月发布的《中国—东盟信息化发展与合作（2016 年）》白皮书显示，东盟各国的互联网市场正在快速发展，2012 年马来西亚等东盟新型互联网市场对 GDP 的贡献达到了 4.1%，预计到 2025 年东盟的互联网规模增加近

---

① 赵慧，张浓．"一带一路"框架下人民币区域化条件分析——基于东盟地区金融可行性视角［J］．区域金融研究，2019（05）：13-22．

6.5倍。2014年东盟移动宽带覆盖率达到43%，是固定宽带覆盖率的15倍，其中印度尼西亚的移动宽带覆盖率是固定宽带覆盖率的25倍。同时，东盟地区的固定宽带成本和移动宽带成本已开始逐年下降，其中固定宽带费用占国民收入总水平从2010年的37.16%下降到了2013年的6.23%，移动宽带费用也从2010年的4.92%下降到2013年的2.8%。从网民规模来看，截至2016年6月，东盟10国的网民总人数已达到2.6亿人，占总人口的40.67%。随着东盟各国的互联网覆盖率越来越高，移动宽带成本越来越低，东盟国家的互联网水平得到了较大的发展，从而为我国与东盟之间互联网金融合作提供了良好的技术基础。

三是中国与东盟的跨境电商合作不断加强。截至2016年，东盟已成为中国第三大跨境电商，并且中国企业与东盟各国的合作也越来越密切，例如，2017年9月京东金融与泰国零售商上台集团成立合资公司，同年阿里巴巴入股印度尼西亚电商公司Tokopendia、投资菲律宾金融公司Mynt并且建立了马来西亚数字自贸区。互联网金融促进了我国与东盟的跨境电商合作，跨境电商合作同时又加强了我国与东盟的互联网金融合作。

（二）与东盟国家互联网金融合作的挑战

一是各国经济发展不平衡。东盟10国的经济发展差异较大，图6-5说明了2017年东盟10国的人均国内生产总值情况，从图中可以看出，新加坡和文莱的属于人均GDP相对较高的国家，分别为6.03万美元和2.86万美元；马来西亚和泰国属于人均GDP中等偏上的国家，分别为1.01万美元和0.66美元；而其他国家属于人均GDP中等偏下，其中柬埔寨和缅甸人均GDP最低，分别为0.14万美元和0.13

第六章 与沿线国家和地区互联网金融合作

万美元。从中可以看出，东盟10国的经济发展不平衡，这为我国与东盟的金融合作带来了许多困难。

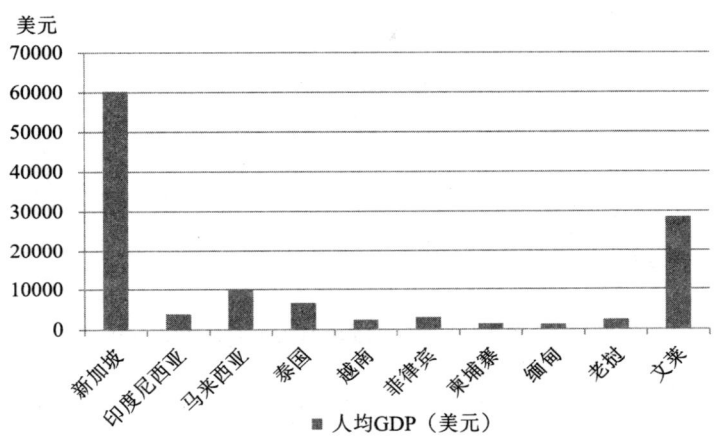

图6-5　东盟10国的2017年人均GDP情况

注：数据来源于国际货币基金组织2018年《世界经济展望》。

二是互联网发展不平衡。在互联网普及率方面，从图6-6可知，2017年东盟各国的互联网普及率方面之间的差异较大，其中文莱84.45%和80.14%，像印度尼西亚、柬埔寨和老挝与新加坡等国的差异较大，其中老挝、缅甸的互联网普及率只有25.51%和30.68%。在宽带下载速率方面，新加坡100M的入门级宽带是柬埔寨、老挝和缅甸的入门级宽带的200倍[①]。由于参差不齐的互联网发展水平，为我国与东盟的互联网金融合作造成较大的障碍。

三是国家间的利益纠纷。世界大国之间的利益纠纷给我国与东盟国家的互联网金融合作带来了阻碍。东盟各国主要奉行的是"大国平衡"战略，与美国、日本等国家也有着密切的经济、政治和安全的合作关系，以美国为首的西方国

---

① 中国信通院：2016年中国—东盟信息化发展与合作白皮书。

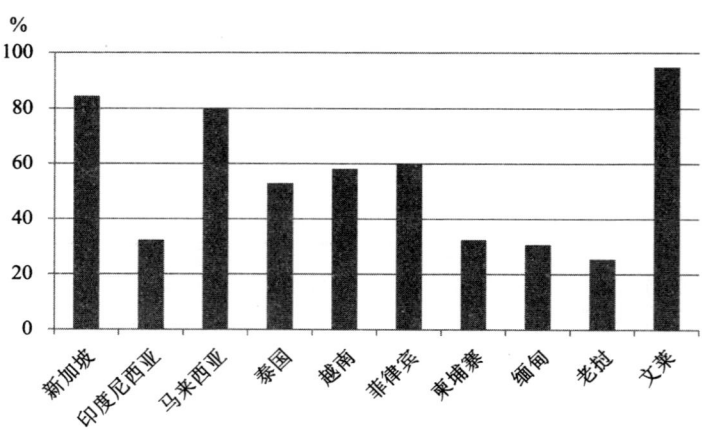

图 6-6　东盟 10 国每百人互联网用户数情况①

家鼓吹"中国威胁论",挑拨中国与东盟之间的关系,这势必为东盟与我国的互联网金融合作带来不利影响。

（三）加强与东盟国家互联网金融的合作

一是促进东盟各国金融的协同发展。通过与金融欠发达地区的合作,促进其金融市场的开放与深化,进而逐渐缩小各国的金融发展差距。一方面,加强东盟金融欠发达国家的金融机构与我国民营金融机构以及互联网金融机构的合作,促进我国符合条件的企业和金融机构参与到东盟金融欠发达的国家的股票发行和债券融资当中;另一方面,提高区域的金融信用水平,通过亚投行与东盟各国实现金融规则的统一,从而营造良好的金融合作创新。

二是加强东盟各国基础网络建设。一方面通过与信息化程度较高的国家合作,例如与新加坡和文莱等国合作借助亚投行、上海组织开发银行的资金来帮扶互联网基础设施较为

---

①　横轴为国家,纵轴为互联网普及率（单位百分比）。数据来源于 ITU（国际电信联盟）的国家 ICT 数据。

薄弱的国家，同时加强我国符合条件的企业可以参与这些国家的网络基础设施当中；另一方面，通过促进我国大型互联网企业与东盟互联网发展较好的国家进行合作，"以点带面"地加强东盟各国互联网的协调发展。

第三节
与"一带一路"沿线国家和地区互联网金融合作展望

由于"一带一路"沿线国家金融发展水平不平衡，在一定程度上阻碍了资金间的自由流通，同时各国的征信体系也较不完善，加大了金融风险。"一带一路"沿线国家和地区涉及地域广，很难形成一个统一的金融监管体系，使互联网金融监管难度加大。由于各国的互联网基础设施发展水平不一，要想加强各国间的互联网金融合作，互联网金融的基础设施至关重要。当然，我国对于既精通互联网金融又熟悉了解沿线各国政治体制、社会文化、语言等人才较为缺乏。对此，要想促进与"一带一路"沿线国家和地区的互联网金融合作，有必要加强如下方面的建设。

一、加强促进各国金融的协同发展

由于"一带一路"沿线国家的金融发展不平衡，在一定程度上阻碍了资金间的流通，为了加强各国间的金融市场合作，就要缩小沿线国家的金融发展差距，因此促进各国间的金融协同发展至关重要。首先，以亚投行为契机，建立公

平的金融规则,从而努力实现"一带一路"相关的统一金融规则。其次,加强各国间的资金流通,在有利于各国经济发展的前提下,在区域内实行适当的汇率制度,加深资本的开放程度,提高金融效率,从而促进金融改革。最后,需要扩大金融创新合作,鼓励"一带一路"沿线各国的金融机构与互联网企业合作,扩大金融服务范围,降低金融服务成本,并且支持符合条件的企业和金融结构通过互联网平台参与到股票市场和债券融资中,提高互联网金融的效率。与此同时,还需要提高沿线各国的信用水平,创作出一个良好的金融环境。

二、加强互联网基础设施建设的合作

一方面,国家需要大力发展互联网的硬件基础设施建设,规划通信网络干线的建设,提高国家间的互联互通水平,信息化程度较高的国家可以通过亚洲基础设施投资行、丝路基金的资金支持来帮助信息化较薄弱的国家的网络基础设施建设。在宏观方面,可以就关于网络建设规划、技术标准等方面与相关政府进行协商,创造一个良好的政策环境;在微观方面,努力促进我国企业参与到"一带一路"沿线国家的网络基础建设上去。与此同时,还需要推动光缆建设、提高移动电话的普及率等,具有该方面优势的国家将技术输出到信息化水平较差的国家中去,不仅可以提高沿线国家的信息化水平,还能增强本国的信息产业的竞争力。另一方面,加强大数据技术、云计算技术、信息安全技术等技术创新,从而促进互联网金融数据的处理速度、扩大数据的处理规模、降低金融的交易成本,来提高"一带一路"互联网金融信息的资源配置效率,进一步推动互联网金融的稳定、持续、健康发展。

三、加强第三方支付平台的合作

第三方支付平台是我国互联网金融的基础设施，由于第三方支付系统是具有实力和信用保障的机构，通过互联网来促成交易双方进行交易的网络支付模式，可以有效地降低交易风险和交易成本。目前我国第三方支付平台发展较快，可以带动"一带一路"沿线国家和地区的该领域发展，同时提供可以提供技术支持，或者投资其他国家发展较好的第三方支付平台，"以点带面"来促进各国间的第三方支付平台合作。

四、加强互联网金融监管与国际金融的监管合作

"一带一路"沿线国家和地区的金融制度不健全，金融监管不到位，因此需要加强金融监管当局的管理力度，明确规范化的监管指标，防止金融风险的出现。同时需要加强各国间的监管沟通，提高监管政策的一致性，从而确保区域内的金融稳定发展。要想加强国际金融的监管合作，首先要提升金融机构自身的风险管理水平，加强对"一带一路"沿线国家的政治风险、市场风险、文化风险等方面的了解；其次需要对区域内的各类金风险进行有效监测，利用互联网技术，降低信息的不对称性，发现风险隐患，从而确保金融的稳定发展；最后，完善金融监管的法律法规，通过法律手段来约束"一带一路"沿线国家的金融行为，在发生跨境金融风险时，各国可以同心协力，共同维护区域内金融的稳定发展。

同时加强互联网的金融监管，不仅需要加强互联网自身的监管，还需要建立法律法规。首先要加强互联网金融产品进入和退出的相关机制。其次要加强审查力度，实时了解市场的各种风险，并且制定有效地风险管理措施，严格观察市场的动态，营造良好的市场环境。再者，需要加强对互联网主体的监督，建立有效地信息披露制度，从而减少欺诈等违法行为，促进互联网金融业树立良好的企业形象。最后，需要加强对互联网用户的保护，努力维护好互联网用户的合法权益。

五、建立"一带一路"互联网金融生态机制

一方面，努力完善"一带一路"金融监管的一致性，加强沿线国家中央银行和金融部门的沟通，扩大信息共享范围，定期公布各个国家的反洗钱动态，加强对跨境制造假币等犯罪活动的打击力度，从而规范金融秩序，降低金融风险。另一方面，加强沿线各国的风险交流合作机制，有限分析各类金融风险，加强风险监测，完善跨境风险应对和危机处置的制度安排，努力创作安全的互联网金融生态机制。

六、推动复合型人才的培养

互联网金融合作所依赖的人才主要是知识密集型人才，目前我国对于既精通互联网金融，又精通沿线国家的政治体制、社会文化的小语种性人才少之又少。为了推动"一带一路"战略的进一步发展，我国应该加强培养既熟悉互联网金融又有国际金融经验的管理性人才。一方面要鼓励华商华侨参与"一带一路"建设，华人华侨是既了解东道国家

第六章　与沿线国家和地区互联网金融合作

的国情，又对我国国情有所了解，精通沿线国家的小语种，属于复合型人才。因此利用华人、华商和华侨来开拓海外市场，利用华侨的人脉优势和资本优势等可以促进互联网金融的跨境发展。另一方面，通过人才交换，交流学习来培养复合型人才。熟悉互联网金融的人才进行交换，可以更好地了解本土文化和政治体制等，从而更好地服务"一带一路"的互联网金融合作。

第七章

中国与沿线国家和地区金融监管的合作

随着"一带一路"倡议的不断推进，中国与沿线国家金融组织互设分支机构、金融市场合作以及对外投资的数量迅速增长，区域金融合作不断深化并迅速形成庞大的资金产业链。由于沿线各国经济水平和监管体制存在一定差距，局部出现的信用风险、汇率风险、流动性风险等可能会波及资金产业链多个领域，甚至会引发区域性的金融危机。为此，中国监管机构分别从双边监管合作、多边和区域性监管合

作层面积极推进和境外金融监管机构的合作,逐步构建"一带一路"沿线国家和地区金融监管合作机制,取得一定的成绩,但也存在诸多挑战。

第一节
与沿线国家和地区金融监管合作概况

一、与沿线国家确立监管协议

截至2018年年底,11家中资银行在28个沿线国家建立了76家一级机构。自"一带一路"倡议提出以来,中资银行共参与了"一带一路"建设相关项目2600多个,累计发放贷款超过2000多亿美元,主要集中于交通基础设施、能源资源和装备制造及出口。同时,来自22个沿线国家55家银行在中国开展业务,随着中国银监会积极稳妥推进银行业进一步对外开放,外资金融机构在华经营会有更大发展空间。为加强中资银行和"一带一路"沿线国家银行的合作,截至2017年年底,中国银监会已与36个"一带一路"沿线国家的金融监管当局签署了双边监管合作谅解备忘录(MOU)或合作换文(EOL)。

中国证监会与35个"一带一路"沿线国家的证券监管机构签署证券期货双边监管合作谅解备忘录,在合作框架下中国与沿线国家加强各自领域跨境监管合作和信息交流,为跨境金融机构的健康发展和金融监管合作机制的构建营造了

第七章　中国与沿线国家和地区金融监管的合作

良好的外部环境。合作协议如表7-1所示。

表7-1　证监会签署双边监管合作谅解备忘录与监管合作协议一览表

类别	序号	机构名称	国家/地区	文件名称	生效时间（年）
东盟8国	1	新加坡金融管理局	新加坡	关于监管证券和期货活动的相关合作与信息互换的备忘录	1995
	2	马来西亚证券委员会	马来西亚	证券期货监管合作谅解备忘录	1997
	3	印度尼西亚资本市场监管委员会	印度尼西亚	关于相互协助和信息交流的谅解备忘录	2003
	4	印度尼西亚商品期货交易监管局		期货监管合作谅解备忘录	2004
	5	越南证券委员会	越南	证券期货监管合作谅解备忘录	2005
	6	泰国证券交易委员会	泰国	证券期货监管合作谅解备忘录	2007
	7	蒙古国金融监督委员会	蒙古国	证券监管合作谅解备忘录	2008
	8	老挝证券交易委员会	老挝	证券期货监管合作谅解备忘录	2011
	9	文莱金融管理局	文莱	证券期货监管合作谅解备忘录	2014
西亚10国	1	埃及资本市场委员会	埃及	证券监管合作谅解备忘录	2000
	2	约旦证券委员会	约旦	证券期货监管合作谅解备忘录	2006
	3	土耳其资本市场委员会	土耳其	证券期货监管合作谅解备忘录	2006
	4	阿拉伯联合酋长国证券商品委员会	阿拉伯联合酋长国	证券期货监管合作谅解备忘录	2006

续表

类别	序号	机构名称	国家/地区	文件名称	生效时间（年）
西亚10国	5	科威特股票交易所委员会	科威特	证券期货监管合作谅解备忘录	2010
	6	以色列证券监管局	以色列	证券期货监管合作谅解备忘录	2011
	7	卡塔尔金融市场管理局	卡塔尔	证券期货监管合作谅解备忘录	2011
	8	塞浦路斯证券交易委员会	塞浦路斯	证券期货监管合作谅解备忘录	2012
	9	希腊证监会	希腊	证券期货及其他投资产品监管合作谅解备忘录	2017
	10	伊朗证券和交易组织	伊朗	证券期货监管合作谅解备忘录	2018
南亚2国	1	印度远期市场委员会	印度	商品期货监管合作谅解备忘录	2006
		印度共和国证券交易委员会		证券期货监管合作谅解备忘录	2006
	2	巴基斯坦证券交易委员会	巴基斯坦	证券期货监管合作谅解备忘录	2010
中亚1国	1	哈萨克斯坦国家银行	哈萨克斯坦	证券期货监管合作谅解备忘录	2015
		哈萨克斯坦阿斯塔纳金融服务管理局		阿斯塔纳金融服务管理局	2018
东亚1国	1	韩国金融交易委员会 韩国金融监督委员会	韩国	证券期货监管合作谅解备忘录	2018
非洲1国	1	南非共和国金融服务委员会	南非	证券期货监管合作谅解备忘录	2002
大洋洲1国	1	新西兰证券委员会	新西兰	证券期货监管合作谅解备忘录	2004

第七章 中国与沿线国家和地区金融监管的合作  251

续表

类别	序号	机构名称	国家/地区	文件名称	生效时间（年）
独联体4国	1	乌克兰国家证券和股市委员会	乌克兰	证券期货监管合作谅解备忘录	1997
	2	俄罗斯联邦金融市场监督总局	俄罗斯	证券期货监管合作谅解备忘录	2008
	3	俄罗斯中央银行		证券期货监管合作谅解备忘录	2016
	4	白俄罗斯共和国财政部	白俄罗斯	证券期货监管合作谅解备忘录	2014
	5	阿塞拜疆国家证券委员会	阿塞拜疆	证券期货监管合作谅解备忘录	2015
中东欧3国	1	罗马尼亚国家证券委员会	罗马尼亚	证券期货监管合作谅解备忘录	2002
	2	立陶宛银行	立陶宛	证券期货监管合作谅解备忘录	2013
	3	波兰金融监督管理局	波兰	证券期货监管合作谅解备忘录	2015

数据来源：中国证券监督管理委员会官网。

中国保监会与俄罗斯签署《中俄保险监管合作谅解备忘录》以及进一步细化落地的《中俄保险业合作发展行动计划》，合作内容涵盖旅游保险、再保险、核共体、设立共同基金、保险资金运用、丝绸之路经济带合作、航空航天保险、重工机械保险等双方共同关注的领域，服务中俄"一带一路"倡议重点投资项目建设，支持"一带一路"战略实施。同时，借助国际保险监管平台的影响力，中国政府宣传推介"一带一路"倡议，吸引各国为"一带一路"倡议建设助力。中国保监会推动下，亚洲地区保险监管合作平台亚洲保险监督官论坛（AFIR）推行一系列战略改革。中国保监会利用在 AFIR 的重要影响力以及担任轮值主席的契机，在亚洲周边国家中宣讲"丝路故事"，为保险业服务"一带一路"倡议建设创造良好的国际环境。

中国积极承担反洗钱多边组织工作。与 FATF 指导委员会其他成员代表共商 FATF 内部治理改革、国际标准制定和修订等重要事务，在 FATF 国际合作审查中，从反洗钱专业技术角度提出意见和建议，对 FATF 修订"恐怖融资刑罚化""内控制度、境外分支机构和附属机构""大规模杀伤性武器扩散融资"及"法律安排"等建议和释义积极反馈意见；成功当选欧亚反洗钱和反恐怖融资组织（EAG）2018—2019 年主席，积极推动 EAG 内部治理改革，参与制定、修订规章类文件，积极牵头保险业洗钱类型研究等重点课题；积极参与亚太反洗钱组织（APG）内部组织架构调整和新一轮互评估工作，派员承担 APG 对蒙古国和库克群岛的第三轮互评估工作；多边反洗钱组织保障了一带一路金融的稳定。中国积极推动双边反洗钱合作取得实质性进展，反洗钱监测分析中心与"一带一路"沿线 28 个国家签署了《反洗钱和反恐怖融资金融情报交流合作谅解备忘录》，根据谅解备忘录，中国与沿线 28 国金融情报机构将基于互惠原则在涉嫌洗钱和恐怖融资及其他相关犯罪的金融情报信息收集、分析和协查方面开展合作。

二、与沿线国家不同区域的金融监管合作

从区域上看，"一带一路"沿线东盟有 9 个国家与中国签署双边监管合作谅解备忘录与监管合作协议，分别是新加坡、泰国、越南、马来西亚、印度尼西亚、柬埔寨、蒙古国、老挝、缅甸。其中，新加坡是最早与中国签订监管合作

第七章 中国与沿线国家和地区金融监管的合作

的东盟国家，在1995年双方即签订《关于监管证券和期货活动的相关合作与信息互换的备忘录》。2005年中国银监会与菲律宾中央银行签订两国跨境银行监管合作谅解备忘录，加强金融合作和监管。2014年中国证监会与文莱金融管理局签订关于证券期货监管合作文件，深化两国金融交流与合作。缅甸、老挝、泰国、柬埔寨分别与中国签订了《关于反洗钱和反恐怖融资金融情报交流合作谅解备忘录》，两国的金融情报机构在涉嫌洗钱和恐怖融资及其他相关犯罪的金融情报信息的收集、分析和协查方面开展实质性合作。

"一带一路"沿线西亚18个国家中土耳其、卡塔尔、塞浦路斯、阿拉伯联合酋长国、伊朗、以色列、科威特、约旦8个国家与中国银监会、中国证监会签署双边监管合作谅解备忘录或合作换文、监管合作协议。巴林中央银行和黎巴嫩央行分别与中国银监会签署两国跨境银行监管合作谅解备忘录，在信息交换、市场准入和现场检查等方面加强合作。中国证监会与埃及资本市场委员会签署《证券监管合作谅解备忘录》，与希腊证监会签署《证券期货及其他投资产品监管合作谅解备忘录》。中国与以色列、黎巴嫩分别签订《关于反洗钱和反恐怖融资金融情报交流合作谅解备忘录》，加强反洗钱信息交流和监管。

南亚国家中只有巴基斯坦与中国银监会、中国证监会均签订双边监管合作谅解备忘录与监管合作协议，全面加强与中国的金融合作。2016年尼泊尔国家银行与中国银监会签署两国跨境银行监管合作谅解备忘录，进一步推动两国"一带一路"合作。2017年马尔代夫货币管理局也与中国银监会签订两国跨境银行监管合作谅解备忘录。2006年中国证监会与印度签署《商品期货监管合作谅解备忘录》和《证券期货监管合作谅解备忘录》，加强双方金融监管当局信息沟通和交叉核实。中国反洗钱中心分别与尼泊尔、孟加拉国、斯里兰卡的反洗钱中心签订《关于反洗钱和反恐怖融资金融情报交流合作谅解备忘录》。

中亚5国中有3个国家与中国签订了双边监管合作谅解备忘录与监管合作协议,分别是哈萨克斯坦、吉尔吉斯斯坦、塔吉克斯坦。3个国家中只有哈萨克斯坦与中国银监会和中国证监会均签订双边监管合作协议。吉尔吉斯斯坦、塔吉克斯坦仅与中国银监会签订两国跨境银行监管合作谅解备忘录。中国分别与阿富汗、哈萨克斯坦、乌兹别克斯坦签订了《关于反洗钱和反恐怖融资金融情报交流合作谅解备忘录》。

独联体7国中乌克兰、俄罗斯、白俄罗斯与中国银监会和中国证监会均签订双边监管合作协议。2015年,阿塞拜疆国家证券委员会与中国证监会签订《证券期货监管合作谅解备忘录》。中国反洗钱中心与俄罗斯金融监测局签订《关于反洗钱和反恐怖融资合作与信息交流协议》,强化跨国打击洗钱等犯罪活动合作。

中东欧16国中有5个国家与中国签订了两国跨境银行监管合作谅解备忘录或证券期货监管合作谅解备忘录,分别是波兰、立陶宛、匈牙利、捷克、罗马尼亚。监管合作可以及时了解双方互设机构经营情况,及时发现问题或不良发展趋势,及时预警、及时惩戒,从而促进双边互设机构的合法稳健经营。波兰金融信息监察局与中国反洗钱中心签订《关于反洗钱和反恐怖融资金融情报交流合作谅解备忘录》,深化反洗钱监管合作。

中国分别与韩国、新西兰、南非签订双边监管合作谅解备忘录,加强对跨境银行和证券机构的监管,维护双方金融市场稳定。中国银监会与摩洛哥中央银行达成关于跨境银行

第七章　中国与沿线国家和地区金融监管的合作

经营监管协议，保障双方金融稳定，加强金融合作。中国分别与东帝汶、马达加斯加、南非、新西兰签署了《关于反洗钱和反恐怖融资金融情报交流合作谅解备忘录》，加强对洗钱违法犯罪活动监管合作，深化反洗钱监管合作力度。

由以上分析可以看出，仍有部分"一带一路"沿线国家未与中国签订任何形式的监管合作协议。在签订双边金融监管协议的国家中签署的金融合作文件仍不完备，只是签订关于金融某一行业的监管合作。保险行业参与"一带一路"倡议程度仍不足，监管合作文件较少。

第二节
与沿线国家和地区金融监管合作案例

随着"一带一路"倡议推进，中国先后与20多个沿线国家建立了双边本币互换安排，与7个沿线国家建立了人民币清算安排。有5个沿线国家获得人民币合格境外机构投资者额度，与8个沿线国家货币实现直接交易，与3个沿线国家货币实现区域交易，人民币跨境支付系统（CIPS）业务范围已覆盖近40个沿线国家和地区。截至2018年年底，11家中资银行在27个"一带一路"沿线国家设立76家一级分支机构，中资保险机构在新加坡、印度尼西亚等国家和地区设立营业性机构。同时，来自22个"一带一路"沿线国家的55家银行已在华设立分支机构。中资银行参与"一带一路"建设项目2600多个，累计发放贷款2000多亿美元。与沿线国家展开金融合作的过程，积累了众多案例。本节以巴基斯坦和菲律宾为案例，深入分析中国与沿线国家金融监管合作经验。

一、与巴基斯坦的金融监管合作

中国和巴基斯坦自1951年建交以来，双方不断增加互信，合作领域不断扩大，中巴友谊经受了时间以及两国国内、地区和国际环境变化的考验，是好邻居、好朋友、好兄弟、好伙伴。根据《中华人民共和国和巴基斯坦伊斯兰共和国睦邻友好合作条约》确立的原则，中国和巴基斯坦建立全天候战略合作伙伴关系，打造新时代更紧密的中巴命运共同体。

在金融领域，早在2004年中国银行业监督管理委员会就与巴基斯坦国家银行签署双边跨境银行监管合作谅解备忘录，对双方金融合作加强监管，维护双方金融市场稳定，保障合作健康长远发展。2010年，中国证券监督管理委员会与巴基斯坦证券交易委员会签订《证券期货监管合作谅解备忘录》。随着合作的加深，双方之间项目越来越多，资金往来越来越频繁，在2011年12月，中国人民银行与巴基斯坦国家银行签署了规模为100亿元人民币的双边本币互换协议，旨在促进双边投资贸易、加强金融合作。双方在2014年12月续签了该协议。2018年，巴基斯坦国家银行（央行）批准了巴中两国的公共企业（即国有企业）和私营企业在双边贸易和投资活动中可以自由选择使用人民币。巴中双边贸易中使用人民币结算意义重大，可以进一步促进巴中经济走廊的实施，节省换汇成本，同时是人民币国际化的重要一步。双方金融机构均在彼此国家互设机构或加强合作，比如中国工商银行、中国银行在均在卡拉比开设支行，开展

第七章 中国与沿线国家和地区金融监管的合作

人民币结算业务。2018年,蚂蚁金服作为中国金融科技企业典型首次落子巴基斯坦,购入巴基斯坦的公司 TMB (Telenor Microfinance Bank) 45%股权。TMB 主要为当地社会中较少或没有银行账户的人群提供小额融资和相关金融服务,包括农民、渔民、小商贩以及尚无足够经济基础的年轻人和妇女等。在 2009 年,TMB 就推出了巴基斯坦的第一个手机金融服务平台 Easypaisa,目前该平台已经是巴基斯坦排名第一的移动支付和金融服务平台。蚂蚁金服帮助 Easypaisa,升级成当地版"支付宝",为更多的巴基斯坦普通家庭和小微企业提供普惠金融服务。

截至 2017 年年末,共有 5 家巴基斯坦银行在华设立 5 家代表处(见表 7-2)。

表 7-2　　　　　　　　巴资银行在华机构情况

银行名称	在华机构	设立时间
巴基斯坦哈比银行有限责任公司 Habib Bank Limited	北京代表处	2005 年 3 月
	乌鲁木齐分行	2017 年 3 月
巴基斯坦国民银行股份有限公司 National Bank of Pakistan	北京代表处	1981 年 7 月
巴基斯坦联合银行股份有限公司 United Bank Limited	北京代表处	2007 年 4 月
巴基斯坦艾尔哈比银行有限公司 Bank Al Habib Limited	北京代表处	2012 年 12 月
巴基斯坦阿斯卡利银行股份有限公司 Pakistan Askari Bank Ltd	北京代表处	2015 年 11 月

数据来源:中国银行业监督委员会官网。

巴基斯坦国民银行(National Bank of Pakistan,NBP)总部位于卡拉奇。作为巴基斯坦主要的商业银行,巴基斯坦国民银行也是巴基斯坦银行中最早进入中国开设办事处的金

融机构。巴基斯坦最大的商业银行——哈比银行，在2005年进入中国开展业务，2017在新疆乌鲁木齐开设分行。哈比银行作为唯一一家在中国设有分行的巴基斯坦银行，与中国商业机构包括金融机构和企业的互动越来越多，促进了两国金融合作。

二、与菲律宾金融监管合作

自1975年6月9日中国与菲律宾建交以来，两国关系起起伏伏，经贸合作并非顺风顺水，但是总体来看，却一直在增加。随着"一带一路"建设的推进，菲律宾作为"一带一路"沿线上的重要节点国家获得重要的发展机遇，与中国的合作不断增加，中国已是菲律宾最大的贸易国。在金融监管合作方面，2005年10月18日，中国银监会与菲律宾中央银行签署了双边跨境银行监管合作谅解备忘录文件。该文件有助于银监会不断完善双边监管合作机制，提高跨境银行监管水平，有利于中国银监会与菲律宾金融监管当局进行信息沟通和交叉核实，及时了解互设机构的经营情况以及发现问题或不良发展趋势，做到及时预警、及时惩戒，从而促进双边互设机构的合法稳健经营。

两国彼此互设金融机构，2001年中国银行在马尼拉开设一家分行，为两国跨境投资企业提供金融服务。截至2015年年末，共有4家菲律宾的银行在华设有2家子行和2家代表处。菲律宾首都银行地菲律宾最大的商业银行，2009年进入中国市场开展业务。新联商业银行更是1993年便进入中国，目前在厦门设有总行菲资银行在华机构情况如表7-3所示。

第七章　中国与沿线国家和地区金融监管的合作

表 7-3　　　　　　　　菲资银行在华机构情况

银行名称	在华机构	设立时间
首都银行（中国）有限公司 Metropolitan Bank (China) Ltd.	南京总行（下设 4 家分行，2 家支行）	2009 年 12 月
菲律宾首都银行及信托有限公司 Metropolitan Bank & Trust Company	北京代表处	1993 年 12 月
新联商业银行 Allied Commercial Bank	厦门总行（下设 1 家分行）	1993 年 7 月
菲律宾金融银行股份有限公司 BDO Unibank, Inc.	北京代表处	2015 年 6 月

数据来源：中国银行业监督委员会官网。

在"一带一路"倡议下，中国与菲律宾在基础设施建设领域的合作与投资越来越多，2017 年中菲双边贸易额达 512.8 亿美元，中国已成为菲律宾最大贸易伙伴。为进一步加深合作，2018 年 10 月，由中国银行马尼拉分行发起、菲律宾 13 家当地主要商业银行为初始会员组成的菲律宾人民币交易商协会在马尼拉签约成立。这是中国金融机构在境外成立的第一家人民币与当地货币交易的金融组织，也是人民币国际化迈出坚实的一步。该协会在菲律宾银行的监督与指导下，实现比索与人民币直接兑换，结束菲律宾比索兑换外币必须转化成美元再兑换的历史。人民币与菲律宾比索直接兑换的有三个优点：一是避免了双方货币转换美元再交易，这样就减少了经过第三方货币交易的手续费，从而降低了成本，这有益于菲律宾招商引资，加快中国等国际投资机构对菲律宾基础设施、能源的投资。二是可以增加菲律宾农牧渔业产品的出口。菲律宾目前对中国的出口主要产品集中在农渔业，同时农渔业也是菲律宾的支柱产业，比索直接折换成人民币，菲律宾的农民可以获得最大收益。三是有助于人民币国际化。

2017年11月，中国银行与菲律宾财政部长在菲律宾总统府签署了《菲律宾共和国2017年人民币债券发行承销协议》，中国银行将作为牵头主承销商及独家簿记管理人，协助菲律宾政府在中国银行间市场注册并择机发行其首笔人民币债券，债券金额高达2亿美元。熊猫债将帮助菲律宾政府融资渠道多元化，并为其他菲律宾发债方在在岸市场发债提供标杆，同时扩大人民币在东南亚国家的使用，有利于推动人民币国际化进程。

2019年1月，中国银行作为联席全球协调人，成功协助菲律宾共和国完成15亿美元主权债券的定价发行，债券期限10年，票面利率为3.75%。这是继中国银行作为牵头主承销商协助菲律宾共和国成功发行东南亚地区首笔主权熊猫债之后，首次以全球协调人身份协助菲律宾共和国进行美元主权债券融资，也是2019年国际债券市场首单新兴市场国家主权美元债券。

案例表明，中国与巴基斯坦、菲律宾之间金融合作最多的领域是银行业，开展金融监管合作也是银行业，金融合作有力推动了双边金融监管。金融的健康发展又进一步促进双方合作，双边交易量不断增加，并且促使中国与巴基斯坦、菲律宾均签订货币互换协议。可以预见，中国会不断深化与巴基斯坦、菲律宾之间金融合作，金融监管合作也会随之加深。监管和金融合作良性互动有助于推动"一带一路"倡议，中国应继续推动当前策略，加强与沿线国家某一领域金融合作，推动监管合作，继而推动全方位的金融合作。

第七章 中国与沿线国家和地区金融监管的合作

第三节
与沿线国家和地区金融监管合作展望

一、与沿线国家和地区金融监管合作面临的障碍

虽然中国与"一带一路"沿线国家建立金融监管合作协议取得了一定的成绩,但是由于现实的复杂性,监管合作仍面临一系列的障碍。

(一) 与沿线国家政治差异

"一带一路"沿线71国家中,大部分为发展中国家,并且政体不一,有社会主义国家,有资本主义国家。有些国家之间由于宗教或者国土等原因面临着冲突,这就使得"一带一路"沿线国家金融监管合作机制的构建存在一定政治障碍。例如,叙利亚和伊拉克等西亚国家民族和宗教矛盾突出,虽然西亚国家大都信奉伊斯兰教,可是具体的宗教派系不同,再加上不同的民族,居民之间的微小摩擦往往会升级为小规模的局部冲突;乌克兰和中亚国家地处欧亚大陆边界,是美俄两国战略博弈的焦点,面临一定地缘政治威胁。民族宗教冲突和地缘政治博弈会严重削弱沿线国家之间的政治互信基础,导致沿线国家对于监管合作协议的正常履行缺乏善意的预测以及监管合作协议执行效果不确定性大幅上升,进而严重制约区域金融一体化进程,不利于金融监管合

作机制构建。

(二) 与沿线国家经济文化差异

沿线国家的经济发展水平差距较大,大多数国家仍处于中等或者低收入阶段,东欧国家相对其他大部分沿线国家经济发展水平更高,人均收入也更高。"一带一路"沿线国家主要位于亚洲和欧洲,亚洲除个别较发达国家之外,绝大多数国家的金融系统由政府监管的商业银行主导,对金融机构的依赖程度过高。同时,亚洲金融市场的发达程度和金融资源的调动能力远不如欧洲金融市场,所以很难全力应对高附加值、高风险的金融行业的发展。"一带一路"倡议区域金融合作重点强调参与国金融发展一致性,所以各国的金融发展水平不一致,会阻碍金融合作的顺利进行。

"一带一路"沿线71个国家,大部分为亚洲和欧洲国家,由于国家之间宗教和民族不同,在文化上也有巨大的差异。比如东欧国家本质上为西方国家,在文化思维上与中国有较大差异,在某些金融项目合作中看问题的角度不同,导致项目合作进程缓慢。有些国家受到所谓"中国威胁论"的影响,仍持观望态度。在"一带一路"倡议逐渐获得信任时,某些国家恶意揣测,用"债务陷阱论"恐吓有关国家。正是由于彼此不理解或者是沟通不畅,使这些不实言论有了存在的空间。

(三) 与沿线国家金融监管体制和监管政策差异

在体制层面,"一带一路"沿线国家金融监管体制存在一定差异,即便是相同的监管体制,监管的法律依据和政策手段也不尽相同,这就使得"一带一路"沿线国家金融监管合作机制的构建存在一定的体制障碍。例如,中国和大多

第七章　中国与沿线国家和地区金融监管的合作

数东盟国家实行分业监管体制，监管主体的独立性还有待进一步提升；波兰和捷克等中东欧国家则实行统一监管，监管手段以市场为主；中亚国家尽管也实行统一监管体制，但其监管主体仍缺乏一定的独立性，金融监管的相关法规也有待进一步完善。监管体制和法律依据上的差异会导致"一带一路"沿线各国对金融控股公司以及跨行业金融创新产品进行监管合作时无法有效统一口径，进而产生监管真空和监管重叠，在一定程度上降低金融监管合作的效率，不利于金融监管合作机制的构建。

在政策层面，"一带一路"沿线国家双边监管合作政策还未能有效覆盖大多数沿线国家，存在于金砖国家开发银行和亚洲基础设施投资银行等金融机构的多边和区域监管合作协议也相对比较松散，这就使得"一带一路"沿线国家金融监管合作机制的构建存在一定的政策障碍。尽管"一带一路"沿线各国频繁出台相关政策，对促进沿线国家的金融监管合作起到了积极作用，但是在"一带一路"沿线的71个国家中，中国银监会和中国证监会仅与42个国家签署了双边监管合作谅解备忘录，与中国保监会签订协议则更少。监管合作覆盖的金融领域仍较少，多边和区域监管合作协议也仅是相对松散的存在于金砖国家开发银行和亚洲基础设施投资银行等新设立的多边金融机构，政策的可操作性有待进一步提升。"一带一路"国家信用市场与征信管理发展水平、立法程度、信用信息采集标准等方面存在较大差异，在实际合作中容易出现分歧。同时，由于政治关系不稳定，部分国家或出于信息保密考虑，拒绝提供部分信息，一定程度上影响了征信信息的真实性和持续性，制约了跨市场跨区域的征信合作。

（四）金融合作不够深入

"一带一路"沿线71个国家中，属于国际货币基金组织定义的发达经济体不到10个国家，其余均属于发展中国家，经济发展程度差异较大，金融合作协调难度较大。各国对于金融市场的开放步伐也不一致，金融合作只能停留在简单的协商对话、政策性协议的签署等初级层面，实质性的金融合作很难开展。比如中越金融合作主要以商业银行边贸结算为主，保险、证券投资领域的合作局限在信息互换方面，投融资等业务合作缺少实质性进展。中资银行在"一带一路"沿线国家机构布局主要集中在俄罗斯、阿拉伯联合酋长国、东南亚等国家和地区，近60%的沿线国家仍没有设立中资银行分支机构。中资银行投资银行业务竞争力不强，中国企业海外并购业务中，90%以上的投资银行业务由境外投行承揽，中国企业"走出去"过程中融资成本较高，并购活动也受制于外资投行而较为被动。长期以来，美国和日本的金融机构在东南亚国家占据重要地位，法国、德国和意大利的银行则垄断了中东欧国家市场。中资银行在当地扎根时间较短，还未完全实现本土化经营，在产品、服务、网点设置等方面存在一定差距，开拓海外业务面临较大竞争压力。"一带一路"沿线国家基础设施建设和能源项目投资资金需求大、投资周期长、金融风险高，需要综合运用跨境资本运作、金融避险工具、国际银团合作等金融服务才能较好地满足其金融需求。但目前提供的金融产品和服务依旧以传统金融业务为主，在综合化金融服务方案和创新融资方式的设计等方面的金融供给水平显得相对不足。此外，各金融机构资金支持方式比较单一，基金投资、信贷支持、保险保障等方面仍需进一步结合，全方位的综合金融服务支持还未形

第七章 中国与沿线国家和地区金融监管的合作

成,一定程度上制约了金融监管合作的展开。

(五) 全球经济形势复杂严峻

国际货币基金组织(IMF)数据显示,自2008年金融危机以来,全球贸易量年均增长率大大低于金融危机以前的水平,同时也低于全球经济增速。当前世界经济处于后危机时代的转型调整期,中国、美国、欧元区、日本等经济体对拉动全球经济复苏起到了重要作用。转型是一个长期的过程,各国家都在寻找新的发展动能。近年来,"逆全球化"升温势头有所加剧,在欧债危机中,欧盟内右翼甚至极右翼政党成为本国政治生活中的重要力量;在英国脱欧公投中,多数民众选择脱欧;在美国,特朗普当选总统后退出《跨太平洋伙伴关系协定》(TPP)、《巴黎协定》、联合国教科文组织、伊朗核问题全面协议、联合国人权理事会等。这些事件凸显了美欧社会中"逆全球化"思潮的不断高涨。"逆全球化"思潮凸显了少数资本主义国家主导的经济全球化所包含的深刻矛盾,暴露了西方国家社会矛盾不断加剧的现实以及西方民主政治的弊端。"逆全球化"思潮愈演愈烈将会对全球经济造成重大影响,减少全球贸易,形成投资壁垒,阻碍人文交流,甚至造成社会动荡,负面影响不可估量。美国总统特朗普上台以后,全球贸易摩擦不断增加。美国分别和欧盟、加拿大、墨西哥等国家或地区发动贸易谈判,尤其是和中国的贸易战,对国际贸易造成重创。美国特朗普政府的贸易保护主义政策,不仅直接违背现有的多边贸易与投资规则,对以WTO为核心的多边贸易和投资体系形成直接挑战,而且会加剧全球经济增速下滑的势头,并引发贸易保护主义的全面抬头,给世界经济的增长前景蒙上阴影。

当今世界,正在经历百年未有之大变局。中国不仅要面对外部动荡的经济形势,还要面对国内经济下行压力,新旧动能转换关键期,国内改革攻坚期。中国需要坚持不懈地通过加快经济结构优化升级,提升科技创新能力,深化改革开放,加快绿色发展,积极参与全球经济治理体系变革,牢牢抓住世界大变局带来的重大机遇。

二、与沿线国家和地区金融监管合作展望

当今世界正处于大发展大变革大调整时期,和平、发展、合作仍是时代潮流。展望未来,共建"一带一路"倡议既面临诸多问题和挑战,更充满前所未有的机遇和发展前景。如何进一步促进与沿线国家金融监管合作,克服前述障碍?下面从几方面提出相应的措施。

(一) 加强监管协调,建立完善双边和区域监管机制

通常情况下,国际金融监管分为三个发展阶段,第一发展阶段是合作双方以及多方签订谅解备忘录;第二发展阶段是各合作方将通过协商,制定各谈判方共同遵守的统一的监管标准;第三发展阶段则是各成员国对金融市场实现统一的监管。目前,中国与"一带一路"沿线国家开展的金融监管合作仍处于第一发展阶段。

中国已与42个沿线国家的金融监管当局签署了监管合作文件,仍有29个国家与中国没有签订任何有关金融的监管文件,中国监管机构应继续积极争取与剩余的沿线国家签署双方金融监管合作文件,对已经合作的国家,扩大金融监管合作方面。中国银保监会等监管机构持续跟进,应继续与"一带一路"沿线国家签署双边合作谅解备忘录,通过双边

第七章　中国与沿线国家和地区金融监管的合作

监管合作机制的构建。完善的区域监管协调机制能够有效加强"一带一路"沿线国家监管当局之间的沟通和协调，使各监管当局在重大问题的监管政策和措施上尽量保持一致，进而逐步提升沿线国家监管合作机制的运作效率。为此，中国人民银行应继续深入参与东盟和中日韩（10+3）、上合组织银联体等区域监管合作机制，积极促成沿线各国在监管透明度和政策协调等方面达成深层共识。中国应继续深入参与完善区域金融监管合作机制，并积极制定相关合作标准，为"一带一路"项目监管提供中国方案。

"一带一路"倡议成立了相关的金融机构，如亚投行、丝路基金、金砖国家开发银行、上海合作组织开发银行等。这些国际性的金融机构必将发挥重要的资金融通作用，也必将成为国际金融监管体系下的重要监管对象，使监管更加有效。但"一带一路"倡议仍缺乏类似于世界银行、IMF 等实施金融监管合作组织。"一带一路"沿线国家大部分为发展中国家，金融体系不完善，监管能力不足，缺乏抵御金融危机的能力。中国应积极推动建立区域监管合作组织，类似于 G20 提出金融稳定委员会，建立强有力的"一带一路"金融稳定委员会，定期发布沿线国家金融市场运行情况，统一监管标准。"一带一路"金融稳定委员会应吸取亚洲金融危机和 2008 年全球金融危机教训，更加注重防范系统性金融风险。根据现有的金融监管风险预警系统，结合沿线国家发展现状，应考虑采用综合指数法预警系统。综合指数法仅以金融体系中各指标的历史表现与金融危机之间的相关性作为指标定量构建的主要依据，再结合金融理论对指标进行选择，通过对指标现状的判断分析该金融系统的安全水平和发展趋势。该方法可以和很多模型方法结合使用，如在指标的选择中可以通过时间序列模型选出，权重的选择也可以由模型来决定,还可运用模型构建复杂指标作为原始指标进行加权。对于数据量有限、金融市场不够完善的发展中国家而言,该方法有非常重要的现实意义。"一带一路"金融稳定委员会应更加结合宏观审慎监管和行为监管,定期发布沿线国家金融稳定报告,追踪风险源,预防系统性金融风险,适时与沿线国家金融监管机构合作推行统一的监管标准体系。

在"一带一路"建设过程中,还必须将"一带一路"区域内建立的相关金融机构与外部相关机构联系起来,从而形成内外协调一致的治理环境。外部机构中主要包括G20、世界银行集团、国际货币基金组织等重要的国际性治理机构,良好的内外合作机制有助于金融风险管控。应考虑加大对话及协商机制建设力度,建立各国财长和央行行长间互访及对话机制,增加各国间了解和互信。借助多边对话机制,使中国与沿线国家在金融监管问题上达成一致意见。

(二) 构筑金融危机应急机制,建立问题机构处置机制

首先,中国应逐步完善与沿线国家的货币互换机制,并在现有双边合作谅解备忘录的框架内进一步细化母国和东道国金融监管机构的救助责任,就母国和东道国如何向金融机构提供流动性资金救助等相关事项达成共识。

其次,中国应努力推动成立"一带一路"监管合作组织,借鉴世界银行和IMF在金融危机中的应急机制制定相关应急措施,建立应急储备安排,对陷入危机中的国家或机构组织及时救助,并根据救助国家的历史文化、发展特点施加相应的市场改革,以防止危机再次发生。中国应继续加强与IMF等国际救助机构和亚洲区域外汇储备库等区域救助机构的合作,共同制定多种危机救助的可行性预案以及多国相关部门应对危机的联动机制,逐步强化各国在救助过程中

第七章 中国与沿线国家和地区金融监管的合作

的协调合作。

最后,建立问题机构处置机制。中国应积极推动"恢复与处置计划"。恢复计划包括:金融机构应说明如何应对严重压力的情况,包含资本恢复计划和流动性恢复计划;金融机构应明确应对计划的具体步骤以及可能遇到的法律、财务等困难;金融机构应说明如何应对最大交易对手的倒闭;应说明如何及时将资金转移到第三方。处置计划是让监管组织对金融机构倒闭有充分的准备,控制金融冲击。具体措施包括:金融机构应说明内部不同实体的法律、财务等的联系以及联系中断的应急安排;金融机构应说明与其有关的市场,并说明从市场中有序退出的方案。

在与"一带一路"沿线国家进行日常监管合作过程中,对风险较高的金融机构,应联合相关国家督促其进行内部整顿或相关救助,对于整改之后仍未达到监管标准以及违反相关法律法规的金融机构,可强制对其实施市场退出,将金融风险遏制在萌芽状态。中国应联合"一带一路"沿线国家的金融监管机构逐步完善沿线各国的最后贷款人制度和存款保险制度,有效避免金融机构退出市场后债权债务关系在更大范围内受损。

(三)加强征信跨境合作,建立金融风险预警机制

目前国际征信业市场主要由三大评级公司垄断,对"一带一路"沿线的发展中国家诸多企业关注不够,存在评级缺失甚至不准确的情况,"一带一路"国家有必要加强征信跨境合作,建立区域评级机构。同时,"一带一路"倡议应吸收2008年金融危机,加强对评级机构的监管,确保其有稳健的制度和措施以管理和披露利益冲突,加强对评级模型、方法和基本假设的披露。

中国应积极推动对重点项目或重要金融机构合规性监控，在与沿线国家充分沟通的情况下，明确参与风险预警机制的主体，对沿线国家以及投资项目的信用风险、汇率风险和流动性风险等主要风险合理划分等级，根据科学性、灵敏性、综合性和互补性等原则，并参照区域内相关国家的金融风险评价体系，构建金融预警指标体系框架，以及时控制项目或重要金融机构风险，防止风险蔓延。

（四）加强金融监管人才的培训，提高监管水平

中国要积极与监管水平高的国家合作，共同培训监管人才，通过派员到先进的监管当局跟班学习、共同举办金融国际研讨会以及参加国际金融组织的活动，进一步提高中国监管人员的素质。与沿线国家联合举办监管学习培训班，加强相互学习、了解；互派监管人员跟班学习，为沿线国家之间监管政策沟通和协调打下基础，形成多层次、多元化的监管人才交流机制。

（五）加强文化交流，增进理解

目前，除了部分周边国家以外，中国与多数沿线国家缺乏全面的相互了解与认识。中国与这些国家之间，不仅宗教、文化和语言有着显著的不同，在政治经济模式和生活方式上也存在很大的差异，一些国家还深受西方文化和观念的影响，对中国的发展和外交政策存在误解和偏见。因此，加强中国与沿线国家之间的文化合作交流，将文化软实力发展成为核心竞争力，比如将汉字、传统艺术、中国美食、茶文化以及日益具有活力的现代文化借助开展文化旅游项目、构建丝路博物馆、开展丝路文化艺术节等形式传播出去，提升沿线国家对中国的理解。从更深层次上讲，中国传统文化讲

第七章 中国与沿线国家和地区金融监管的合作

求仁义道德与大同,中国人注重家庭伦理和社会和谐,当前中国倡导社会的公平和正义,都能够在许多国家和文化那里找到共鸣。具体到外交理念上,中国对和平发展道路的坚持,对互利共赢和共同发展的追求,对"新型义利观"的积极倡导以及对非洲国家奉行的"真实亲诚"和对周边国家体现的"亲诚惠容",都有助于消解其他国家对中国发展的疑虑,增进与沿线国家的相互理解与认同。

(六)确立与沿线国家金融监管合作应遵循七项原则

第一,和平原则。共建"一带一路"倡议离不开和平安宁的环境。共建"一带一路"倡议应主张建设相互尊重、公平正义、合作共赢的新型国际关系,打造对话不对抗、结伴不结盟的伙伴关系。各国应尊重彼此主权、尊严、领土完整;尊重彼此发展道路和社会制度;尊重彼此核心利益和重大关切。和平安全是推进共建"一带一路"倡议的基本前提和保证。各国应树立共同、综合、合作、可持续的安全观,营造共商共建共享的安全机制;摒弃冷战思维、零和游戏和强权政治,坚决反对恐怖主义、分裂主义、极端主义。在涉及国家主权、领土完整、安全稳定等重大核心利益问题上给予相互支持。坚持以对话解决争端、以协商化解分歧,增进合作互信,减少相互猜疑。

第二,发展原则。共建"一带一路"倡议应聚焦发展。共建"一带一路"倡议顺应世界多极化、经济全球化、文化多样化、社会信息化的潮流,应致力于维护全球自由贸易体系和开放型世界经济。沿线国家市场规模和资源禀赋各有优势,互补性强,潜力巨大,合作前景广阔。共建"一带一路"应继续把互联互通作为重点,聚焦关键通道、关键节点、关键项目,着力推进公路、铁路、港口、航空、航天、油气管道、电力、网络通信等领域合作。

第三,开放原则。共建"一带一路"倡议以开放为导向,努力解决经济增长和平衡发展问题。共建"一带一路"倡议应坚持普惠共赢,打造开放型合作平台,推动形成开放型世界经济。共建"一带一路"倡议应是和平发展、经济合作倡议;是开放包容、共同发展;不以意识形态划界,不搞零和游戏。

第四,绿色发展原则。共建"一带一路"倡议应践行绿色发展理念,中国与沿线国家应探索发展绿色金融,将环境保护、生态治理有机融入现代金融体系。中国应与沿线国家开展生态环境保护合作,与更多国家签署建设绿色丝绸之路的合作文件,扩大"一带一路"绿色发展国际联盟,建设"一带一路"可持续城市联盟;建设一批绿色产业合作示范基地、绿色技术交流与转移基地、技术示范推广基地、科技园区等国际绿色产业合作平台,打造"一带一路"绿色供应链平台,开展国家公园建设合作交流。

第五,创新原则。共建"一带一路"应成为沿线国家创新发展的新平台。随着各类要素资源在沿线国家之间的共享、流动和重新组合,各国可以利用各自比较优势,着眼于技术前沿应用研究、高技术产品研发和转化,不断将创新驱动发展推向前进。中国应与沿线国家加强在人工智能、纳米技术、量子计算机等前沿领域合作,推动大数据、云计算、智慧城市建设,连接成 21 世纪的数字丝绸之路。中国与沿线国家通过共建国家级联合科研平台,深化长期稳定的科技创新合作机制,提升沿线国家的科技创新能力;构建"一带一路"技术转移协作网络,促进区域创新一体化发展。

第六,文明原则。共建"一带一路"应推动文明交流超越文明隔阂、文明互鉴超越文明冲突、文明共存超越文明

第七章　中国与沿线国家和地区金融监管的合作

优越，使各国相互理解、相互尊重、相互信任。中国应与沿线国家和有关国际组织共同推动建立多层次人文合作机制，搭建更多合作平台，开辟更多合作渠道。推动教育合作，扩大互派留学生规模，提升合作办学水平。建设好"一带一路"国际智库合作委员会和"一带一路"新闻合作联盟。

　　第七，廉洁原则。中国与沿线国家应协力打造廉洁高效的现代营商环境，加强对"一带一路"建设项目的监督管理和风险防控，建立规范透明的公共资源交易流程。在项目招投标、施工建设、运营管理等过程中严格遵守相关法律法规，消除权力寻租空间，构建良性市场秩序。各国应加强反腐败国际交流合作，以《联合国反腐败公约》等国际公约和相关双边条约为基础开展司法执法合作，推进双边引渡条约、司法协助协定的签订与履行，构筑更加紧密便捷的司法执法合作网络。

参考文献

[1] 张衡. 全球基础设施建设绿色化势在必行 [N]. 中国财经报, 2017-6-29.

[2] 人大重阳"生态金融"系列研究报告. "一带一路"与全球绿色基础设施投资的未来 [R]. 2017 (7).

[3] 鲁苗苗. 中国与"一带一路"沿线国家货币互换法律机制探究 [D]. 武汉大学硕士学位毕业论文, 2017.

[4] 周艾琳, LinYi. 匈牙利央行行长杰尔吉·马托奇：支持中国央行成为"超级监管者" [J]. 中国房地产金融, 2016 (Z1): 14-21.

[5] 陈新. 匈牙利看"一带一路"和中国—中东欧国家合作 [M]. 北京: 中国社会科学出版社, 2017: 1.

[6] 齐丽. 匈牙利："向东方开放"与"一带一路" [J]. 中国投资, 2015 (9).

[7] 中国商务部. 对外投资合作国别（地区）指南——匈牙利. 2016.

[8] Center for China in the World Economy, Tsinghua University, BRICS Economic Think-tank. "一带一路"跨国金融合作研究第五章中国与"一带一路"沿线国家的货币合作 [A]. "一带一路"跨国金融合作研究 [C]. 清华大学经济管理学院中国与世界经济研究中心, 2016: 49.

[9] 曾慕李. 人民币在"一带一路"国家跨境使用存在的问题及建议 [J]. 区域金融研究, 2018 (10): 59-62.

[10] 马广奇, 姚燕. "一带一路"框架下人民币成为"丝路货币"的推进策略研究 [J]. 征信, 2018, 36 (4).

[11] 罗传钰. 21世纪海上丝绸之路建设下中国—东盟金融合作法律机制的完善 [J]. 太平洋学报, 2016, 24 (4): 1-11.

[12] 王勤. "一带一路"框架下福建与东盟的经贸合作 [J]. 东南学术, 2016 (3): 1-9, 246.

[13] 韩永辉, 邹建华. "一带一路"背景下的中国与西亚国家贸易合作现状和前景展望 [J]. 国际贸易, 2014 (8): 21-28.

[14] 刘源. "一带一路"沿线国家的金融监管架构——国际比较与经验借鉴 [J]. 沈阳工业大学学报（社会科学版）, 2017, 10 (3): 210-220.

[15] 吴宇. 人民币国际化之货币互换路径分析 [J]. 上海金融, 2013 (4): 32-36, 117.

[16] 徐明棋. 货币互换协定助推人民币国际化 [J]. 社会观察, 2012 (5): 50-51.

[17] 清算系统加速助推人民币国际化 [J]. 现代物业（中旬刊）, 2014, 13 (9): 31.

[18] 杜秀红. 中国与"一带一路"沿线国家的贸易关系及政策建议 [J]. 现代管理科学, 2016 (5): 85-87.

[19] 陈新主编, 李丹琳、马骏驰译. 匈牙利看"一带一路"和中国—中东欧合作 [M]. 北京: 中国社会科学出版社, 2017.

[20] 刘博文, 方长平. 周边国家民族主义新态势与中国外交的挑战 [J]. 国际观察, 2018 (6): 43-61.

[21] 李元生. "一带一路"倡议下的中国外交 [J]. 法

制与社会, 2019 (4): 120-121.

[22] 甘肃省中国特色社会主义研究中心倪国良. 构建人类命运共同体的精神家园 [N]. 甘肃日报, 2019-02-20 (8).

[23] 周太东. 央企持续深化"一带一路"建设的政策建议 [J]. 开放岛报, 2019 (1): 45-49.

[24] Center for China in the World Economy, Tsinghua University, BRICS Economic Think-tank. "一带一路"跨国金融合作研究第三章"一带一路"国家金融机构合作 [A]. "一带一路"跨国金融合作研究 [C]: 清华大学经济管理学院中国与世界经济研究中心, 2016: 27.

[25] 张海波. 商业银行在"一带一路"沿线国家机构布局策略——基于18家中资商业银行面板数据的分析 [J]. 亚太经济, 2018 (6).

[26] 姜业庆. 开发性金融助力中企扬帆"一带一路" [N]. 中国经济时报, 2017 (4).

[27] 胡晓炼. 政策性金融服务"一带一路"的优势 [J]. 中国金融, 2018 (5).

[28] 阳晓霞. "一带一路"上的金融力量 [J]. 中国金融, 2018 (5).

[29] 张宇燕. 国际形势黄皮书: 2019年全球政治与安全报告 [M]. 北京: 社会科学文献出版社, 2019.

[30] 郭薇. 农业银行: 推进"一带一路"及国际金融服务体系建设 [J]. 贸易金融, 2019 (4).

[31] 陈晓静, 应瑜, 郑迎飞, 戴敏怡. "一带一路"背景下的中东欧金融合作机制研究 [J]. 上海保险, 2018 (01): 56-61.

[32] 王佳佳, 许争. "一带一路"沿线国家金融监管合作机制研究 [J]. 沈阳师范大学学报, 2018 (1): 52-56.

[33] 许朝阳, 常晔, 弓晶, 王文婷. 我国与"一带一路"沿线国家金融合作现状、挑战及政策建议 [J]. 西部金融, 2018 (3): 23-27.

[34] 程锐. "一带一路"战略下国际金融治理风险与方案 [J]. 黄河科技大学学报 2018 (1): 43-47.

[35] 中国人民银行金融稳定分析小组, 2017 中国金融稳定报告 [M]. 北京: 中国金融出版社.

[36] 吴舒钰. "一带一路"沿线国家的经济发展 [J]. 经济研究参考, 2017 (17): 16-45.

[37] 丁振辉. 金砖国家开发银行及应急储备安排 [J]. 国际经济合作, 2014 (8): 83-88.

[38] 谢平, 邹传伟. 金融危机后有关金融监管改革的理论综述 [J]. 金融研究, 2010 (2): 1-17.

[39] 张中元, 沈铭辉. "一带一路"融资机制建设初探——以债券融资为例 [J]. 亚太经济, 2018 (6).

[40] 翟少辉. "一带一路"力助租赁国际化发展, 风险防控成关键 [N]. 21 世纪经济报道, 2017-12-18.

[41] 李菲雅, 蒋若凡, 陈泽明. 我国商业银行金融租赁业务的现状及对策 [J]. 改革与战略, 2018 (5).

[42] 严志强. 建筑海外总承包企业保理业务融资与完善对策研究 [D]. 北京建筑大学, 2017.

[43] 孟乔. 创新融资方案, 造就"一带一路"经典案例——访 CPECC 副总经理穆华东 [J]. 国际工程与劳务, 2018 (9).

[44] 余永强, 董士嘉, 雷天啸. "债券通"开启"熊猫债"新时代 [J]. 中国外汇, 2017 (22).

[45] 沈明辉, 张中元. "一带一路"融资机制下的实践探索与创新 [J]. 新视野, 2018 (5).

[46] 杨雨晴, 许争, 高磊. "一带一路"倡议下金融租赁发展的路径选择 [J]. 甘肃金融, 2019 (6).

[47] 张敏, 张菲. 传统国际金融机构对"一带一路"建设的支持作用 [J]. 理论视野, 2018 (07): 74-79.

[48] 兰日旭, 曲迪. "一带一路"倡议中的金融合作 [J]. 井冈山干部学院学报, 2017 (5).

[49] 张晋芳. 亚投行对我国"一带一路"战略的影响及对策分析 [J]. 经贸实践, 2018 (12): 56-57.

[50] 林青. "一带一路"背景下亚投行面临的挑战 [J]. 中国集体经济, 2017 (22): 12-13.

[51] 寇佳丽. 亚投行: 重塑国际金融新格局 [J]. 经济, 2017 (11): 38-43.

[52] 任春桃. 浅析亚投行对于"一带一路"政策的影响 [J]. 时代金融, 2018 (21): 100.

[53] 丝路基金在一带一路建设中大有可为 [J]. 科技智囊, 2017 (7): 18-25.

[54] 宋爽, 王永中. 中国对"一带一路"建设金融支持的特征、挑战与对策 [J]. 国际经济评论, 2018 (1): 108-123, 7.

[55] 杨捷汉. 丝路基金对推进"一带一路"建设的作用 [J]. 区域金融研究, 2017 (7): 8-11.

[56] 乔晓剑. 亚洲基础设施投资银行成立的原因及其影响 [D]. 北京外国语大学硕士学位毕业论文, 2017.

[57] 陈伟光, 缪丽霞. "一带一路"建设的金融支持: 供需分析、风险识别与应对策略 [J]. 金融教育研究, 2017, 30 (3): 3-15.

[58] 朱苏荣. "一带一路"战略国际金融合作体系的路径分析 [J]. 金融发展评论, 2015 (3): 83-91.

[59] 国务院发展研究中心. "'一带一路'设施联通研究"课题组. "一带一路"基础设施投融资需求及中国角色 [R]. 调查研究报告, 2017 (17).

[60] 胡才龙. 关于"一带一路"战略金融支持相关问题

研究 [J]. 海南金融, 2015 (10): 31-34.

[61] 刘洪钟, 刘子宪, 卢海峰. 完善金融服务体系 助力"一带一路"建设 [J/OL]. 征信, 2019 (7): 66-70.

[62] 梁涵书. 我国"一带一路"背景下金融发展的对策 [J]. 全国流通经济, 2019 (16): 145-147.

[63] 汤柳. "一带一路"金融合作需要提升的四个方面 [J]. 银行家, 2016 (3): 71-73.

[64] 郭春松, 朱孟楠. 加强金融监管的国际协调与合作 [J]. 上海金融, 2004 (10): 28-30.

[65] 黄人杰. 发展开放型经济的金融支持体系研究——基于支持"走出去"战略的视角 [J]. 现代经济探讨, 2010 (11): 52-56.

[66] 周业安. 金融抑制对中国企业融资能力影响的实证研究 [J]. 经济研究, 1999 (2): 15-22.

[67] 张杰. 金融抑制、融资约束与出口产品质量 [J]. 金融研究, 2015 (6): 64-79.

[68] 纪洋, 谭语嫣, 黄益平. 金融双轨制与利率市场化 [J]. 经济研究, 2016 (6): 45-57.

[69] 曾之明, 汪晨菊, 张琦. 金融发展对中国中小板上市公司融资约束的影响 [J]. 财经理论与实践, 2017, 38 (4): 15-20.

[70] Hubbard, R., G, 1998, "Capital-market Imperfections and Investment", Journal of Economic Literature, Vol. 36, pp. 193-225.

[71] 刘莉亚, 何彦林, 王照飞, 程天笑. 融资约束会影响中国企业对外直接投资吗? [J]. 金融研究, 2015 (8): 124-140.

[72] Rajan R G, Zingales L. Financial Dependence and Growth [J]. Social Science Electronic Publishing, 1998, 88 (3):

559-586.

[73] 陈陶然,谭之博. 金融市场特征、行业特性与出口国附加值[J]. 世界经济研究,2018(9):68-76.

[74] 朱隽. 金融业开放和参与全球治理[M]. 北京:中国金融出版社,2018:59.

[75] 陈元,钱颖一."一带一路"金融大战略[M]. 北京:中信出版社,2016:203,205,211,214-215.

[76] 谢雪燕,朱晓阳,王连峰,彭一. 新三板分层制度对创新层企业影响的实证研究[J]. 中央财经大学学报,2019(3):35-50.

[77] 白伟群,乔博. 债券市场对货币国际化的影响[J]. 宏观经济研究,2018(10):19-34.

[78] 吴晓求. 中国之本市场制度变革研究[M]. 北京:中国人民大学出版社,2013:23.

[79] 纪志宏. 金融市场创新与发展[M]. 北京:中国金融出版社,2018:119-125.

[80] 谢平,邹传伟. 互联网金融模式研究[J]. 金融研究,2012(12).

[81] 余姝纬. 互联网+"一带一路"金融合作问题研究[J]. 中国总会计师,2017(166).

[82] 王智东. 我国互联网金融发展的特征、现状、问题及措施[J]. 商业经济研究,2019(6).

[83] 严晓蝶. 互联网基金总规模突破万亿[N]. 东方早报,2014(4).

[84] 李彦婷,姚可微."一带一路"沿线国家互联网发展现状与前景展望[J]. 信息通信技术与政策,2018(9).

[85] 汪莉霞. 互联网理财的发展现状、潜在风险及防范措施[J]. 会计之友,2017(16).

[86] 孟飞. 金融排斥及其治理路径[J]. 上海经济研究,

2011（6）.

［87］邱勋. 互联网基金对商业银行的挑战及其应对策略——以余额宝为例［J］. 上海金融学院学报，2013（4）.

［88］郭静. 我国保险企业助推"一带一路"建设发展问题研究［J］. 保险职业学院学报，2016（1）.

［89］郭可为. 中国与中亚经贸金融合作现状与挑战［J］. 国际研究参考，2015（12）.

［90］全浙玉. 我国与中亚五国经贸金融合作的现状、障碍及对策［J］. 对外经贸实务，2016（11）.

［91］汤柳. 中国与中东欧的金融合作［J］. 全球瞭望，2016（18）.

［92］张滢. 中国与中东欧国家经贸金融合作中的障碍及完善策略［J］. 对外经贸实务，2017（1）.

［93］赵慧，张浓. "一带一路"框架下人民币区域化条件分析——基于东盟地区金融可行性视角［J］. 区域金融研究，2019（5）：13-22.

后　记

　　自 2013 年提出"一带一路"倡议以来，至今已经有 6 年时间。参与国家和地区由初期的 66 个增加到 2019 年的 71 个，签订的合作协议和投资金额等均呈现线性增长态势，合作倡议的"共商共建共享"得到了沿线各国和地区的广泛认同，越来越多的国家把国内建设与"一带一路"愿景规划衔接起来，世界银行等国际性和区域性组织也把"一带一路"理念纳入它们的规划之中，联合国大会、安理会、联合国亚太经社会、亚太经合组织、亚欧会议、大湄公河次区域合作等有关决议或文件均纳入或体现了"一带一路"建设的内容。2019 年 4 月第二届"一带一路"高峰论坛在北京召开，论坛不但全面展现了倡议建设的成就，而且还为今后的建设提供了更加明晰的蓝图。倡议来自中国，利益惠及世界。在"一带一路"倡议建设日益深入之际，中央财经大学中外经济比较研究中心从 2016 年开始确立"一带一路"倡议的年度研究报告写作，到 2019 年已经出版了以此为主题三部研究报告。今年，研究中心与中国商业史学会、国声智库合作，完成了以《中国与"一带一路"沿线国家和地区金融合作及监管》为题的研究报告。本报告扣紧金融合作的主线，系统阐述了与沿线国家央行、银行业、非银行类金融机构、国际性和区域性金融组织、金融市场、互联网金融、金融监管之间的合作现状及未来趋势。今后，我们将继续围绕"一带一路"倡议中的核心问题，持续推进研究报告的撰写，为倡议建设提供参考。

本书是一个集体讨论、合作撰写的结晶。全书的框架由兰日旭、顾炜宇、徐蕴峰提出和设计。在具体的写作和分工上，各章的撰写分工如下：绪论，兰日旭；第一章成超、祝伟；第二章曲迪；第三章林雨琪、冯俊波；第四章何闪闪、顾炜宇；第五章周莹；第六章韩晓璇；第七章吴轩、李论。兰日旭、顾炜宇对初稿和第二稿提出了具体的修改意见，各章撰稿者根据修改意见进行了两轮的修订，最后由兰日旭、顾炜宇、徐蕴峰完成了统稿和定稿工作。当然，本研究报告也是一个教学相长的成果，研究报告的结构曾在硕士、博士研究生中多次讨论。

兰日旭　顾炜宇　徐蕴峰
2019 年 10 月